가슴으로 소통하는 방법

일러두기 / 이 책은 초월 도구 책 시리즈의 3번째 책으로, 우리가 일반적으로 의사소통이라고 말하는 방식과는 분명히 다른 방식으로 의사소통하는 잠재력을 깨우도록 고안되었습니다. 여러분은 자신의 상위자아(higher self)의 지혜와 에너지가 자신을 통해서 흐르게 함으로써 의사소통하는 잠재력을 가지고 있습니다. 이렇게 하면 우리가 타인들과 의사소통할 때 종종 느꼈던 거리를 줄이는데 도움이 됩니다. 가슴으로 소통하는 방법을 배우면 여러분 인생에서 더 높은 목적과, 개인적인 신성한 계획의 성취를 가능하게 해 줍니다. 이것은 여러분 삶에서 성취와 의미의 독특한 감각을 줍니다. 이 책의 가르침과 도구는 일곱 영적인 광선 각각의 대리자에 의해 주어졌습니다.

가슴으로 소통하는 방법

ⓒ2017~, Kim Michaels

킴 마이클즈가 저술한 책을 비영리 단체인 '그리스도 의식을 추구하며' 카페에서 공부하는 상승 마스터 학생들이 번역하고 디자인 및 편집을 해서 직접 책을 펴냈습니다. 이 책의 한국어판 저작권은 저작권자인 킴 마이클즈와 계약을 한 '그리스도 의식을 추구하며' 카페에 있습니다. (인터넷 카페 http://cafe.naver.com/christhood)
아이앰 출판사(http://cafe.naver.com/iampublish)는 '그리스도 의식을 추구하며' 카페가 상승 마스터의 가르침을 널리 알리기 위한 목적으로 설립했으며, 2015년 9월 4일 (제 2015-000075호)에 등록되었습니다. 주소는 서울시 송파구 장지동 송파파인타운 11단지 내에 있습니다.

번역 및 출판에 도움을 주신 분: 아이앰 편집팀(초월, 토파즈, 리사, 리얼셀프 외 회원 다수). 이 책은 회원들의 후원금으로 출판되었습니다.

2017년 12월 5일 펴낸 책(초판 제2쇄)
ISBN 979-11-958728-1-7
CIP 2017002786

이 도서의 국립중앙도서관 출판예정도서목록(CIP)은 서지정보유통지원시스템 홈페이지 (http://seoji.nl.go.kr)와 국가자료공동목록시스템 (http://seoji.nl.go.kr/kolisnet)에서 이용하실 수 있습니다.

가슴으로
소통하는 방법

How to Communicate from the Heart

킴 마이클즈

I AM

킴 마이클즈(Kim Michaels)

1957년 덴마크 출생. 킴 마이클즈는 50여권의 책을 펴낸 저자이자 이 시대의 가장 탁월한 메신저 중의 한 사람입니다. 14개국에서 영적인 컨퍼런스와 워크숍을 이끌면서 많은 영적인 탐구자들의 상담자 역할을 해왔으며, 영적인 주제를 다루는 다수의 라디오 프로그램에 출연하기도 했습니다. 그는 다양한 영적 가르침을 광범위하게 연구해 왔으며, 의식을 고양시키는 다양한 실천 기법들을 수행했습니다. 2002년 이래로 그는 예수를 비롯한 여러 상승 마스터들의 메신저로 봉사하고 있습니다. 그는 신비주의 여정에 관한 광범위한 가르침을 전해주었으며, 그 가르침은 그의 웹사이트에서 무료로 제공되고 있습니다.

공식 한국어 번역 사이트(http://cafe.naver.com/christhood)

비영리 단체인 '그리스도 의식을 추구하며' 네이버 카페에서는 킴 마이클즈가 지난 10년 이상 웹사이트에 공개한 상승 마스터들의 메시지 및 기원문을 번역해서 제공합니다. 누구나 가입해서 자유롭게 내용을 볼 수 있으며, 상승 마스터들의 가르침을 따라 스스로 내면의 여정을 걸어갈 수 있는 환경을 만들려고 노력하고 있습니다. 카페에서는 정기적인 온라인/오프라인 모임과 상승 마스터 컨퍼런스, 자아-통달의 수행 과정을 진행하고 있습니다. (상세 내용은 책 끝부분 참조)

여러분이 아이앰 현존(I AM Presence)의 수준에서 말할 때, 의사소통은 항상 다른 사람들을 높이려 합니다. 일부 사람들은 이것을 감지하며, 이전에는 해법이 안 보이던 상황에서 갑자기 해결하는 방식으로 응답합니다. 다른 사람은 응답하지 않겠지만, 부정적으로 반응하지 않고 피할 수 있으므로 그런 사람에게서 자신을 자유롭게 하고 삶에서 정진하게 됩니다.

킴 마이클즈

차례

소개 · 1
1. 일곱 광선 소개 · 5

1광선 · 마스터 모어

2. 자신의 마음에 책임감을 가지기 · 23
3. 나는 조건 없는 의지를 기원합니다 · 41

2광선 · 엘로힘 아폴로와 루미나

4. 지적인 지식을 넘어서 · 61
5. 나는 조건 없는 지혜를 기원합니다 · 81

3광선 · 엘로힘 헤로스와 아모라

6. 사랑이 흐르게 하세요! · 101
7. 나는 조건 없는 사랑을 기원합니다 · 121

4광선 · 엘로힘 퓨리티와 아스트리아

8. 여러분의 진정한 자아는 여전히 순수합니다 · 141
9. 나는 조건 없는 순수함을 기원합니다 · 159

5광선 · 성모 마리아

10. 더 큰 삶이 있다고 전하세요 · 179

11. 나는 조건 없는 진리를 기원합니다 · 201

6광선 · 예수님

12. 평화롭게 있음으로써 온전히 봉사하세요 · 223

13. 나는 조건 없는 평화를 기원합니다 · 241

7광선 · 성 저메인

14. 여러분의 드라마를 극복하세요 · 261

15. 나는 조건 없는 자유를 기원합니다 · 277

성모 마리아

16. 새로운 유형의 영성 공동체 · 299

고타마 붓다

17. 현 시대의 다르마(Dharma)를 아세요 · 305

주요 용어집 · 313

편집 후기

이 책은 같이 모여 상승 마스터의 가르침을 공부하는 학생들에 의해서 출간되었습니다. 후일 안목 있는 전문가들에 의해 이 책이 더 훌륭하게 다듬어지길 기대합니다.

우리의 한 가지 바람이 있다면, 이 책이 내면의 영적인 여정을 계속 가는데 필요한 도구가 되었으면 합니다. 선입견을 가지고 이 책의 비판에만 초점을 둔다면 별로 얻을 것이 없을지도 모릅니다. 하지만 내면의 여정을 진실하게 탐구해 온 사람들에게 이 책에 담긴 상승 마스터들의 가르침과 도구는 새로운 비전을 열어줄 것입니다.

책의 가르침을 이해하고 꾸준히 기원문을 수행하다 보면 내면에서 심원한 변화들이 일어나게 됩니다. 묵묵히 지켜보면서 걷다 보면 어느덧 더 높고 넓게 트인 곳에 올라선 자신을 발견하게 됩니다. 영적인 여정은 한 걸음씩, 한 단계씩 초월하며 올라가는 과정입니다. 단번에 정상에 오를 수 있다거나, 외부의 누군가가 자신을 대신해서 가줄 수는 없습니다. 이 길은 스스로 올라가는 영적인 자유의 길입니다.

2017년 4월 5일 아이앰 편집팀

소개

　초월 툴박스의 기본 개념은 의식 전환을 위한 효과적인 도구를 제공하는 것입니다. 많은 영적인 서적들이 여러분에게 이해를 제공하며 영감을 주지만, 반드시 실질적인 변화를 가져오지는 않습니다. 이 책은 영적인 빛을 기원하는 기법인 기원문과 가르침의 독특한 조합으로 구성되어 있습니다. 이러한 가르침과 기원문 모두 상승 마스터로 알려진 인류의 보편적인 영적 스승께서 알려 주셨습니다. 가르침과 실습의 조합은 여러분을 개인적인 여정에서 더 높은 수준으로 데려가며 진정한 변형을 이루게 하는 잠재력이 내재되어 있습니다.

　이 책은 우리가 일반적으로 의사소통이라고 말하는 방식과는 분명히 다른 방식으로 의사소통하는 잠재력을 깨우도록 고안되었습니다. 여러분은 자신의 상위자아(higher self)의 지혜와 에너지가 자신을 통해서 흐르게 함으로써 의사소통하는 잠재력을 가지고 있습니다. 이렇게 하면 우리가 타인들과 의사소통할 때 종종 느꼈던 거리를 줄이는데 도움이 됩니다. 이 책은 의사소통과 상호 이해를 가로 막는 패턴에서 벗어나도록 도움을 줍니다. 가슴으로 소통하는 방법을 배우면 여러분 인생에서 더 높은 목적과, 개인적인 신성한 계획의 성취를 가능하게 해 줍니다. 이것은 여러분 삶에서 성취와 의미의 독특한 감각을 줍니다. 이 책의 가르침과 도구는 일곱 영적인 광선 각각의 대리자에 의해 주어졌습니다. 여러분이 상승 마스터와 그 가르침에 익숙하지 않다면 "자아의 힘(The Power of Self)"이라는 책을 읽어 보라고 권합니다. 이 책은 상승 마스터가 누구인지, 여러분을 어떻게 도울 수 있으며, 어떻게 마스터가 제시하는 자아-통달이라는 긴 여정을 따라갈 수 있는지 잘 설명하고 있습니다. 또한 다음 웹사이트에 더 자세한 정보가 있습니다:

www.AscendedMasterLight.com.

각 장에 따라오는 기원문은 소리 내어 읽어야 합니다. 기원문을 느리게 명상적인 방식으로 읽거나 목소리에 힘을 실어 더 빨리 읽을 수도 있습니다. 기원문을 낭송하는데 올바른 방법은 없지만, 소리 내어 읽어야 분명하게 작동합니다. 기원문을 어떻게 낭송하는지 더 자세한 지침이 필요하다면 다음 사이트를 방문하세요:

www.TranscendenceToolbox.com.

또한 기원문 녹음이 기원문을 낭송하는데 도움이 되기도 합니다. 다음 웹사이트에서 녹음된 기원문을 구입하고 다운로드 가능합니다: www.MorePublish.com.

여러분이 이 책의 첫 번째 장을 읽고 나서 첫 번째 기원문을 적어도 한번 이상, 가능하면 여러 번 낭송하기를 제안합니다. 그런 다음 두 번째 장으로 넘어가며, 순서대로 모든 일곱 개의 장과 기원문으로 작업을 해도 됩니다. 여러분이 가르침에 익숙하다면 기원문을 낭송하기 전에 내용을 읽을 필요가 없지만, 적어도 내용의 일부를 읽으면 기원문으로 요청하는 능력이 더 향상됩니다.

기원문을 사용하는데 옳고 그른 방법은 없습니다. 예를 들면, 일곱 개의 모든 기원문을 낭송할 때까지 7일 동안 하루에 한 기원문씩 낭송하고, 모두 마친 다음 다시 시작할 수도 있습니다. 이것을 4번 반복하면 거의 한 달이 걸리며, 이 기법에서 힘을 느끼게 합니다. 물론 매일 하는 기법은 원하는 만큼 지속해도 됩니다. 또 다른 강력한 접근법은 9일 동안 첫 번째 기원문을 매일 낭송하고, 다음 9일 동안 두 번째 기원문을 매일 낭송하는 방식입니다.

직관력을 사용해서 개인적인 상황에 가장 알맞은 방식을 알아내기를 추천합니다. 여러분이 필요로 하는 만큼의 결과를 얻었다고 느낄 때까지, 매일 낭송할 특정한 기원문을 내면에서 안내 받을 수도 있습니다.

속도에 따라 다르지만, 한 기원문을 낭송하는데 보통 15분에서 25분이 걸립니다. 이것은 일곱 개의 기원문을 순서대로 모두 낭송하면 2시간 정도 걸린다는 의미이며, 전체를 낭송하는 방식은 매우 강력한 기법입니다. 이렇게 하기로 결정했다면 각각의 기원문에서 도입부와 봉인하기를 매번 낭송할 필요가 없습니다. 시작할 때 도입부를 낭송하고 마지막 기원문을 마치고 나서 봉인하기를 낭송합니다.

이 책에 포함된 도구를 창의적이고 자유롭게 사용하세요. 예를 들면, 여러분은 다른 사람이나 더 나은 의사소통을 바라는 사람들과, 심지어 집단의식을 치유하기 위해 매트릭스(의식과 에너지의 틀)를 줄 수 있습니다.

초기에 내면에서 오는 저항을 극복하고 기원문을 낭송하는 추진력을 구축하기 위해 노력한다면, 기원문이 지금까지 사용해 본 도구 중에서 가장 강력하고 효과적인 영성 도구임을 알게 됩니다. 여러분의 심리와 제한된 믿음을 들여다보려는 의지에 이 도구를 조합하면, 의사소통하는 능력을 확장하는 상향나선으로 삶을 전환할 수 있습니다. 진정으로 마스터께서 말씀하시듯, 모든 것은 여러분의 자유의지를 중심으로 돌아갑니다. 만약 초월이 가능하다고 받아들이면, 그 결과들이 실현됩니다. 기원하세요, 그러면 받게 됩니다.

이 책은 일곱 영적인 광선의 도구와 가르침을 담고 있기 때문에, 첫 번째 장은 광선의 특성과 특성을 구현하는 상승 마스터를 간략히 소개합니다. 이후의 장은 각 광선의 마스터께서 준 가르침입니다.

1
일곱 광선 소개

행성 지구를 포함한 물질우주는 누가 창조했을까요? 그것은 형태의 구축자들 또는 엘로힘(Elohim; "신"으로 알려진 단어이나, 복수의 존재를 의미함)이라 불리는 여러 신적인 존재들이 창조했습니다. 엘로힘은 지구와 같은 형태를 어떻게 창조할까요? 그들은 영적인 빛을 물질우주의 주파수 범위 내에서 진동할 때까지 진동을 낮춰서 창조를 합니다. 물질계에서 보이는 광대한 다양성을 창조하기 위해 여러 가지 영적인 빛을 결합했습니다. 일단 빛이 알맞은 진동에 있으면, 엘로힘은 함께 빛 위에 정신 이미지를 겹치고, 빛이 이미지를 따라 융합하면서 물리적인 행성이 나타납니다.

이것은 즉시 완료된 과정이 아닙니다. 신이 세상을 7일 만에 창조하는 성서의 이미지는 문자 그대로 24시간의 7일을 말하는 게 아닙니다. 그것은 일곱 주기를 나타내며, 각각의 주기는 특정한 영적인 빛을 의미합니다. 물질 행성을 창조한 일곱 엘로힘이 있고, 그들은 일곱 가지 다른 영적인 빛을 사용했습니다. 각각의 빛은 흔히 영적인 "광선"으로 부르며, 물질우주를 창조하기 위해 결합된 일곱 광선이 있다는 의미입니다.

이러한 과정은 분석적인 마음이 믿고 싶어 하듯이 순서대로 일어나지 않았습니다. 첫 번째 광선이 적용된 다음 두 번째 광선이 적용되는 방식이 아닙니다. 그 광선들은 분리되어 있지 않고 오히려 다이아몬드의 단면들과 같아서, 창조주의 순수한 빛이 다면체를 통해서 동시에 빛납니다. 단지 그들이 함께 완전한 그림을 그려서, 모두가 하나로 일할 때에만, 행성이나 태양계처럼 복잡한 형태가 창조됩니다. 다음은 일곱 광선의 간략한 설명입니다.

첫 번째 광선

신의 의지와 신의 힘. 창조나 공동-창조(co-creating)를 위한 첫 번째 단계이며 스스로 힘을 나타내려는 의지가 있어야 합니다. 예를 들어, 형태의 세계를 창조한 창조주는 자립하며 자급자족하는 존재입니다. 창조주는 자신의 존재 자체로 만족했지만, 여전히 그 이상이 되려는 의지가 있었기에 형태의 세계를 창조했고, 자신에게서 나온 자각하는 확장들을 그 세계로 보내어 의식을 성장할 수 있게 했습니다. 영적인 사람으로서 개인적인 평화를 추구하고 자신에게 편안한 환경을 만들기는 쉽습니다. 하지만 모든 생명을 끌어올리기 위해 무언가를 하지 않으면, 어떤 지점을 넘어서 더 높이 성장하지 못합니다.

많은 사람이 신의 힘을 왜곡했으며 다른 사람을 통제하기 위해 기꺼이 힘을 더 많이 씁니다. 많은 영적인 사람이 이것을 넘어섰지만, 반대 극단으로 가서 어떠한 힘도 쓰려고 하지 않고 누구에게나 온화하고 친절하면 충분하다고 생각하기 쉽습니다. 예수님께서 사람들을 깨우치기 위해, 바리새인과 서기관에게 적극적으로 도전했음을 주목하세요. 균형 잡힌 방식으로 신의 힘을 표현하는 입문을 가지려 하지 않기 때문에, 많은 영적인 사람이 여정의 시작 단계에서 막히게 됩니다. 첫 번째 광선에서 일하는 마스터는, 사람들이 이러한 가르침을 배움으로써 영적인 여정의 더 높은 단계로 올라서도록 기꺼이 도와주고자 합니다. 학생은 첫 번째 광선의 입문을 통과할 때까지는 다른 광선으로 넘어갈 수 없습니다. 그리고 힘을 남용하지 않고 표현할 수 있음을 증명할 때까지는 더 이상의 입문을 진행하지 못합니다.

두 번째 광선

신의 지혜. 공동-창조하려는 의지를 달성하면, 다음 단계는 지혜를 적용하여 균형 잡힌 방식으로 전체를 높이도록 힘이 표현되게 해야 합니다. 힘의 왜곡은 다른 사람들과 비교해서 분리된 자아를 높이려는 표현이며, 따라서 자신을 높이기 위해 다른 사람들을 방해합니다.

무엇이 전체를 높이고, 자기 자신의 성장에 최대한의 영향을 주는지 알기 위해서 이원성 마음의 환영을 꿰뚫어 보고, 대신 그리스도 마음이라 부르는 하나의 마음에 조율하는 지혜가 필요합니다. 두 번째 광선의 마스터는 책이나 경전에서 외부의 지식을 찾지 않고, 내면으로 들어가서 이 지혜를 찾는 사람들을 돕습니다. 외부의 가르침은 쉽게 산만해지고 결국 그 자체가 목적으로 되기 쉽습니다. 외부의 가르침은 단지 직관적인 능력을 자극하며, 학생은 지혜에 도달하게 해 주는 "지식의 열쇠"를 사용해서, 자신의 상위자아와 지혜의 마스터에게 내면의 연결을 형성해야 합니다.

세 번째 광선

신의 사랑. 많은 영적인 사람은 자신이 진심으로 사랑하고 있다고 생각하며, 사랑은 항상 부드럽게 말하고 친절하며 결코 다른 사람을 자극하지 않는다고 정의합니다. 이것은 단지 하나의 이원성 극이며, 그 반대는 다른 사람을 통제하고 소유하는 사랑입니다. 신성한 사랑은 이원성이 아니며, 조건이 없습니다. 신성한 사랑을 받으려면 어떤 조건에 맞추지 않아도 됩니다. 단순히 신성한 사랑을 받거나 거부할 수 있으며, 이원성 마음에 사로잡히면, 조건 없는 사랑을 받아들일 수 없습니다. 자유롭게 주는 사랑을 조건 없이 받아들이는 대신 신성한 사랑의 표현에 조건을 정의하려고 합니다.

세 번째 광선의 마스터는 사람들이 조건적인 사랑인 소유하는 사랑과 부드럽게 말하는 사랑 모두를 넘어서서 자신을 통해서 흐르는 신성한 사랑을 위한 열린 문이 되도록 도우려고 합니다. 행성 전체의 주민이 이원성에 사로잡혀 있을 경우, 그대로 내버려두거나 환영을 자극하지 않는 행동이 진정한 사랑이 아님을 배워야 합니다. 예수님께서 보여 주신 신성한 사랑의 한 측면은 정확히 사람들의 환영에 도전을 했습니다. 즉 신성한 사랑은 사람들이 사랑을 받지 못하게 막는 모든 조건에 도전합니다.

네 번째 광선

신의 순수성과 규율. 처음의 세 광선은 힘, 지혜, 사랑의 삼중 불꽃(threefold flame)을 이루며, 이것은 그리스도교의 삼위일체인 성부, 성자, 성령에 해당합니다. 이 삼위일체는 그 자체로 완전하지 않으며, 어머니 또는 마-터(Ma-ter) 요소에 해당하는 네 번째 요소인 순수함으로 균형을 이루어야 합니다. 네 번째 광선의 순수함과 규율은 실제로 특별한 종류의 지혜이며, 종종 신성한 지혜로 부릅니다. 이 지혜는 물질우주가 어떻게 작동하는지 학생들이 이해하도록 도우며, 학생을 단련해서 자신의 분리된 자아를 높이려고 공동-

창조하는 힘을 표현하려는 유혹에 빠지지 않게 합니다.

그것은 자유의지가 어떻게 작동하는지 이해하는데 중요합니다. 자각하는 존재는 완전한 자유의지가 있으며, 자신이 원하는 무엇이든 하거나 공동-창조합니다. 하지만, 자신의 창조물을 경험하지 않고 피할 수는 없습니다. 이것은 신체 질병들을 포함한 물질적인 상황으로 나타나며, 또한 자신의 의식 안에서 살아가는 공동-창조자의 모습으로 나타납니다 (자신이 창조한 필터 또는 사고틀을 통해서 세상을 경험합니다). 한 존재가 완전한 자유의지를 가지는 반면, 의지의 모든 표현이 시공간 속에서 경험할 결과를 창조합니다. 이 결과가 실제로 그 존재의 선택권을 제한하게 됩니다. 미래의 선택을 제한하지 않는 방식으로 자신의 공동-창조하는 능력을 표현하기 위해서 지혜와 규율이 필요합니다. 분노한 신이 아니라 자신이 한 과거 선택의 결과가 여러분의 자유를 빼앗습니다. 지혜와 규율이 없으면 쉽게 아주 많은 제한을 만들고, 그것을 없애기 위해 많은 생애가 걸립니다. 네 번째 광선의 마스터는 항상 학생이 이러한 카르마와 환생의 순환을 벗어나도록 도와주려고 합니다.

다섯 번째 광선

신의 진리와 치유. 한 사람이 인간 의식의 "평범한" 상태를 넘어서 영적인 여정의 실재와 타당성을 인식하기 전에, 일정한 수준의 의식에 도달해야 합니다. 심지어 학생이 여정을 발견했을 때, 여정을 따르려는 동기는 학생의 의식 수준에 달려 있습니다. 많은 사람이 자신의 삶을 높이는 무언가를 얻을 목적으로 영적인 여정을 시작합니다. 모든 사람이 분리된 자아를 높이기 위해 무언가를 얻을 목적으로 영적인 여정을 시작합니다. 이것은 종종 어떤 힘을 가지려는 욕망, 비범한 지식과 지혜를 가지려는 욕망 또는 더 많이 사랑받으려는 욕망에서 출발합니다. 그러한 욕망이 잘못은 아니지만, 불균형하게 되어 학생을 여러 막다른 길로 인도하고 실제로 비이원성 의식 상태를 향한 성장을 어렵게 합니다. 또한 학생은 네 번째 광선의 입문을 통과하면서, 삶과 삶의 목적에 대한 상위 비전을 가지게 됩니다. 학생은 지구에서 삶의 모든 측면이 이원성 환영으로 왜곡된다는 근본적인 현실을 알게 됩니다. 이것은 먼저 신체 및 정신 질환과 불균형을 포함해서 모든 제한하는 환경이, 분열된 자아를 높이려고 공동-창조하는 능력을 불균형하게 표현했기 때문이라는 인식을 낳습니다. 영적인 여정의 진정한 목표는 분리된 자아를 위한 힘과 지혜 또는 사랑을 얻는 게 아니며, 근본적으로 분열될 수밖에 없는 분리된 자아를 초월하고 온전하게 자립하는 자아감을 달성해야 합니다. 영적인 여정의 진정한 목표는 힘, 지혜 또는 영광이 아니라 온전함입니다. 학생은 개인적인 온전함을 달성하기 위해 다섯 번째 광선의 마스터와 함께 일을 합니다.

어느 정도의 온전함을 달성하면, 학생은 모든 생명이 하나이고 실재는 나눠질 수 없다는 또 다른 근본적인 실재를 엿보기 시작합니다. 학생은 모든 생명을 포함하도록 자신의 자아감을 넓혀가고, 이것은 자연스럽게 자신을 높이는 최상의 방법으로써 전체를 높이려는 열망을 불러옵니다.

여섯 번째 광선

신의 봉사와 평화. 학생은 모든 생명이 근본적으로 하나임을 보기 시작할 때, 모두를 높이는 봉사의 여섯 번째 광선으로 나아갑니다. 모든 생명이 하나라는 깨달음은 또한 하나의 생명(One Life)의 다른 표현 사이에는 실제로 갈등이 없다고 분명하게 말합니다. 모든 갈등은 이원성과 분리의 환영에서 나오며, 진정한 평화를 가져오는 유일한 방법은 사람들이 모든 이원성 마음과 환영의 베일을 꿰뚫어 보고 넘어서게 돕는 일입니다. 이 시점에서, 학생은 분리된 존재로서 자신이 관심을 가진 모든 것을 초월하고, 이원성 환영을 드러내며 전체를 높이는데 초점을 맞추고 거기에 모든 주의력을 집중합니다. 이것이 예수님께서 하신 일이며, 바로 그가 "평화의 왕자"라고 불리는 이유입니다. 진정으로 이원성을 넘어서 보는 사람이 이 행성에 평화를 가져오며, 이것은 현 시점에서 가장 필요한 영적인 봉사입니다. 여섯 번째 광선의 마스터는 모든 사람이 이원성 환영을 넘어 진실한 비이원성 평화의 사절이 되도록 돕기 위해 여기에 있습니다.

일곱 번째 광선

신의 자유. 여섯 번째 광선의 입문을 통과할 때, 진정한 비폭력 또는 비공격성을 달성합니다. 오직 분리된 자아만이 물질우주의 뭔가로 위협을 받는다고 느낍니다. 그 이유는 그 자신을 물질적인 존재로 인식하기 때문입니다. 학생이 일곱 번째 광선의 입문에 오르면서, 육체나 물질우주의 다른 뭔가와 자신을 동일시하는 상태를 초월하게 됩니다. 그는 물질계의 진동을 넘어서는 영적인 존재라는 자신의 진정한 정체성을 되찾고, 자신의 자유의지로 한 선택이 아니면 물질계의 어떤 조건으로도 위협받거나 영향을 받지 않습니다. 이것이 진정한 영적 자유입니다.

사람들이 비폭력이 된다는 사실이 수동적이라는 의미가 아닙니다. 반대로 다른 사람들을 이원성에서 자유롭게 하려고 매우 적극적이 됩니다. 이것은 물질적인 조건에 지배되는 분리된 자아감으로는 이루어질 수 없습니다. 이것은 영적인 세계에서 오는 지시를 따라 자유롭게 흐르는 영적인 자아감에서 이루어지며, 어떤 상황에서도 다른 사람들을 자유롭게 하는 열린 문이 됩니다.

분리된 자아와 대중의식에서 오는 조건으로 강요되지 않고, 이제 자신의 신성한 개체성을 자유롭게 표현하고 모든 생명을 자유롭게 하려는 힘과 함께 흘러갑니다. 이 힘은 때로는 성령(Holy Spirit)으로, 때로는 생명의 강(River of Life)으로 불립니다. 일곱 번째 광선의 마스터는 학생이 이 생명의 강에 자신을 담그고 마침내 하나가 되어, 여전히 육화 중인 동안에도 모든 물질적인 조건에서 진정한 자유를 달성하도록 도울 준비가 되어 있습니다.

초한과 대천사와 엘로힘

각 광선에는 그 광선에서 봉사하는 존재의 지도자인 상승 마스터가 있습니다. 이 영적인 공직을 초한으로 부릅니다. 각 광선에는 또한 엘로힘과 대천사가 있으며 이들 모두는 보통 신성한 배우자들이 있어서 남성-여성의 양극성을 이룹니다. 물론 각 광선마다 봉사하는 많은 상승 마스터가 있습니다. 아래 목록은 처음 일곱 광선에 해당하는 엘로힘과 대천사와 초한의 이름입니다.

- **첫 번째 광선**: 엘로힘 헤라클레스와 아마조니아. 대천사 미카엘과 페이쓰(Faith). 마스터 모어.
- **두 번째 광선**: 엘로힘 아폴로와 루미나. 대천사 조피엘과 크리스틴. 로드 란토.
- **세 번째 광선**: 엘로힘 헤로스와 아모라. 대천사 차무엘과 채리티. 베네치아의 폴.
- **네 번째 광선**: 엘로힘 퓨리티와 아스트리아. 대천사 가브리엘과 호프. 세라피스 베이.
- **다섯 번째 광선**: 엘로힘 사이클로피아와 버지니아. 대천사 라파엘과 성모 마리아. 힐라리온.

．여섯 번째 광선: 엘로힘 피이스와 알로하. 대천사 우리엘과 오로라. 나다.

．일곱 번째 광선: 엘로힘 악튜러스와 빅토리아. 대천사 자드키엘과 애머시스트. 성 저메인과 관음.

물질계의 네 수준

의사소통에서 더 높은 접근 방식을 개발하고, 상승 마스터가 어떤 방식으로 가르침을 전하는지 이해하기 위해서는, 모든 것이 에너지이고 에너지가 진동이라는 사실을 다시 살펴볼 필요가 있습니다. 인간의 눈은 보통 가시광선이라 불리는, 특정한 범위의 주파수 안에서 진동하는 빛만을 감지합니다. 또한 가시광선보다 낮거나 높은 주파수 바깥에서 진동하는 빛도 있습니다. 예를 들어, 자외선은 가시광선보다 더 높은 주파수를 가집니다.

서로 다른 주파수의 빛은 상호 작용하며 간섭 패턴을 형성하듯이, 일곱 영적인 광선은 물질우주를 구성하는 간섭 패턴을 형성하면서 결합되어 있습니다. 앞에서 말했듯이 영적인 빛이 물질을 구성하는 주파수 범위에서 진동할 때까지 진동이 점차 낮아집니다. 물질은 현재 상당히 밀도가 높기 때문에, 영적인 세계의 최하위 수준과 물질계 사이에 커다란 주파수 차이가 있습니다. 이 간격에 세 가지 다른 영역 또는 주파수 스펙트럼이 있으며, 이것은 영적인 세계에서 물질계에 걸쳐 연속적으로 점점 낮아지는 진동을 나타냅니다. 이러한 세 영역의 에너지 파동이 결합해서 물질을 만듭니다. 물질계의 세 상위층은 인간 마음의 세 가지 층에 해당합니다.

．**에테르(etheric) 또는 정체성(identity) 영역**. 이것은 물질계에서 가장 높은 주파수 영역이며, 영적인 빛이 진동이 낮아져 "들어오는" 최초의 영역입니다. 이것은 은하계에서 여러분의 육체에 이르기까

지 빛이 어떤 형태를 취하는 곳입니다. 이 단계에는 모든 물질적인 현상의 청사진이 저장되어 있습니다. 예를 들어, 행성 지구를 위한 원래의 순수한 청사진이 여전히 이 단계에 변함없이 저장되어 있습니다. 여러분의 육체를 위한 순수한 청사진은 개인적인 정체성체에 저장되어 있습니다. 에테르 수준은 마음의 최상위 단계로, 에테르 또는 정체성 마음에 해당합니다. 이름을 보면 알 수 있듯이 이것은 정체성의 감각이 기반을 둔 곳입니다. 이곳은 마음의 최상위 단계이기 때문에 자연스럽게 아래에 오는 모두에 영향을 미칩니다. 여러분이 자신을 죄인으로 여기면, 이 정체감이 필연적으로 자신의 생각과 감정에 영향을 주고, 결국 행동에도 영향을 줍니다.

.멘탈계(mental realm). 이것은 에테르의 청사진이 좀 더 구체적인 형태를 띠게 되는 정신의 단계입니다. 이 단계는 정체성 단계보다 밀도가 더 높으며, 여기에 존재하는 형태는 상위 단계보다 유동성이 떨어지고 변화하기 더 어렵다는 의미입니다. 예를 들어, 자신의 생각은 정체성보다 변경하기 더 어렵습니다. 정신의 단계에서는 더 밀도가 높고, 따라서 생각이 더 굳어지고 변하기 어렵습니다. 그러므로 정체성 단계로 가서 여러분의 정체감을 변화시키는 방법이 더욱 효율적인데, 정체성층의 아래에 있는 멘탈층에 자동적으로 영향을 미치기 때문입니다. 주의할 점은 마음의 단계를 알지 못하면, 여러분의 의식하는 마음을 정체성 마음이라는 더 높은 진동에 조율하기가 어렵습니다. 하지만 이 책에 나오는 가르침과 도구를 사용하면 도움이 됩니다.

.감정계(emotional realm). 이것은 분명히 감정의 단계이지만, 감정은 또한 움직이는 에너지로 볼 수 있습니다. 이것은 물질의 바로 위 단계로, 멘탈계의 구체적인 생각이 마-터 빛 위에 겹쳐진 에너지로 스며들어 물리적인 형태로 합쳐지는 곳입니다. 감정이 유동적

이고 변덕스럽게 보일지라도, 실제로 감정의 마음 단계에서 여러분의 감정은 바꾸기 아주 어렵습니다. 감정은 생각을 뒤따라오기에 오직 생각을 바꿔야만 정말로 어떤 감정을 극복할 수 있습니다. 그리고 오직 여러분의 정체감을 바꿔야 생각을 지배하게 됩니다.

여러분 마음 안의 에너지 흐름

마음의 가장 낮은 단계는 의식하는 마음으로, 이것은 물리적인 행위를 어떻게 할지 의식적으로 결정을 내리는 곳입니다. 많은 경우에 여러분의 행위는 진정하게 자유로운 의식에서 선택한 결과라고 할 수 없는데, 여러분의 결정은 상위 세 단계의 마음에서 의식하는 마음에 비추는 내용에 기반을 두기 때문입니다. 이것을 영사기에 비유해서 설명하겠습니다.

자신의 영적인 자아 또는 아이앰 현존에서 흘러나오는 에너지의 흐름이 여러분의 정신 활동을 하게 합니다. 이 에너지는 영사기 안의 전구에서 나오는 흰 빛과 같습니다. 그 빛이 여러분의 마음으로 들어가서, 먼저 정체성 마음을 통과하며, 이것은 영사기에 들어 있는 필름에 비유될 수 있습니다. 분명히 그 빛은 여러분의 정체성 마음 안에 저장된 어떤 이미지의 형태를 띠게 됩니다.

그 빛이 정체성 이미지를 띠면, 이제 멘탈체로 들어갑니다. 마치 영사기 안에 두 번째 필름을 넣는 상태와 같습니다. 그 빛은 이제 여러분의 정체성층과 멘탈층의 마음에서 이미지가 결합되어 간섭무늬를 띱니다. 여러분은 정체감을 강화하는 생각을 하거나, 정체감을 가로막는 생각을 합니다. 결합된 패턴은 이제 세 번째 필름인 여러분의 감정체로 들어갑니다. 이 감정체는 감정 에너지의 저장소 역할을 합니다. 예를 들어, 많은 사람은 감정체 안에 분노와 두려움 같은 에너지 저장소를 만들었습니다. 빛이 이러한 축적물을 통과할 때, 새로운 간섭무늬를 생성하고 이후 의식하는 마음으로 들어갑니다.

그때 빛은 마음의 더 높은 단계에 저장된 이미지와 느낌을 취했고, 의식하는 마음에 매우 강력한 자극을 주어서 사람들이 즉시 행동이나 말로 행하게 합니다. 사람들은 그것을 중단해야 한다고 생각하거나, 자신의 의식하는 마음으로 그것을 중단할 힘이 있다고 느끼지 못합니다. 그 결과 우리는 종종 나중에 후회할 행동과 말을 하게 됩니다.

가슴으로 소통하지 못하게 막는 요소

사람들 사이에서 많은 의사소통은 네 하위체라 불리는 외면의 마음에 있는 내용물로 결정됩니다. 이 마음은 매우 복잡한 구조이며, 많은 왜곡된 신념과 이미지를 담고 있습니다. 하나의 예로, 어떤 사람은 지속적으로 위협받는다고 생각하게 만드는 잠재의식 신념을 가지고 있습니다. 여러분이 어떤 말을 하든 위협으로 보이게 됩니다. 따라서 그의 주요 관심사는 여러분의 말에 어떻게 반박할까 또는 심지어 여러분이 아무 말도 하지 못하게 어떻게 막을까 하는 것입니다. 그런 사람과 더 높은 수준의 의사소통을 하는 방법은 없습니다. 여러분은 진정한 사람과 의사소통하고 있다고 느끼지 못할 수도 있으며, 대화는 겉도는 수준에서 가슴의 더 깊은 수준으로 결코 도달하지 못합니다.

이것은 많은 사람이 자신을 외면의 마음과 너무 동일시해서, 실제로 그들의 마음이나 인격이 자신이라 여긴다고 상승 마스터는 가르칩니다. 사실 우리는 영적인 존재로서 단지 물질세계에서 자신을 표현하는 이동 수단으로 외면의 마음을 사용합니다. 여러분은 아마도 우리의 영혼이 지구상에서 행동하기 위한 수단으로써 육체를 사용한다는 개념에 익숙하리라 봅니다. 상승 마스터는 심지어 외면의 마음도 하나의 이동 수단이고 우리가 그 마음 이상이라고 가르칩니다.

우리가 외면의 마음과 동일시하는 상태를 극복하게 하려고, 상승 마스터는 우리 정체성의 핵심이 물질계의 무엇과도 구분되는 자아의 개념을 주었습니다. 마스터는 그것을 형상 없는 자아 또는 의식하는 자아(Conscious You)라고 불렀습니다. 세상의 신비주의 전통에서는 본연의 인식(naked awareness), 순수 자아 또는 비이원성 자아와 같은 다른 이름으로 불렸습니다.

마스터는 의식하는 자아가 스스로 선택하는 무엇으로도 자신을 동일시하는 능력을 가진다고 가르칩니다. 의식하는 자아는 두 가지를 성취하기 위해 물질계에 육화했습니다. 즉 이 세상을 공동-창조하게 돕고, 또 이 세상을 경험하는 일입니다. 의식하는 자아는 이 세상을 외면의 자아, 즉 네 하위체를 통해 경험하며, 또 이 구조를 통해서 자신의 창조력을 표현합니다. 하지만 의식하는 자아는 외면의 자아가 되지 못합니다.

상승 마스터는 지구상에서 대부분의 사람이 의식하는 자아가 자신의 영적인 근원과 본성을 망각한 마음 상태에 있다고 가르칩니다. 그 대신, 의식하는 자아는 스스로를 네 하위체와 동일시하게 되었습니다. 의식하는 자아는 언제든지 네 하위체와 동일시에서 깨어나는 과정을 시작할 수 있으며, 이것은 진실로 영적인 여정 또는 자아-통달의 여정에서 핵심적인 부분입니다.

더 높은 의사소통에 이르는 길

상승 마스터는 많은 사람이 육체의 수준에 완전히 집중하고 있다고 가르칩니다. 이유는 그 사람의 의식하는 자아가 자신을 육체와 개인의 외부 상황과 동일시하기 때문입니다. 어떤 사람은 감정체에 집중하고, 주로 그들의 감정을 통해서 삶을 살아갑니다. 또 다른 사람들은 정신의 수준에 집중하고, 지식과 신념에 중점을 둔 지식인으로서 삶을 삽니다.

영성에 관심 있는 많은 사람은 정체성 수준에 집중합니다. 우리는 자신이 육체와 감정과 생각 이상의 존재임을 깨닫기 시작합니다. 우리가 마주하는 도전은 아직도 네 하위체 안에 있는 특정한 행동 패턴이나 의사소통에 빠지게 하는 신념입니다. 이것은 우리가 자주 "말하는 대로 행하기" 어려운 이유이며, 이것은 우리가 진실이라고 여기는 영적인 이상을 따라서 행동할 수 없다는 의미입니다. 이 단계를 극복하는 방법은 자신이 의식하는 자아 또는 다른 뭔가로 불리는 무형의 존재이며, 네 하위체 안의 어떤 패턴에서도 자신을 분리할 수 있음을 깨달아야 합니다. 이러한 모든 패턴에서 자신을 분리하는 작업이 영적인 여정에서 최상의 목표에 이르는 열쇠입니다.

분명히 마음의 네 단계에 있는 패턴은 우리가 가슴으로 소통하는 능력에 영향을 끼칩니다. 여러분이 위협받는다고 느낄 때, 진정한 여러분인 순수한 존재가 느끼는 게 아닙니다. 의식하는 자아가 자신을 무형의 영적인 존재라고 인식하면, 이 세상의 무엇도 자신에게 영향을 주는 못함을 압니다. 따라서 물질우주의 무엇으로도 위협을 느끼지 않습니다. 의식하는 자아는 물질계의 진동을 초월해 있습니다. 의식하는 자아가 자신을 감정체 안의 패턴과 동일시하면, 그 패턴을 통해서 주어진 상황을 인지합니다. 여러분은 영적인 존재로서 그 상황에 대응할 수 없으며, 위협받는다고 느끼는 제한된 존재로서 반응합니다. 다른 사람도 그와 같다면, 여러분은 이제 해결책이 안 보이는 갈등이 생깁니다. 두 사람은 정말로 자신의 외면의 인격을 넘어서 의사소통할 수 없습니다.

더 나은 의사소통의 열쇠는, 여러분이 무형의 영적인 존재라고 인식해야 합니다. 다른 사람의 행동이나 말로 위협을 덜 느끼면, 가슴의 수준에서 말할 수 있습니다. 이것은 진정으로 여러분의 상위 자아, 또는 상승 마스터가 여러분의 아이앰 현존이라고 부르는 영적인 자아 수준입니다. 이 자아는 영적인 세계의 더 높은 진동에 있으며, 이 세상의 무엇으로도 결코 위협을 느끼지 않습니다. 여러분의 아이앰 현존은 오직 하나의 목표가 있으며, 바로 모든 사람을 높이려고 합니다.

여러분이 아이앰 현존의 수준에서 말할 때, 의사소통은 항상 다른 사람들을 높이려 합니다. 일부 사람들은 이것을 감지하며, 이전에는 해법이 안 보이던 상황에서 갑자기 해결하는 방식으로 응답합니다. 다른 사람은 응답하지 않겠지만, 부정적으로 반응하지 않고 피할 수 있으므로 그런 사람에게서 자신을 자유롭게 하고 삶에서 정진하게 됩니다.

의사소통과 일곱 광선

일곱 영적인 광선과 의사소통 사이의 연관성은, 여러분이 영적인 광선의 특성을 취하고 더 낮은 진동과 초점을 주어서 네 하위체의 모든 패턴을 창조한다는 점입니다. 영적인 자아의 의사소통을 막는 패턴은 영적인 광선의 어떤 특성을 취한 후, 그것을 분리된 자아의 자각과 필요에 집중함으로써 왜곡됩니다.

구체적인 예로, 권능의 첫 번째 광선은 사람들이 항상 옳아야 한다고 느끼며 왜곡될 수 있습니다. 그런 사람들은 자신이 잘못으로 입증될지 모른다는 근본적인 두려움으로 대화를 합니다. 그들은 잘못으로 입증되는 두려움을 가지고서 다른 사람들이 말하는 모든 것을 평가합니다. 즉 그들은 종종 실제로 다른 사람들의 말을 듣지 않는다는 의미입니다. 대신, 그들은 위협으로 보이는 것을 반박하는 데 너무 집중하기 때문에, 다른 사람과 더 깊은 수준에서 연결되지 못합니다. 모든 것이 겉도는 수준에서 일어나기 때문에, 그들은 다른 사람들과 진정한 대화를 나눌 수 없습니다. 이렇게 진정한 의사소통을 막는 수많은 패턴이 있지만, 모두 일곱 영적인 광선의 일부를 왜곡해서 만들어졌습니다. 의사소통 기술을 영성화 하는 열쇠는, 여러분의 네 하위체 안에서 패턴을 점차 인식하는 것입니다.

이 능력은 의식하는 자아에게 있습니다. 의식하는 자아는 네 하위체 외부로 나가서, 여러분에게 항상 어떤 방식으로 반응하는 패턴이 있는지 인식할 수 있습니다. 의식하는 자아는 이 반응을 한계로써 보고 이제 이런 깨달음에 이릅니다: "하지만 나는 이 패턴이 아니고 이 패턴 이상이다." 이러한 과정을 통해서 의식하는 자아는 자신을 패턴과 동일시하지 않고, 대신 자신의 정체성을 아이앰 현존으로 바꾸기 시작합니다. 이 과정이 바로 영적인 성장의 열쇠입니다. "나는 지상에 있는 이 패턴이 아니라, 천상의 영적인 존재이다."

다음 장과 그에 따르는 기원문은, 왜곡된 일곱 광선이 어떻게 여러분의 의사소통을 제한하는지 인식하는 과정을 가속화하도록 설계되었습니다. 담화를 공부하고 기원문을 낭송함으로써, 여러분은 다음의 두 가지를 성취합니다.

.여러분은 어떤 신념을 통해 오염된 에너지를 점차 변형하게 됩니다. 이 에너지는 여러분의 네 하위체 안에 축적되어 있으며, 의식하는 자아가 자신을 외면의 인격과 동일시하도록 끌어당깁니다.

.여러분이 패턴을 더욱 의식하게 되면, 의식하는 자아가 마침내 외부에서 패턴을 보게 되며, 자신이 패턴 이상이라는 경험을 하게 됩니다.

상승 마스터는 외면의 마음과 동일시를 극복하는 과정을 겪었습니다. 그들은 우리가 그것을 극복하게 돕는데 아주 능숙합니다. 일곱 영적인 광선을 최대한 활용하고 배워서, 마스터가 의사소통의 기술을 연마하는 과정으로 점차 여러분을 인도하게 허락하세요.

2
자신의 마음에 책임감을 가지기

신의 의지와 권능인 첫 번째 광선을 대표하는 마스터 모어의 구술문

　나 자신인 모어(MORE)의 불꽃 안에서 여러분에게 인사합니다. 사랑하는 이들이여, 그런데 내가 왜 그 불꽃과 하나일까요? 나는 그 불꽃과 하나가 되기로 선택했고, 내가(I AM) 누구인지 인정하기로 선택했기 때문입니다. 삶은 선택의 연속이며 여러분 또한 선택을 하고 있습니다.
　지구상에는 자신이 자유의지를 가지고 있음을 부인하는 사람들이 있습니다. 하지만 오직 에고만이 자유의지를 부인하며, 영(Spirit)은 자유의지를 부인하지 않습니다. 에고는 의식하는 자아, 즉 영이 선택하기를 바라지 않습니다. 에고는 통제하기를 바라며, 의식하는 자아가 선택권이 있음을 인정하지 않습니다. 예를 들어, 에고는 의식하는 자아가 육체의 제한을 넘어서게 허용하지 않습니다. 또는 에고가 심지어 아주 많은 사람이 물질에 불과한 존재라는 믿음에 빠지게 해서, 자신을 육체와 동일시하고 그 상태를 넘어설 선택권이 있음을 인정하지 못하게 합니다.
　이것이 아직도 잠들어 있는 사람과 깨어나기 시작한 사람의 차이

입니다. 여러분은 어떻게 깨어납니까? 아주 많은 사람이 표현하듯이 "나는 선택의 여지가 없었다" 또는 "내가 한 것 외에는 다른 선택의 여지가 없었다"라는 패턴에 빠지는 게 아니라, 여러분에게 선택권이 있다는 인식을 해서 깨어납니다.

항상 선택권이 있습니다

어떤 사람이 선택의 여지가 없다는 말을 할 때, 이 사람은 자신의 삶과 상황에 기꺼이 책임질 의사가 없습니다. 여러분이 책임감을 가질 때, 이 행성에 사는 99%의 사람들의 일반적인 반응이나 어린 시절부터 여러분의 마음에 프로그램 된 일반적인 반응과 달리, 외부의 상황이 어떤지 상관없이 항상 자신의 마음 상태를 조정하고 그런 상황에 다른 반응을 택할 선택권이 있다는 사실을 인정하게 됩니다.

사랑하는 이들이여, 여러분에게 선택권이 있다는 예수님의 중요한 가르침을 인정하지 않는 지점까지, 그리스도의 가르침을 왜곡한 자들이 있습니다. 그리스도께서 말씀하시지 않았나요: "악에 저항하지 말라. 다른 뺨을 돌려대라."

그런데 이 행성 대부분의 사람은 악에 저항하며 똑같이 되갚고 똑같이 반응하도록 프로그램 되어 있지 않나요? 누군가 여러분의 한쪽 뺨을 때릴 때에도 다른 쪽 뺨을 돌려대는 선택을 할 잠재력과 그럴 능력이 있다는 것이 바로 그리스도 가르침의 핵심이라는 사실을 보지 못하나요?

가슴으로 소통하기

이것은 이 책의 주제와 아주 많은 관련이 있습니다. 왜 내가 이 책을 시작할까요? 왜냐하면 나는 신의 의지의 첫 번째 광선의 초한이기 때문입니다. 어떻게 가슴으로 소통하나요? 자, 여러분은 가슴으로 소통하겠다고 먼저 결정해야 합니다. 여러분은 반드시 그리고 기꺼이 가슴으로 소통하겠다고 선택하고 결정해야 합니다.

많은 사람이 기꺼이 가슴으로 소통하겠다고 즉시 말합니다. 하지만 여러분은 일생을 통해 어떻게 여러분이 가슴으로 소통하지 못하게 프로그램 되었는지 알지 못합니다. 여러분은 이 프로그래밍에서 물러나 실제로 더 깊은 수준의 의사소통이 얼마나 어려운지 알지 못합니다.

이것은 물리적으로 육화 중일 때 우리 모두가 마주하는 현실입니다. 우리가 의사소통을 하기 위해 선택하는 수준은 무엇입니까? 그것은 동일하게 되갚거나, 또는 아마도 어린 시절이나 전생에 한 선택을 강화해서 어떤 상황에 응답하는 미리 프로그램 된 반응이 아닌가요? 그럴 경우 우리는 사실상 의식을 가지고 선택하지 않습니다. 진정으로 자신이 누구인지 입장을 취하지 않고, 과거의 선택이 스스로 반복되게 허용하고 있습니다.

여러분은 외면의 인격 또는 내면의 인격 중 어느 것으로 의사소통할지 선택을 마주합니다. 여러분은 오직 가슴을 통해서 내면의 인격으로 의사소통할 수 있습니다. 단순히 마음만으로는 내면의 인격으로 의사소통할 수 없습니다. 마음이 가슴의 표현이 되게 할 수는 있지만, 마음 자체로는 내면의 인격을 통해서 의사소통할 수 없습니다.

하나됨의 실재

여러분은 가슴으로 하는 소통은 분석할 수 없고, 구성 요소로 분해하거나 외적이고 선형적이며 분석적인 마음으로 모방하려고 시도할 수 없습니다. 사랑하는 이들이여, 그것은 가슴으로 하는 소통이 하나됨의 실재에 기반을 둔다는 매우 단순한 사실 때문에 이루어질 수 없습니다. 하나됨에 있고, 하나됨에 내맡기고, 모두의 하나됨을 위해 일함으로써, 전체를 높이려는 것 외에는 가슴으로 소통하는 다른 방법이 없습니다. 여러분은 하나됨이 분리보다 더 중요하다는 결정을 내리지 않는 한 가슴으로 소통하지 못합니다.

이 세상의 사람들이 어떻게 의사소통하는지 살펴보면, 아주 많은 의사소통이 하나됨의 실재와 인식에 기반을 두지 않는다는 사실을 알게 됩니다. 한 사람이 다른 사람들과 비교해서 자신을 높이려 하고, 다른 사람들을 통제하거나 다른 사람으로 인해 상처받기를 피하는데 기반을 두고 있습니다. 또한 비판하고 판단하며, 지구상에서 어떤 외부의 기준에 따라 살면 지구 너머의 신의 왕국에 들어가게 된다고 생각합니다. 이루어질 수 없는 거짓 믿음을 기반으로 한 기준을 강요해서 다른 사람들을 파괴하려 합니다. 신의 왕국에 들어가려고, 어떻게 신의 왕국에서 여러분을 분리한 것을 사용합니까? 사랑하는 이들이여, 그것은 당연히 불가능합니다.

가슴으로 소통하는 기초는 반드시 모든 생명이 하나라고 인식하고 깨닫는 일입니다. 이것은 다른 사람과 의사소통할 때, 여러분의 의도와 목적과 바람이 그 사람을 높이려 해야 한다는 의미입니다.

자기-인식

어떻게 여러분은 판단하고 비판하고 비난하지 않고, 한 사람에게 최선이라고 생각하는 어떤 기준과 그를 비교하지 않을 수 있나요? 첫 번째 광선은 신의 의지와 신의 권능의 광선임을 고려해 보세요. 여러분이 신의 의지를 숙고할 때, 신의 궁극적인 의지는 자각하는 확장을 창조하는 일이라고 이해하게 됩니다. 하지만 자각이 무엇입니까? 자유의지 없이는 자각을 할 수 없습니다.

만약 자아가 선택할 능력이 없다면, 그것은 자아가 아니며, 정체성이 없고 무엇이 될지 선택하지 못합니다. 여러분은 모세가 산에서 신께 이름을 물었을 때, 신께서 "Yod He Wav He" 즉 "나는 내가 되려는 존재가 될 것이다(I will Be who I will Be)"라고 말씀하셨습니다. 종종 보는 번역처럼 "나는 스스로 존재한다(I AM that I AM)"가 아닙니다. 신께서 모세에게 이름을 주지 않은 것은, 신은 언제나 스스로 초월하는 존재이기 때문입니다. 신께서 "나는 언제든 내가 되고 싶은 존재가 될 권리가 있다"고 말씀하셨습니다.

이것은 언제라도 여러분이 되고자 하는 존재를 선택할 수 있는 자유의지의 본질입니다. 이것은 반드시 여러분이 누구와 관계를 맺을지 또는 누구와 의사소통할지 선택함으로써, 가슴으로 소통을 시작하게 됩니다. 여러분은 그들과 분리되고 대립할 수도 있으며, 그들이 여러분을 해치고 위협한다는 분리된 자아의 환영에 빠지기로 선택하겠습니까? 아니면 여러분이 그들을 가장 잘 알기 때문에 그들에게 도움을 주려고 통제해야 할까요?

알다시피, 여러분이 분리된 자아가 되기를 선택할 때, 다른 사람들의 자유의지를 존중할 수 없습니다. 여러분이 자유의지를 존중할 수 없으면, 사실상 다른 사람들과 하나됨을 경험할 수 없습니다. 내가 말하는 "존중"의 의미는 완전하고 무조건적인 수용을 의미합니다.

하나됨은 강요될 수 없습니다. 하나됨은 강요나 통제의 결과로 일어날 수 없습니다. 하나됨은 반드시 자신의 확장을 창조하여, 그들에게 개성과 자유의지를 준 창조주의 결정을 완전하고 무조건적으로 수용해야 합니다. 그렇게 함으로써 그들은 더 크게 되거나 더 작게 되거나, 이것이 되거나 저것이 되기로 선택할 잠재력을 가집니다.

자신의 마음에 책임감을 가지기 27

여러분이 가진 최상의 잠재력

이것은 여러분 창조주의 숭고하고 지대한 결정입니다. 이것을 완전하게 그리고 전적으로 이해하고 받아들이면 여러분은 창조주와 하나가 됩니다. 사람들에게 특정한 기준에 오르도록 강요하지 않고 프로그래밍하지 않는 창조주의 의도나 목적과 하나가 됩니다. 대신에 더 나은 존재가 되고 서로가 하나 되며, 그들의 근원과 하나 되기를 선택할 자유의지와 공간을 허용합니다.

이것이 여러분의 살아 있는 신이자, 살아 있는 창조주의 구원 계획입니다. 물론 상승한 구체에서 일어난 일은, 그 당시에 상승하지 못한 구체의 일부 존재가 창조주의 계획과 결정에 대항하기로 선택했습니다. 그들은 자신의 자유의지를 창조주에게 대항하는데 사용하기로 선택했습니다. 그들은 자유의지가 있어서 가능한 분리 의식 속으로 들어갔습니다. 그들은 이후 이 행성과 은하계 도처의 특정한 다른 행성에서 육화한 존재의 집단적인 마음을 장악했습니다. 여러분이 교훈을 배우고 자유의지를 되찾기로 결심할 때까지 지구에서 움직일 수 없기 때문에, 여러분의 관심은 주로 이 행성에 있게 됩니다.

여러분이 자유의지를 되찾고 진정으로 자유로운 선택을 하려면, 여러분과 자기-인식하는 모든 다른 존재에게 자유의지를 준 창조주의 결정과 선택을 존중해야 합니다. 오직 다른 사람의 자유의지를 존중할 때, 여러분은 진정으로 자신의 자유의지를 받아들이게 됩니다. 비록 어제는 더 작은 존재가 되기를 선택했더라도, 오늘 더 크게 되도록 선택할 자신의 권리를 받아들이게 됩니다.

거짓 교사의 가장 큰 거짓말은 여러분이 일단 더 작은 정체성을 선택하면, 그것을 간단히 놓아 버릴 수 없고 포기할 수 없으며 그 이상으로 오를 수 없다는 말입니다. 여러분이 자유의지를 이해하면,

신과 함께 "나는 내가 되려는 존재가 될 것이다"라고 말할 권리가 있음을 이해하고 경험하며 받아들이게 됩니다. 따라서 여러분은 낡은 정체성을 놓아 버리고 죽어 사라지도록 자신의 불꽃 속으로 보내어 소멸하도록 선택할 수 있습니다.

사랑하는 이들이여, 여러분이 가진 최상의 잠재력은 일 초 전의 자신보다 더 큰 존재가 되기를 선택하는 것입니다. 이것이 의사소통의 장애물을 극복하는 유일한 방법이고, 하나됨에 기반을 둔 방법이며, 파괴하지 않고 모든 생명을 높이는 방법입니다.

다른 사람의 자유의지와 자신의 자유를 존중하기

여러분이 진정으로 자유의지와 창조주께서 주신 선택의 지혜를 받아들일 때, 신께서 각각의 개별적인 존재에게 자신이 되려는 것을 선택할 권리를 주셨음을 알게 됩니다. 여러분과 과거에 갈등을 일으킨 다른 사람을 만났을 때 자유의지를 받아들인다면, 그 사람이 현재 머무는 의식 상태에 있을 신께서 주신 절대적인 권리가 있음을 받아들이게 됩니다. 사랑하는 이들이여, 이것은 그들의 권리입니다. 신께서 그들에게 그 권리를 주셨습니다.

자신이 신보다 더 잘 안다는 타락한 존재의 환영에 사로잡히지 않았다면, 여러분은 신께서 그들에게 그 권리를 주셨음을 받아들여야 합니다. 여러분은 그들이 어떤 의식의 상태에 있든, 신께서 주신 자유의지의 권한을 행사하고 있으며 자신이 원하는 무엇이든 되고자 선택하기로 받아들여야 합니다. 하지만 또한 신께서는 반드시 그들이 있기로 선택한 의식 상태와 그로 인한 물리적인 구현까지 실제로 경험하도록 물질우주를 설정했습니다. 모든 것은 의식의 구현이기 때문입니다.

여러분이 이것을 이해하고 받아들일 때, 그들을 판단할 필요가 없습니다. 여러분은 머릿속에 그들이 어떠해야 한다고 생각하는 기준을 가질 필요가 없습니다. 여러분은 그들이 그 순간에 되려는 것이 되도록 자유롭게 해 줄 수 있습니다.

어떻게 여러분이 그들을 자유롭게 하나요? 자, 여러분이 그들에게 주는 자유의지를 자신도 동일하게 수용함으로써 그렇게 합니다. 그들이 특정한 의식 상태에 있을 권리가 있음을 받아들일 때, 여러분은 자신이 선택한 어떤 의식 상태에 있을 권리가 있음을 또한 받아들이게 됩니다. 여러분은 어떤 다른 사람이 한 선택이나 심지어 지구상의 모든 인간이 한 집단적인 선택과 상관없이, 자신의 의식 상태를 선택할 완전한 자유가 있습니다.

이것을 예수님께서 보여 주셨습니다. 그가 육화 중에 만난 모든 사람이 그리스도 의식 안에 있지 않겠다고 선택했지만, 그는 여전히 그리스도 의식 안에 머물며, 그리스도가 되고 그것을 보여 주기로 선택하는 권리를 가졌습니다.

다른 사람들의 선택으로 여러분이 선택하는데 영향을 받을 필요가 없음을 이해할 때, 여러분은 다른 사람들을 자유롭게 하는 동시에 자신도 자유롭게 하는 알파와 오메가의 조화를 이룹니다. 이것은 여러분이 다른 사람들과 의사소통할 때, 그들의 의식 상태에 상관없이 자신의 의식 상태를 선택할 수 있다는 의미입니다. 그들의 의식 상태와 말이 여러분에게 어떤 방식으로 대답하게 강요한다고 느끼지 않고, 어떤 의식 상태를 선택할 자신의 자유의지를 기반으로 그 사람과 의사소통합니다.

갈등의 공통적인 원인

사람 사이에서 일어나는 갈등의 대부분은 자신이 생각하는 방식으로 행동하지 않거나 말하지 않는 사람을 만날 때, 그들의 유일한 선택권이 두려움이나 분노 또는 다른 부정적인 감정과 같은 부정적인 마음의 상태가 되어야 한다고 믿습니다. 영(Spirit)은 부정적인 반응 속으로 들어가면, 즉시 함정에 빠졌다고 느낍니다. 하지만 자신이 전적으로 자유의지를 받아들이지 않거나 스스로 책임지지 않으면, 자신이 부정적인 마음 상태로 들어가는 선택을 하고 있다는 현실을 인정하지 않게 됩니다. 대신에 다른 사람이 자신을 부정적인 마음 상태에 빠지게 한다고 탓합니다. 여러분은 두려움과 두려움의 많은 그림자 중의 하나가 아니라, 사랑에 기반을 둔 더 높은 반응, 다른 반응도 그만큼 쉽게 선택한다고 인정해야 합니다. 진실로 모든 부정적인 반응이나 감정은 분리의 두려움에서 비롯됩니다.

이러한 모든 부정적인 감정을 극복하고 그런 감정에 빠지지 않는 열쇠는 한 걸음 물러나 스스로에게 이렇게 말하는 것입니다: "그 사람은 분리를 선택했지만, 나는 하나됨을 선택하겠다. 다른 사람이 나와 분리되었다고 보며, 나를 적이나 반대자 또는 위협으로 본다고 해서, 내가 동일한 선택을 해야 한다는 의미는 아니다. 나는 하나됨을 선택할 수 있다! 나는 우선 내면의 성소로 들어가서, 나 자신의 내적인 존재와 하나가 되도록 선택하겠다."

여러분 내면의 성소

사랑하는 이들이여, 여러분 모두 이 내면의 성소를 알아야 합니다. 여러분 가슴의 핵심에 있는 비밀 공간을 값진 진주라고 할 수 있습니다. "가슴"이라는 말은 혈액을 내보내는 신체의 기관이 아니라, 분명히 가슴 차크라와 그 뒤의 핵심을 말하고 있습니다. 그 지점은 무한하게 작아서 많은 조사나 최신의 현미경으로도 결코 발견할 수 없습니다.

여러분의 내면의 그 지점은 물질계와 영적인 영역 사이의 연결점임을 깨달아야 합니다. 그것은 여러분이 언제든 물질계에서 빠져나와, 자신의 상위 존재와 하나됨을 회복할 수 있는 여러분 존재의 핵심입니다. 그것을 단지 한 점이 아니라, 여러분의 신체와 에너지장을 넘어설 때까지 계속해서 확장하는 하나의 둥근 구체가 되게 하세요, 여러분이 항상 그 구체에 둘러싸여 있으며, 실제로 무엇도 그 안으로 들어와서 여러분의 외면의 마음과 분석적인 마음에 접촉할 수 없습니다.

일단 내면의 성소로 들어가서 여러분의 상위 존재와 하나로 연결되고, 자신이 누구인지 깨달으면, 아마도 많은 생애 동안 특정한 상황에 대응하도록 만들어진 어떤 기준이나 프로그램 된 반응과는 다른 반응을 선택하게 됩니다.

여러분은 로봇이 아닙니다

사랑하는 이들이여, 내가 처음에 말했지만 자신에게 자유의지가 있음을 부정하는 사람들을 다시 생각해 보세요. 이것이 무엇을 의미할까요? 만약 자유의지가 없다면, 자동장치나 로봇이나 기계라고 할 수 있습니다. 기계의 본질이 무엇입니까? 어떤 버튼을 누르면 기계가 확실히 어떤 반응을 하게 됩니다. 어떤 반응이 없다면, 그 기계는 제대로 작동하지 않으며 뭔가 고장 났기에 고쳐야 합니다.

여러분은 창조적인 존재입니다. 누군가가 여러분의 버튼을 누른다고 해서 부정적인 방식으로 대응해야 한다는 의미가 아닙니다. 여러분은 컴퓨터가 되지 않기를 선택할 수 있기 때문입니다. 여러분은 공동-창조자가 되기로 선택할 수 있습니다. 여러분의 상위 존재에 다시 연결되어서 확실히 물질계의 무엇으로도 여러분의 아이 앰 현존이 기분 나쁜 누군가에게 영향을 받지 않는다고 깨닫게 되면, 여러분은 더 나은 반응을 공동-창조하게 됩니다. 그들이 여러분에게 어떻게 하든지 아이앰 현존은 결코 다른 사람에게 부정적으로 반응하지 않습니다.

그런 하나됨을 확립하면, 여러분은 상위자아와 함께 긍정적인 반응과 높이는 반응을 공동-창조할 기초를 다지게 됩니다. 즉 자신을 방어하거나, 다른 사람에게 반격해서 파괴하려 하거나, 또는 계속 반복되는 어떤 반응에 침묵하는 대신, 다른 사람을 높이려고 합니다.

더 크게 되거나, 또는 더 크게 되지 않기

여러분이 마주치는 어떤 상황에서 다른 사람들이 뭔가를 행하거나 말하는 것과 상관없이, 진정한 문제는 이것입니다: 여러분이 그 상황에서 더 크게 되기를 원합니까? 아니면 여러분이 더 작게 되기를 바랍니까? 이것은 무한하게 창조적인 공동-창조자가 되게끔 창조된 진정한 여러분보다 작은 존재가 되게 강요하고, 다른 사람이나 자신의 에고나 대중의식이 여러분을 통제하게 허용한다는 의미입니다. 이것은 여러분이 오늘 누구를 위해 봉사할지 고르는 선택입니다. 여러분은 더 작은 것에 봉사하겠습니까? 아니면 더 큰 것에 봉사하겠습니까?

여러분이 더 큰 것에 봉사한다면, 신께서 어떤 상황에서든 그 이상이 되기를 선택할 자유의지를 주셨음을 존중하세요. 대부분의 사람이 더 작게 되도록 선택할 때, 그들은 정말 인류를 1930년대의 대공황으로 가게 한 것처럼 스스로를 강화하는 하향나선을 형성합니다.

심리적, 감정적, 영적으로 인류가 영적인 수준에서 대공황이라 부르는 무언가에 관여했음을 고려해 보세요. 사람들은 자신이 무기력하고, 넘어설 수 없는 어떤 한계가 있다고 생각하며 오랜 시간 동안 그것에 관여했습니다. 그들은 모든 것이 의식의 표현이고, 의식의 모든 요소가 자신이 선택한 결과라는 바로 그 사실을 인식하지 못합니다. 이것은 자신의 의식이나 정체성의 일부로써 이런저런 것을 받아들일지, 오늘 내가 누가 될지 받아들이는 선택이며, 자신이 물질우주에 갇혔다고 느끼는 정체성 이상이 아니라는 의미입니다.

높은 잠재력과 낮은 잠재력

내가 이렇게 장황하게 무엇을 말하려고 할까요? 나는 여러분에게 이 책을 사용하는 과정에는 높은 잠재력과 낮은 잠재력이 있음을 깨닫게 해 주고 싶습니다. 여러분은 이 책을 읽고 나서 기분이 좋아지고 더 가벼워짐을 느끼게 되어 "아, 좋은 책이네"라고 말한 후 다시 오래된 타성과 습관으로 돌아가게 되면, 이 책은 단지 또 하나의 영적인 책이 됩니다. 아니면 여러분이 다시는 돌아갈 수 없게 더 높은 단계에 오르고, 삶을 완전히 전환하는 경험을 하도록 선택할 수 있습니다. 여러분 안의 그리스도 반석 위에 아주 견고하게 발을 딛고 설 때, 기존의 낡은 패턴과 타성으로 돌아갈 수 없습니다. 이것은 여러분이 영적인 책을 읽을 때마다 가지는 선택권입니다. 하지만 나는 이 특별한 시간이 선택과 잠재력을 고려하던 과거의 어느 때보다 더 중요하다고 말하고 싶습니다.

나는 물론 지금 상승한 존재입니다. 나는 결코 여러분의 선택으로 인해 위협받는 겉모습이나 형상이 없으며, 여러분을 통제하려는 어떤 바람도 없습니다. 우리 상승 마스터는 여러 다양한 채널러를 통해 메시지를 전하는 많은 영적인 존재와 달리, 여러분에게 아무것도 필요로 하지 않습니다. 우리는 여러분의 돈이 필요 없고, 관심을 끌 필요도 없으며, 여러분의 에너지도 필요 없고, 순종이나 숭배도 필요 없습니다.

사랑하는 이들이여, 나는 신에게서 자유로운 존재입니다. 그렇기 때문에 나는 여러분이 선택한 무엇이든 되도록 자유롭게 해 줄 수 있습니다. 나는 여러분의 선택에 영향을 주려는 욕망은 없지만, 여러분이 다른 선택을 할 잠재력이 있음을 더 잘 인식하게 해 줄 신께서 주신 권리가 있습니다. 여러분 또한 만나는 누구에게나 그렇게 할 권리가 있습니다.

낡은 패턴을 깨뜨리기

분명히 나는 지금 더 낮은 마음 상태의 사람들을 관대하게 대하거나 받아들이라고 얘기하는 게 아닙니다. 여러분이 그들의 마음 상태로 내려갈 필요가 없음을 깨달을 때, 자동적으로 그들에게 더 높은 선택권이 있다는 사실을 마주하게 합니다. 그들은 여러분이 부정적으로 반응하기를 기대합니다. 이것은 여러분이 두려움으로 통제될 수 있다고 믿든, 자극을 받아 분노에 빠져 통제될 수 있다고 믿든, 그들이 믿는 무엇이든 강화합니다.

그것이 무엇이든, 여러분이 항상 하던 선택을 하고 낡은 패턴으로 들어갈 때, 여러분이 가진 자신의 이미지와 그들이 가진 여러분의 이미지를 더 작은 존재로서 강화합니다. 그러나 여러분이 다른 반응, 즉 더 높은 반응을 선택할 때, 다른 사람에게 충격을 주어서 이전에는 결코 일어난 적이 없던 무언가 새롭고 다른 일이 일어났음을 깨닫게 해 줍니다.

이것이 메신저를 통해서 우리가 말하는 주된 목적입니다. 우리는 단순히 더 높은 의식 상태가 있으며, 이원성 의식과 인간 에고와 계속 반복되는 모든 패턴을 넘어서 상승이 가능하다고 사람들을 깨우치려 합니다.

여러분은 다른 선택을 할 수 있습니다. 여러분은 인간 이상의 존재가 되기를 선택할 수 있습니다. 단지 어떤 버튼을 눌렀을 때 어떤 방식으로 반응하도록 미리 프로그램 된 생체 로봇이나 생체 컴퓨터 이상의 존재가 되기로 선택할 수 있습니다. 여러분은 정말로 이 세상의 왕자가 누를만한 버튼이 없을 때까지 심리적 장애와 상처와 집착, 버튼을 체계적으로 해결할 수 있습니다. 그러면 그는 여러분에게 아무것도 통제하지 못합니다.

사랑하는 이들이여, 이것이 지구상에서 자유롭게 되는 유일한 방법입니다. 지구에서 자유롭게 되고, 상위 영역으로 상승하는 유일한 방법입니다.

거짓 학생

스스로를 상승 마스터의 학생이라고 부르고, 이런저런 가르침을 따르며 우리가 전한 더 높은 가르침과 더 나은 선택을 하는 가르침을 공부한 사람들이 있습니다. 그들은 디크리를 낭송하거나 예배에 가고, 컨퍼런스에 참석하거나 책을 공부하며 어떤 방식으로 말하거나 옷을 입고, 붉은 차를 몰지 않는 등 이런 외적인 요구를 모두 충족하면, 언젠가 상승하리라는 매우 교묘한 믿음과 신념 체계로 가르침을 왜곡합니다. 자신의 에고를 마주하고 에고 환영을 직시해서 그 이상이 되기를 선택하지 않고도, 이원성 환영 대신 그리스도의 실재를 선택해서 환영을 원상태로 되돌리지 않고도, 아무튼 어느 날 마법처럼 "휙~" 하며 상승한다고 생각합니다.

상승은 선택이기 때문에, 상승하는 자동적인 방법은 없습니다. 최후의 선택이 있지만, 상승을 선택하는 단계에 오르기까지 아주 많은 선택을 해야 합니다. 내 사랑하는 형제인 성 저메인은 더 작아지는 대신 더 크게 되는 바른 선택을 백만 번이 넘게 한 결과로 상승했다고 말하지 않았나요? 이것은 성 저메인이 지구상에서 어떤 퀴즈나 시험을 치렀다는 의미가 아닙니다. 여러분의 상승을 보장하는 객관식 시험은 없습니다. 그 선택은 우리가 말하는 창조적인 선택입니다. 창조력이 무엇입니까? 그것은 더 큰 것입니다. 이것은 여러분이 발견할 수 있는 창조력의 가장 단순한 정의입니다. 더 큰 것, 그것이 바로 창조력입니다.

진정한 창조력

창조적인 선택이란 여러분이 더 크게 되기를 선택하고, 더 낮은 낡은 패턴으로 돌아가기를 바라는 다른 사람들과 달리 그 이상이 되겠다는 선택입니다. 여러분은 더 작은 것을 받아들이지 않고 대신 그 이상이 되어 창조력을 표현하기로 선택합니다. 여러분은 험담이나 다툼 또는 논쟁 같은 낡은 패턴을 반복하는 대신 삶에는 그 이상이 있음을 보여 주고 실제로 그것들을 초월합니다. 여러분은 사람들이 고장 난 음반처럼 아무 생각 없이 이런 낡은 패턴을 반복하는 삶을 살면서, 어떻게 어떤 성취나 만족감을 찾을 수 있는지 의심해야 합니다.

사랑하는 이들이여, 이것을 생각해 보세요. 어릴 때 여러분이 들었던 고장 난 음반을 생각해 보세요, 여러분의 일부는 오랫동안 먼지가 쌓인 선반 위에 놓인 음반을 보고 성장했습니다. 노래가 진행되다가, 반복될 때 여러분의 마음이 뭔가 잘못되었다고 깨닫는데 시간이 얼마나 걸리나요? 정상적으로 움직이기를 바라면서 여러분의 마음에 어떤 긴장을 느끼는 시간이 얼마나 걸리나요?

여러분의 마음은 창조적으로 설계되었고, 따라서 거짓 교사가 설계한 다양한 딜레마(catch-22)에 갇힌 사람들을 제외하고는, 여러분 마음의 한 부분이 똑같이 반복되는 삶에 만족하지 못한다는 사실을 보지 못하나요? 이들은 앞으로 나가려는 이런 욕구에 조율할 수 없고, 따라서 끝없이 반복되는 이 패턴에서 자신을 자유롭게 할 수 없는 사람들입니다. 사랑하는 이들이여, 하지만 여러분은 할 수 있습니다. 그렇지 않았다면 여러분은 여기 있지 않았고, 또한 이 메시지를 보지도 못합니다. 여러분도 그것을 알고 있습니다.

전환점, 그리고 여러분이 되고자 하는 선택

그것이 내가 다시 한번 말하는 이유입니다: 여러분은 진정으로 완전히 다른 수준에 오르며, 이 책을 읽고 개인적인 삶에서 완전한 전환점에 이르는 잠재력을 가진 지점에 도달했습니다. 모든 것이 제자리에 있습니다. 모두 거기에 있습니다. 여러분에게 필요한 것은 선택을 하고 앞으로 그 선택을 강화하는 일입니다. 비록 남은 인류가 두려움의 나선에 빠지더라도, 경제나 전쟁 또는 다른 무엇이 일어나도 여러분을 아래로 끌어내리지 못합니다. 여러분은 아래로 끌어당기는 집단의식을 넘어서 영구히 자신을 끌어올릴 잠재력을 가진 지점에 왔습니다. 겉으로 무슨 일이 일어나든, 그것이 개인적인 삶이든 행성적인 규모이든 어떤 상황이 오더라도, 여러분은 하향나선에 빠지고 싶은 마음조차 들지 않고, 계속해서 위로 향해 나아가며 그 이상이 되기를 선택합니다.

이것은 여러분이 지금 있는 자리입니다. 여러분은 예수님께서 사람들에게 가서 말씀하셨던 그 지점에 있습니다: "여러분의 그물을 버리고 나를 따르면, 나는 여러분을 사람을 낚는 어부로 만들 것이다." 여러분은 자신의 그물을 떠날 준비가 되었습니다. 우리는 여러분을 사람을 낚는 어부로 만들어 사람들에게 실로 그 이상이 있음을 보여 주게 하겠습니다.

자유롭게 선택하세요. 외면의 마음으로 성급하게 선택하지 마세요. 이 책을 읽는 과정에서 내면으로 들어가, 여러분 존재의 내면의 핵심과 접촉하세요. 만약 여러분이 외면의 마음으로 선택하면, 그 선택에 반대하는 이 세상의 세력과 싸우게 됩니다.

여유를 가지세요. 여러분 본래의 존재가 이 세상에 내려와, 신의 빛과 조건 없는 사랑을 가져오기로 선택한 순간에 다시 연결될 때까지, 내면으로 들어가는 시간을 가지세요. 그것은 이 세상의 무엇도 반대할 수 없는 자연스럽고, 완전히 통합된, 무조건적인 선택입니다. 여러분이 오직 그 수준에서 선택할 때, 그것이 지속 가능하고 영속적인 선택이 됩니다. 오직 그 때에야 여러분은 지상에 존재하며, 반 존재(anti-Being)를 넘어섭니다.

우리 상승 마스터는 가르침이나 운동을 후원할 때, 이전의 몇몇 학생들이 믿던 자동적인 방식이 아니라 창조적인 방식으로 합니다. 우리는 외면의 마음으로 한 선택을 후원하거나 강화하지 않습니다. 우리는 외부의 규칙을 따라 영적으로 보이는 사람이 되고, 기계적으로 자신을 바꾸려는 노력은 강화하지 않습니다. 우리는 진실로 여러분의 창조적인 선택, 즉 하나됨의 시점에서 만들어진 선택을 강화합니다.

이것은 나의 서약이고, 내가 오늘 여러분에게 제안합니다. 나는 여러분에게 조건 없는 사랑을 선택할 완전한 자유를 줍니다. 여러분이 무엇을 선택하든, 내 조건 없는 사랑을 받습니다. 만약 그렇지 않다면, 내 사랑에 조건이 있다면, 그렇다면 나는 상승 마스터가 아니게 됩니다. 여러분이 자유롭게 되어 상승하고, 신께서 주신 권리로 모든 생명에게 선택할 자유를 주어서, 자신을 자유롭게 합니다.

이 행성의 대중의식 속으로 깊이 들어간 이 가르침을 위한 열린 문이 되려는 여러분에게 나의 감사를, 여러분의 태도에 나의 감사를 전합니다. 여러분의 행동은 프로그램 된 응답이나, 진정한 선택을 하지 않거나, 선택하지 않으려 하거나, 선택을 거부하는 의식 속으로 실제로 충격파를 보냈습니다. 이것이 내가 허물고자 하는 의식입니다. 사랑하는 이들이여, 다시 한번 감사하며 신의 의지의 불꽃 속에 여러분을 봉인합니다. 그것은 여러분 내면의 신, 여러분인 그 신의 의지입니다.

3
나는 조건 없는 의지를 기원합니다

I AM THAT I AM, 예수 그리스도의 이름으로 나의 아이앰 현존이, 무한히 초월해 가는 내 미래의 현존(I Will Be Presence that I AM)을 통해 흐르며, 완전한 권능으로 이 기원문을 해 주시기를 요청합니다. 사랑하는 엘로힘 헤라클레스와 아마조니아, 대천사 미카엘과 페이쓰(Faith), 마스터 모어께 요청합니다. 가슴으로 소통하려는 내 결정을 막는 모든 장애물을 극복하도록 도와주세요. 내가 가슴으로 소통하며 나의 아이앰 현존과 하나 되지 못하게 반대하는, 내면이나 외부의 모든 패턴과 세력으로부터 나를 자유롭게 해 주세요...
(여기에 개인적인 요청을 추가하세요)

1. 나는 가슴으로 소통합니다

1. 나는 내가 누구인지를 인정합니다. 나는 자기-인식하는 존재이고, 의식하는 자아이며, 나에게 선택할 권리가 있다고 인정합니다.

오 헤라클레스 블루, 무한한 권능과 은혜로,
당신은 모든 공간을 채우며,
창조력의 핵심과,

무한 속으로 초월하는 의지를 구현합니다.

오 헤라클레스 블루, 나는 그대와 하나 되어,
당신의 실재에 내 가슴을 엽니다.
당신의 찬란한 불꽃 안에서 이제 분명히,
자기 초월이 진정한 연금술임을 깨닫습니다.

2. 나는 육체와 외면의 마음이 가진 한계를 넘어서겠다고 선택합니다. 나는 나의 외적이고 내적인 상황에 완전한 책임을 지겠습니다.

오 헤라클레스 블루, 나는 사랑으로,
소리를 높여 신께 무한한 찬양을 바칩니다.
무한히 정묘한 신의 활동 안에서,
내 역할을 하는 것에 감사합니다.

오 헤라클레스 블루, 푸른 화염의 봉인 안에 모두를 감싸며,
당신은 이제 모든 생명을 치유합니다.
당신의 빛나는 푸른 불꽃은 우리 안에서,
모든 실재를 향한 우리의 깊은 염원을 드러냅니다.

3. 나는 외부의 상황에 상관없이 항상 내 마음 상태를 조정하여 그 상황에서 다른 반응을 선택할 수 있음을 인정하고 받아들입니다.

오 헤라클레스 블루, 지금 내 생명에 맹세합니다.
이 행성이 인간의 투쟁을 초월하도록 돕겠습니다.
당신의 빛은 이원성 거짓말을 관통하며,
나의 내면의 시야를 완전히 복원합니다.

오 헤라클레스 블루, 내가 당신의 의지와 하나 되니,

내 존재의 공간이 모두 당신의 푸른 화염으로 채워집니다.
당신의 권능이 나를 연마하니,
나는 모든 베일을 뚫고 모든 언덕에 오릅니다.

4. 나는 악에 저항하며 동일하게 반응하는 집단 프로그래밍에서 벗어났습니다. 나는 다른 뺨을 돌려대는 능력을 되찾겠습니다.

오 헤라클레스 블루, 당신의 빛의 성전은,
우리 내면의 시야를 통해 모든 것을 드러내며,
횃불이 지구에 빛을 방사하면서,
우리 행성의 재탄생을 가져옵니다.

오 헤라클레스 블루, 당신은 모든 생명을 보호하고,
우리에게 항상 초월하는 힘을 줍니다.
당신 안에서 자아는 무한히 확장되고,
나는 신의 무한한 나선 안에서 상승합니다.

5. 나는 기꺼이 가슴으로 소통하기로 선택하고 결정합니다.

오 헤라클레스 블루, 무한한 권능과 은혜로,
당신은 모든 공간을 채우며,
창조력의 핵심과,
무한 속으로 초월하는 의지를 구현합니다.

오 헤라클레스 블루, 나는 그대와 하나 되어,
당신의 실재에 내 가슴을 엽니다.
당신의 찬란한 불꽃 안에서 이제 분명히,
자기 초월이 진정한 연금술임을 깨닫습니다.

6. 나는 의식적으로 의사소통하겠습니다. 나는 더 이상 과거의 선택을 강화하는 미리 프로그램 된 응답에 따라 의사소통하지 않겠습니다. 나는 과거의 선택이 스스로 반복하지 않도록 의식적으로 선택합니다.

오 헤라클레스 블루, 나는 사랑으로,
소리를 높여 신께 무한한 찬양을 바칩니다.
무한히 정묘한 신의 활동 안에서,
내 역할을 하는 것에 감사합니다.

오 헤라클레스 블루, 푸른 화염의 봉인 안에 모두를 감싸며,
당신은 이제 모든 생명을 치유합니다.
당신의 빛나는 푸른 불꽃은 우리 안에서,
모든 실재를 향한 우리의 깊은 염원을 드러냅니다.

7. 나는 내가 누구인지 입장을 취하겠습니다. 나는 더 이상 외면의 인격으로 의사소통하지 않겠습니다. 나는 내면의 인격과 가슴으로 소통하겠습니다.

오 헤라클레스 블루, 지금 내 생명에 맹세합니다.
이 행성이 인간의 투쟁을 초월하도록 돕겠습니다.
당신의 빛은 이원성 거짓말을 관통하며,
나의 내면의 시야를 완전히 복원합니다.

오 헤라클레스 블루, 내가 당신의 의지와 하나 되니,
내 존재의 공간이 모두 당신의 푸른 화염으로 채워집니다.
당신의 권능이 나를 연마하니,
나는 모든 베일을 뚫고 모든 언덕에 오릅니다.

8. 가슴으로 하는 소통은 하나됨의 실재에 기반을 둡니다. 나는 하나됨 안에 있고, 하나됨에 내맡기며, 모두의 하나됨을 위해 일함으로써 의사소통합니다. 나는 하나됨이 분리보다 더 중요하다고 결정합니다.

오 헤라클레스 블루, 당신의 빛의 성전은,
우리 내면의 시야를 통해 모든 것을 드러내며,
횃불이 지구에 빛을 방사하면서,
우리 행성의 재탄생을 가져옵니다.

**오 헤라클레스 블루, 당신은 모든 생명을 보호하고,
우리에게 항상 초월하는 힘을 줍니다.
당신 안에서 자아는 무한히 확장되고,
나는 신의 무한한 나선 안에서 상승합니다.**

9. 가슴으로 하는 소통은 모든 생명이 하나라는 인식에 기반을 둡니다. 내가 다른 사람들과 의사소통할 때, 내 의도와 목표와 바람은 그 사람과 모든 생명을 높이려고 합니다.

창조력으로 가속하소서. I AM은 실재하며,
창조력으로 가속하소서. 모든 생명은 치유됩니다.
창조력으로 가속하소서. I AM은 무한한 초월이며,
창조력으로 가속하소서. 모든 의지는 비상합니다.

창조력으로 가속하소서! (3회)
사랑하는 헤라클레스와 아마조니아.
창조력으로 가속하소서! (3회)
사랑하는 미카엘과 페이쓰(Faith).
창조력으로 가속하소서! (3회)

사랑하는 마스터 모어.
창조력으로 가속하소서! (3회)
사랑하는 I AM.

2. 나는 자유의지를 받아들입니다

1. 나는 자유의지 없이는 자각할 수 없음을 인정합니다. 나는 모든 상황에서 신과 함께 "나는 내가 되고자 하는 존재가 될 것이다"라고 선택할 책임이 있다고 받아들입니다.

대천사 미카엘, 당신의 강렬한 푸른 화염 안에서,
더 이상 밤이란 없고 오직 당신만이 존재합니다.
내가 당신과 하나 되어 당신의 빛으로 채워지니,
영광스러운 경이가 내 시야에 드러납니다.

대천사 미카엘, 당신의 페이쓰(Faith)는 너무나 강렬하여,
대천사 미카엘, 나를 휩쓸어 버립니다.
대천사 미카엘, 당신의 노래를 부르며,
대천사 미카엘, 당신과 하나가 됩니다.

2. 자유의지의 본질은 언제든 내가 무엇이 될지 선택할 권리가 있다는 사실입니다. 나는 내가 의사소통하는 사람과의 관계에서 내가 무엇이 될지 선택함으로써 가슴으로 소통합니다.

대천사 미카엘, 당신은 보호자이며,
나는 늘 당신의 푸른 방패 안에 삽니다.
어둠 속을 떠도는 모든 존재로부터 봉인되어,
나는 당신의 빛나는 푸른빛의 구체 안에 머뭅니다.

**대천사 미카엘, 당신의 페이쓰(Faith)는 너무나 강렬하여,
대천사 미카엘, 나를 휩쓸어 버립니다.
대천사 미카엘, 당신의 노래를 부르며,
대천사 미카엘, 당신과 하나가 됩니다.**

3. 나는 내가 다른 사람들과 분리되었다거나 그들의 이익을 위해서 통제해야 한다는 분리된 자아의 환영에 더 이상 빠지지 않겠습니다.

대천사 미카엘, 수백만의 천사가,
당신이 가져오는 권능을 찬양합니다.
의심과 두려움의 데몬들을 태워버리는,
당신의 현존은 언제나 가까이 있습니다.

**대천사 미카엘, 당신의 페이쓰(Faith)는 너무나 강렬하여,
대천사 미카엘, 나를 휩쓸어 버립니다.
대천사 미카엘, 당신의 노래를 부르며,
대천사 미카엘, 당신과 하나가 됩니다.**

4. 나는 창조주께서 자신의 확장을 창조하고, 그들에게 개체성과 자유의지를 주신 결정을 완전하고 조건 없이 수용해서 그들의 자유의지를 존중하고 다른 사람들과 하나됨을 경험하기로 선택합니다.

대천사 미카엘, 신의 의지는 당신의 사랑이며,
당신은 천상에서 신의 빛을 모두에게 가져옵니다.
신의 의지는 모든 생명의 비상을 보는 것이며,
자아의 초월은 우리의 가장 신성한 권리입니다.

대천사 미카엘, 당신의 페이쓰(Faith)는 너무나 강렬하여,

대천사 미카엘, 나를 휩쓸어 버립니다.
대천사 미카엘, 당신의 노래를 부르며,
대천사 미카엘, 당신과 하나가 됩니다.

5. 나는 내 창조주 및 창조주의 의도와 하나이며, 사람들이 어떤 기준에 오르도록 강요하거나 계획하지 않는 신의 목적과 하나입니다. 나는 사람들에게 그 이상이 되기로 선택할 자유의지와 공간을 허용합니다.

대천사 미카엘, 당신의 강렬한 푸른 화염 안에서,
더 이상 밤이란 없고 오직 당신만이 존재합니다.
내가 당신과 하나 되어 당신의 빛으로 채워지니,
영광스러운 경이가 내 시야에 드러납니다.

**대천사 미카엘, 당신의 페이쓰(Faith)는 너무나 강렬하여,
대천사 미카엘, 나를 휩쓸어 버립니다.
대천사 미카엘, 당신의 노래를 부르며,
대천사 미카엘, 당신과 하나가 됩니다.**

6. 나는 모든 자기-인식하는 존재에게 자유의지를 주신 창조주의 결정을 존중함으로써 나의 자유의지를 되찾습니다. 나는 다른 사람의 자유의지를 존중하며, 내 자유의지와 그 이상이 되기로 선택할 내 권리를 받아들입니다.

대천사 미카엘, 당신은 보호자이며,
나는 늘 당신의 푸른 방패 안에 삽니다.
어둠 속을 떠도는 모든 존재로부터 봉인되어,
나는 당신의 빛나는 푸른빛의 구체 안에 머뭅니다.

**대천사 미카엘, 당신의 페이쓰(Faith)는 너무나 강렬하여,
대천사 미카엘, 나를 휩쓸어 버립니다.
대천사 미카엘, 당신의 노래를 부르며,
대천사 미카엘, 당신과 하나가 됩니다.**

7. 나는 신과 함께 "나는 내가 되고자 하는 존재가 될 것이다"라고 말할 권리가 있음을 받아들이고 경험합니다. 나는 낡은 정체성을 놓아 버리고, 죽게 하고, 사라지게 하며, I AM의 불꽃 속으로 보내어 소멸하기로 선택합니다.

대천사 미카엘, 수백만의 천사가,
당신이 가져오는 권능을 찬양합니다.
의심과 두려움의 데몬들을 태워버리는,
당신의 현존은 언제나 가까이 있습니다.

**대천사 미카엘, 당신의 페이쓰(Faith)는 너무나 강렬하여,
대천사 미카엘, 나를 휩쓸어 버립니다.
대천사 미카엘, 당신의 노래를 부르며,
대천사 미카엘, 당신과 하나가 됩니다.**

8. 나는 진정으로 자유의지와 창조주 선택의 지혜를 받아들입니다. 나는 다른 사람들이 스스로 선택한 의식 상태에 있을, 신께서 주신 절대적인 권리가 있다고 받아들입니다. 나는 신께서 그들에게 그 권리를 주셨음을 받아들입니다.

대천사 미카엘, 신의 의지는 당신의 사랑이며,
당신은 천상에서 신의 빛을 모두에게 가져옵니다
신의 의지는 모든 생명의 비상을 보는 것이며,
자아의 초월은 우리의 가장 신성한 권리입니다.

대천사 미카엘, 당신의 페이쓰(Faith)는 너무나 강렬하여,
대천사 미카엘, 나를 휩쓸어 버립니다.
대천사 미카엘, 당신의 노래를 부르며,
대천사 미카엘, 당신과 하나가 됩니다.

9. 나는 다른 사람을 판단할 필요가 없다고 인정합니다. 나는 그들이 되려는 존재가 될 수 있게 그들을 자유롭게 해 줍니다. 또한 내 자유의지도 그들과 동등하게 받아들입니다. 나는 내가 선택하는 어떤 의식 상태에 있을 권리를 받아들입니다. 나는 다른 사람들의 선택과 상관없이 내 의식 상태를 선택할 자유가 있습니다.

천사들과 함께 날아올라,
나는 그 이상의 현존이 됩니다.
천사들은 진실로 존재하니,
그들의 사랑은 모든 것을 치유합니다.
천사는 평화를 가져오며,
모든 갈등은 그칩니다.
빛의 천사들과 함께,
우리는 새로운 높이로 비상합니다.

천사 날개의 바스락거리는 소리,
물질조차 노래하는 기쁨이여,
모든 원자를 울리는 기쁨이여,
천사들의 날갯짓과 조화 속에서.

3. 나는 더 높은 선택을 합니다

1. 나는 예수님께서 하셨던 선택을 할 권리가 있음을 받아들입니다. 내가 만나는 다른 모든 사람이 그리스도 의식에 있지 않기로 선택

했다 하더라도, 나는 여전히 그리스도 의식에 있으면서, 그리스도가 되는 시범을 보여 줄 권리가 있습니다.

오 헤라클레스 블루, 무한한 권능과 은혜로,
당신은 모든 공간을 채우며,
창조력의 핵심과,
무한 속으로 초월하는 의지를 구현합니다.

오 헤라클레스 블루, 나는 그대와 하나 되어,
당신의 실재에 내 가슴을 엽니다.
당신의 찬란한 불꽃 안에서 이제 분명히,
자기 초월이 진정한 연금술임을 깨닫습니다.

2. 내가 다른 사람들과 교류할 때, 그들의 의식 상태와 상관없이 내 의식 상태를 선택할 수 있습니다. 나는 어떤 방식으로 반응하도록 강요된 느낌 없이, 내 자유의지 선택을 기반으로 사람들과 의사소통하겠습니다.

오 헤라클레스 블루, 나는 사랑으로,
소리를 높여 신께 무한한 찬양을 바칩니다.
무한히 정묘한 신의 활동 안에서,
내 역할을 하는 것에 감사합니다.

오 헤라클레스 블루, 푸른 화염의 봉인 안에 모두를 감싸며,
당신은 이제 모든 생명을 치유합니다.
당신의 빛나는 푸른 불꽃은 우리 안에서,
모든 실재를 향한 우리의 깊은 염원을 드러냅니다.

3. 나는 내가 기대한 대로 행동하거나 말하지 않는 사람들을 만날

때, 부정적인 마음의 상태로 들어가는 방식이 내 유일한 선택권이 아님을 압니다. 나는 분리에서 오는 두려움이 아닌 다른 반응, 더 높은 반응, 사랑에 기반을 둔 반응을 선택합니다.

오 헤라클레스 블루, 지금 내 생명에 맹세합니다.
이 행성이 인간의 투쟁을 초월하도록 돕겠습니다.
당신의 빛은 이원성 거짓말을 관통하며,
나의 내면의 시야를 완전히 복원합니다.

**오 헤라클레스 블루, 내가 당신의 의지와 하나 되니,
내 존재의 공간이 모두 당신의 푸른 화염으로 채워집니다.
당신의 권능이 나를 연마하니,
나는 모든 베일을 뚫고 모든 언덕에 오릅니다.**

4. 나는 긴장된 상황에서 한 걸음 물러나 자신에게 이렇게 말하겠습니다: "그 사람이 분리를 선택하더라도 나는 하나됨을 선택하겠다! 다른 사람이 자신을 나와 분리되었다고 보고 나를 적이나 반대자나 위협으로 보기로 선택했다고 해서 나도 동일한 선택을 해야 한다는 의미가 아니다. 나는 내면의 성소로 들어가서 내면의 존재와 하나가 되도록 선택하겠다."

오 헤라클레스 블루, 당신의 빛의 성전은,
우리 내면의 시야를 통해 모든 것을 드러내며,
횃불이 지구에 빛을 방사하면서,
우리 행성의 재탄생을 가져옵니다.

오 헤라클레스 블루, 당신은 모든 생명을 보호하고,
우리에게 항상 초월하는 힘을 줍니다.
당신 안에서 자아는 무한히 확장되고,

나는 신의 무한한 나선 안에서 상승합니다.

5. 나는 물질과 영적인 영역 사이의 연결점이 내 안에 있음을 인정합니다. 나는 아이앰 현존과 하나됨을 형성하기 위해 내 존재의 핵심으로 물러납니다. 나는 내 아이앰 현존의 구체 안에 둘러싸여 있으며, 아무것도 내 마음을 건드리지 못합니다.

오 헤라클레스 블루, 무한한 권능과 은혜로,
당신은 모든 공간을 채우며,
창조력의 핵심과,
무한 속으로 초월하는 의지를 구현합니다.

**오 헤라클레스 블루, 나는 그대와 하나 되어,
당신의 실재에 내 가슴을 엽니다.
당신의 찬란한 불꽃 안에서 이제 분명히,
자기 초월이 진정한 연금술임을 깨닫습니다.**

6. 나는 내면의 성소로 물러나서, 내 아이앰 현존과 하나로 연결되어 내가 누구인지 받아들입니다. 나는 많은 생애 동안 개발한 일상적으로 프로그램 된 반응이 아닌, 다른 반응을 선택합니다.

오 헤라클레스 블루, 나는 사랑으로,
소리를 높여 신께 무한한 찬양을 바칩니다.
무한히 정묘한 신의 활동 안에서,
내 역할을 하는 것에 감사합니다.

오 헤라클레스 블루, 푸른 화염의 봉인 안에 모두를 감싸며,
당신은 이제 모든 생명을 치유합니다.
당신의 빛나는 푸른 불꽃은 우리 안에서,

모든 실재를 향한 우리의 깊은 염원을 드러냅니다.

7. 나는 창조적인 존재입니다. 나는 공동-창조자가 되기로 선택합니다. 나는 물질계의 어떠한 것도 초월하는 내 아이앰 현존에 다시 연결해서 더 나은 반응을 공동-창조합니다. 나는 다른 사람들이 나에게 어떻게 하든지 상관없이, 부정적인 방식으로 반응하지 않겠습니다.

오 헤라클레스 블루, 지금 내 생명에 맹세합니다.
이 행성이 인간의 투쟁을 초월하도록 돕겠습니다.
당신의 빛은 이원성 거짓말을 관통하며,
나의 내면의 시야를 완전히 복원합니다.

오 헤라클레스 블루, 내가 당신의 의지와 하나 되니,
내 존재의 공간이 모두 당신의 푸른 화염으로 채워집니다.
당신의 권능이 나를 연마하니,
나는 모든 베일을 뚫고 모든 언덕에 오릅니다.

8. 나는 자신을 방어하거나 복수하거나 다른 사람을 파괴하지 않고, 긍정적인 반응, 고양하는 반응, 다른 사람들을 높이는 반응을 내 아이앰 현존과 함께 공동-창조하고 하나됨을 구축하겠습니다.

오 헤라클레스 블루, 당신의 빛의 성전은,
우리 내면의 시야를 통해 모든 것을 드러내며,
횃불이 지구에 빛을 방사하면서,
우리 행성의 재탄생을 가져옵니다.

오 헤라클레스 블루, 당신은 모든 생명을 보호하고,
우리에게 항상 초월하는 힘을 줍니다.

당신 안에서 자아는 무한히 확장되고,
나는 신의 무한한 나선 안에서 상승합니다.

9. 내가 만나는 어떤 상황에서도, 나는 그 이상이 되기를 바랍니다. 나는 무한히 창조적인 공동-창조자가 되도록 창조되었으며, 그에 미치지 못하는 존재가 되게 강요하는 어떤 것도 허용하지 않습니다. 나는 더 많이 봉사하기로 선택합니다.

창조력으로 가속하소서. I AM은 실재하며,
창조력으로 가속하소서. 모든 생명은 치유됩니다.
창조력으로 가속하소서. I AM은 무한한 초월이며,
창조력으로 가속하소서. 모든 의지는 비상합니다.

창조력으로 가속하소서! (3회)
사랑하는 헤라클레스와 아마조니아.
창조력으로 가속하소서! (3회)
사랑하는 미카엘과 페이쓰(Faith).
창조력으로 가속하소서! (3회)
사랑하는 마스터 모어.
창조력으로 가속하소서! (3회)
사랑하는 I AM.

4. 나는 내 삶에서 변화를 받아들입니다

1. 나는 모든 것이 의식의 표현이며 의식의 모든 요소는 내가 한 선택의 결과라는 현실을 인정합니다. 나는 내가 물질우주에 갇혔다고 느끼는 정체성 이상임을 받아들입니다.

마스터 모어, 앞에 나타나소서.

그 이상으로 가속하는 당신의 화염을 흡수합니다.
마스터 모어, 내 의지는 강렬하고,
내 에너지 센터는 노래로 정화됩니다.

오 성령이시여, 나를 통해 흐르소서.
나는 당신을 위해 열린 문입니다.
세차게 흘러오는 전능한 빛의 강이여,
초월은 나의 신성한 권리입니다.

2. 나는 인간보다 더 큰 존재가 되고, 미리 프로그램 된 생체 로봇보다 더 큰 존재가 되기로 선택합니다. 나는 이 세상의 왕자가 내 안에서 아무것도 통제하지 못하도록 모든 집착을 체계적으로 해결하기로 선택합니다.

마스터 모어, 당신의 지혜가 흘러오면,
당신과 조율하며 나도 점점 성장합니다.
마스터 모어, 우리가 연결되니,
나는 뱀의 거짓말을 꿰뚫어 보게 됩니다.

오 성령이시여, 나를 통해 흐르소서.
나는 당신을 위해 열린 문입니다.
세차게 흘러오는 전능한 빛의 강이여,
초월은 나의 신성한 권리입니다.

3. 나는 창조적인 선택을 하기로 결정합니다. 나는 더 작고 낡은 패턴으로 물러나기를 원하는 사람들보다 더 크게 되기를 선택합니다. 나는 더 크게 되고 그것을 표현하기로 선택합니다.

마스터 모어, 당신의 핑크빛 사랑보다,

더 순수한 사랑은 없습니다.
마스터 모어, 당신은 나를 해방하여,
모든 조건에서 풀려나게 합니다.

오 성령이시여, 나를 통해 흐르소서.
나는 당신을 위해 열린 문입니다.
세차게 흘러오는 전능한 빛의 강이여,
초월은 나의 신성한 권리입니다.

4. 나는 내 마음이 창조적으로 설계되었으며, 고장 난 음반처럼 반복되는 삶에 만족할 수 없음을 받아들입니다. 나는 앞으로 나아가려는 열망에 조율해서 이 끝없이 반복되는 패턴에서 벗어나겠습니다.

마스터 모어, 나를 순수하게 만드는,
당신의 단련법을 견뎌 내겠습니다.
마스터 모어, 언제나 당신과 하나 되니,
내 의도는 진실해집니다.

오 성령이시여, 나를 통해 흐르소서.
나는 당신을 위해 열린 문입니다.
세차게 흘러오는 전능한 빛의 강이여,
초월은 나의 신성한 권리입니다.

5. 나는 내 개인적인 삶에서 완전히 다른 수준에 오르고 절대적인 전환점을 경험할 잠재력이 있음을 받아들입니다. 나는 내 삶에서 어떤 일이 일어나든 그 이상이 되기를 선택하며 그것을 강화하겠습니다.

마스터 모어, 내 비전은 고양되고,
신의 의지를 항상 찬양합니다.
마스터 모어, 창조적인 의지는,
모든 생명을 더욱더 높이 올립니다.

**오 성령이시여, 나를 통해 흐르소서.
나는 당신을 위해 열린 문입니다.
세차게 흘러오는 전능한 빛의 강이여,
초월은 나의 신성한 권리입니다.**

6. 나는 아래로 끌어당기는 집단의식에서 영구적으로 자신을 끌어올릴 잠재력이 있음을 받아들입니다. 어떤 상황이 오더라도, 나는 언제나 더 크게 되기로 선택하겠습니다.

마스터 모어, 당신의 평화는 권능이며,
전쟁의 데몬들을 삼켜 버립니다.
마스터 모어, 우리는 모든 생명에 봉사하며,
우리의 화염은 전쟁과 투쟁을 소멸시킵니다.

**오 성령이시여, 나를 통해 흐르소서.
나는 당신을 위해 열린 문입니다.
세차게 흘러오는 전능한 빛의 강이여,
초월은 나의 신성한 권리입니다.**

7. 나는 예수님께서 사람들에게 "너의 그물을 버리고 나를 따르라"라고 말씀하셨던 지점에 있음을 받아들입니다. 나는 내 그물을 버리고 사람들에게 정말로 그 이상이 있음을 보여 줄 준비가 되었습니다.

마스터 모어, 나는 너무나 자유롭고,
당신과 나는 영원히 결속됩니다.
마스터 모어, 당신의 무한한 환희의 흐름 안에서,
나는 새로운 탄생을 맞이합니다.

오 성령이시여, 나를 통해 흐르소서.
나는 당신을 위해 열린 문입니다.
세차게 흘러오는 전능한 빛의 강이여,
초월은 나의 신성한 권리입니다.

8. 나는 이제 내면으로 들어가서 내 존재가 빛과 신의 조건 없는 사랑을 가져오기 위해 이 세상에 내려오기로 선택한 그 순간에 다시 연결됩니다. 그것은 이 세상의 무엇도 반대할 수 없는 자연스럽고, 완전히 통합된, 무조건적인 선택입니다.

마스터 모어, 당신은 내 요청으로,
일곱 광선을 모두 균형 잡습니다.
마스터 모어, 영원히 그 이상이 되어 가니,
나는 영(Spirit)의 열린 문입니다.

오 성령이시여, 나를 통해 흐르소서.
나는 당신을 위해 열린 문입니다.
세차게 흘러오는 전능한 빛의 강이여,
초월은 나의 신성한 권리입니다.

9. 나는 지속 가능하고 영속적인 선택을 합니다. 나는 존재하며, 반-존재(anti-Being)를 넘어섭니다.

마스터 모어, 당신의 현존이 여기에 있고,

나의 내면 구체를 가득 채웁니다.
삶은 이제 신성한 흐름이며,
신의 권능이 나에게 모두 부어집니다.

오 성령이시여, 나를 통해 흐르소서.
나는 당신을 위해 열린 문입니다.
세차게 흘러오는 전능한 빛의 강이여,
초월은 나의 신성한 권리입니다.

봉인하기
신성한 어머니의 이름으로, 나는 이 요청의 힘이 마-터 빛을 자유롭게 하는데 사용되어, 나 자신의 삶과 모든 사람과 행성을 위한 그리스도의 완전한 비전을 구현할 수 있음을 전적으로 받아들입니다. I AM THAT I AM의 이름으로, 그것이 이루어졌습니다! 아멘.

4
지적인 지식을 넘어서

신의 지혜인 두 번째 광선을 대표하는 엘로힘 아폴로의 구술문

나는 아폴로이며, 신의 지혜인 두 번째 광선의 엘로힘으로 알려져 있습니다. 나는 가슴으로 소통하는 관점과 그것이 지혜의 두 번째 광선과 어떻게 연관되는지 알려 주려고 왔습니다.

여러분은 이 행성에 만연한 보이지 않는 존재(non-being) 사이에서 도전과 마주하고 있습니다. 이 보이지 않는 존재는 오랫동안 행성을 지배했으며, 그 배후의 세력은 이 행성을 소유하고 소유권을 받을 자격이 있다고 믿습니다. 이 존재들은 소수의 사람들이 모든 조건을 마주하고 넘어서며 기꺼이 조건 없는 사랑이 되는 시범을 세상에 보이고 자신들의 통제를 넘어서게 하려는 생각이 전혀 없습니다.

종교의 오용

비록 개인적인 문제를 마주하기가 고통스러울지라도, 인류가 마주하는 한계를 극복하고 성장하려면, 일부 사람들이 선구자, 즉 창의 끝이 되어야 하며 다른 사람도 그렇게 할 수 있다는 영감을 주

기 위해서, 기꺼이 자신의 개인적인 문제를 다루는 시범을 보여야 합니다.

우리가 여러 맥락에서 말하는 것은, 아주 오랜 시간 동안 이 행성에서 거짓 교사가 여러분 결점을 보지 않거나, 에고를 살펴보지 않고도 신의 왕국으로 들어갈 수 있다는 인상을 주기 위한 도구로 종교를 사용한다는 것입니다. 이 행성 위에 먹구름처럼 드리워진 전반적인 의식이 있습니다. 사실상 가장 영적인 사람들 중 일부는 어떤 궁극적인 종교나 구루를 찾으면, 자신을 위해 모든 일을 해 줄 거라는 믿음에 끌렸습니다. 그들은 또한 과거 선택을 되돌리며 에고를 살펴보는 불쾌한 일을 겪지 않고도 신의 왕국에 들어가게 해 준다는 어떤 마법적인 공식을 찾을 수 있다고 합니다. 그들은 잠시 동안 고통을 참아서 과거 선택이 어떻게 그들을 제한하는지 알지 못하고, 더 나은 선택을 하지 않습니다.

오직 여러분이 그런 꿰뚫어 보는 능력으로 기꺼이 과거 선택을 살펴볼 때, 자신이 과거 선택에서 쌓아온 정체성 이상임을 인식하게 됩니다. 여러분은 과거 선택을 넘어서고, 과거를 버리며, 진정한 자신인 존재의 불꽃 속으로 과거 선택을 보내어 소멸하게 합니다.

충만한 가슴

마스터 모어께서 가슴으로 하는 소통과 연관해서, 신의 의지를 언급하며 훌륭한 기초를 세웠습니다. 진실로, 이 세상에는 가슴을 통해 하나로 연결되기를 바라지 않기 때문에, 가슴으로 소통하지 않으려는 사람들이 많습니다. 한 걸음 더 나가서 가슴이 충만하면 입으로 넘쳐흐른다고 말씀하신 그리스도의 가르침을 찾아볼 수 있습니다. 사실 가슴은 부정성과 분노의 어떤 색채나 그림자를 지닐 수 있습니다.

물론, 이것은 여러분 존재의 핵심으로 이해되는 가슴이 이러한 부정성을 받아들였다는 의미가 아닙니다. 여러분 존재의 핵심은 지구상의 무엇으로도 압도되지 않습니다. 여러분의 가슴 차크라가 어떤 부정적인 진동으로 채워지게 허용하지 못한다는 의미입니다. 삶의 근본적인 관점과, 삶의 근본적인 접근 방식에서, 가슴에 반-사랑의 특정한 구현이 있는 사람들을 여러분이 실제로 세상에서 볼 수 있습니다.

기본적으로 그들은 삶에 부정적으로 반응하거나, 다른 사람에게 부정성을 투사하는 방식으로 반응하는 경향이 있습니다. 그들의 기대가 충족되지 못하는 어떤 상황을 마주하면 불만을 말합니다. 그러한 기대는 전적으로 그들이 궁극의 실재로 보며 받아들이기로 선택한 삶의 관점으로 결정됩니다. 그들은 반-사랑을 단지 실재로 받아들이겠다고 선택했고, 마-터 빛 위에 투사하기로 선택한 이원성 의식의 비실재 환영임을 알지 못합니다.

만약 가슴이 그런 부정적인 구현으로 물들면, 이 사람들은 그것이 비실재이고 자신이 한 선택의 결과임을 종종 인정하지 않으려고 합니다. 대신 그들은 이것이 완전히 그리고 전적으로 원래 그렇다는 이미지를 투사합니다. 그들은 삶에서 기본적인 접근 방식으로 선택한 어떠한 구현물이나 두려움, 분노로 지배되는 평행 우주에 살기 때문입니다.

여러분 자신의 가슴을 살펴보세요

지혜로운 여러분은 이미 자신의 가슴을 정화하고 있습니다. 여러분은 위로 오르고 있지만, 일부는 여전히 가슴 차크라에 어떤 반-사랑의 요소가 있고, 그것이 삶을 보는 방식을 물들입니다. 여기서 여러분은 여러분의 아이앰 현존에게서 오는 빛이 처음에 가슴의 비밀 공간을 통해 여러분의 존재로 들어가고, 이후 가슴 차크라로 들어간다고 이해해야 합니다. 여러분의 가슴 차크라에 비실재의 요소가 있으면, 여러분의 하위 존재 안에서 처음 구현되는 빛을 물들입니다. 그것이 사실상 여러분의 가슴 차크라에서 그러한 비실재의 요소들을 꿰뚫어 보기가 매우 어려운 이유입니다. 여러분은 비실재가 단지 원래 그렇다고 믿기 때문입니다.

여러분은 한 걸음 물러나 이렇게 말하기를 꺼려합니다: "어쩌면 이것이 환영일까?" 여러분은 종종 그런 질문은 할 필요가 없다고 생각합니다. 여러분의 심리에서 많은 돌파구를 겪었을 수도 있고, 다른 집착을 극복하거나 다른 환영을 포기했을 수도 있지만, 여러분 존재의 이 특정한 요소에 의문을 제기하지 말아야 한다고 생각합니다. 여러분의 아이앰 현존에게서 오는 빛이 가슴 차크라에 스며들어 있기 때문에, 실제로 환영이 빛을 가지고 있다고 생각하게 됩니다. 여러분은 빛의 힘을 보지만, 현실로 받아들인 특정한 이원성 환영으로 빛이 물들었음을 알지 못합니다.

어떻게 여러분이 이러한 핵심적인 환영을 꿰뚫어 볼 수 있나요? 그러려면, 오직 살아 있는 구루를 만나야 합니다. 살아 있는 구루란 어떤 지명도나 교육 또는 어떤 권위를 가진 사람이 아닙니다. 여러분이 많은 위장된 형태로 살아 있는 구루를 만난다는 의미입니다. 마스터 모어가 말하지 않았습니까: "만약 구루가 개미라도, 주의를 기울이겠습니까?" 벌거벗은 임금님이라는 옛 동화에서 "그런데 임금님은 아무것도 입지 않았다"라고 외쳤던 어린 소년을 모두가 알지 않나요?

겸손은 여정에서 필수 요소입니다

문제는 이것입니다: "여러분이 보지 못하는 것을 동료가 기꺼이

말하도록 허용하겠습니까? 여러분은 하위 존재의 핵심에 아주 가까이 들어갔기 때문에, 그것을 비실재로 인지하지 못하거나 질문할 필요가 없다고 믿는데, 비실재의 어떤 요소가 있음을 기꺼이 보겠습니까?"

영성 구도자가 최상의 잠재력을 성취하려면, 다른 사람 앞에서 자신의 치부를 드러내고, 자신의 심리 안에 있는 무엇이든지 기꺼이 살펴보고 그것을 극복하고 버리는 과정이 필요하며, 우리는 이 과정을 보여 줄 사람이 필요합니다. 이것은 실로 인류가 더 높이 오르도록 영감을 줍니다. 이것은 사람들이 자신의 결점을 살펴보지 않고도, 자동적인 구원을 얻는다는 오래된 환영이 단지 비실재임을 보게 도와줍니다. 자동적인 구원은 잘못된 길이며 거짓말입니다. 그것은 모든 생명이 하나임을 이해했고 진정으로 연결되었음을 시범 보여 준 그리스도와 붓다와 노자, 그리고 다른 영적인 스승들이 말한 진정한 여정에서 벗어나게 하는 길입니다.

가슴으로 받기

여러분이 보지 못하는 뭔가를 다른 사람들이 말해 주게 하고 싶다면, 다음 단계를 밟아야 합니다. 여러분이 현재 보지 못하는 뭔가를 보는 유일한 방법은, 외면의 마음을 넘어서 사람들이 가슴으로 여러분과 의사소통하게 허용하면서, 여러분 또한 가슴으로 그것을 받아들이는 일입니다. 의사소통은 양방향으로 일어나지 않습니까? 또는 적어도 성공적이 되려면, 양방향으로 소통이 일어나야 합니다.

가슴으로 하는 소통은 알파에서 오메가로 주고받는 흐름이 없다면 진정으로 일어나지 않습니다. 다른 사람이 진정으로 가슴에 연결되어 여러분에게 무언가를 말하려 하는데, 여러분이 가슴에 연결되어 받아들일 의지가 없다면, 그 의사소통은 여러분이 못 보는 것을 보도록 돕지 못합니다. 그렇게 되면 여러분은 더 높이 오를 수 없습니다. 대신 여러분은 못 보는 것을 방어하고, 실재라고 믿는 환영을 방어하며, 두려움에 기반을 둔 더 낮은 반응을 합니다.

여러분은 물론 세상에서 이것이 계속 반복되는 것을 봅니다. 사람들은 그것이 왜 실재인지 또는 왜 그것에 의문을 가질 필요가 없는지 논쟁하면서 자신의 환영을 방어하는 반응을 합니다. 아마도 그들은 자신이나 자신의 세계관, 신봉하는 종교 또는 정치 이념인 환영을 공격한다고 생각하며 극단적으로 반응합니다.

에고보다 더 현명해지기

여러분은 더 현명해져야 합니다. 여러분은 두 번째 광선의 지혜를 사용하며 이렇게 말할 필요가 있습니다: "나는 자신의 환영을 방어하는 사람들 이상이 되겠다. 나는 정말 가슴 속으로 들어가겠다. 누군가 내 가슴에 무슨 말을 하러 오면, 나는 분석적인 마음이 되어 내 환영을 방어하지 않겠다."

때로는 가슴에 완전히 중심을 두지 않은 사람들이 여러분에게 뭔가를 말해 주려 합니다. 그들은 여러분과 함께 잠시 머물렀다가 마침내 지쳐서 비로소 말하기에, 어떤 불만이나 분노의 진동을 가집니다. 이것은 사람들이 다른 사람의 말을 듣지 않는 가장 일반적인 변명입니다. 하지만 여러분이 현명하다면, 누군가가 여러분에게 말할 때마다, 여러분은 다른 사람의 불완전함을 넘어서 봅니다. 여러분은 그 진동을 넘어서 봅니다. 여러분은 그 말을 넘어서 봅니다. 여러분은 가슴 안으로 들어가서 이렇게 말합니다: "여기에 내가 봐야만 하는 실재가 있나? 이 사람의 말에 일리가 있나? 이 사람이 불완전하더라도, 내 안에 고쳐야 할 무언가가 있나?"

물론 여러분은 에고의 또 다른 함정에 현명하게 대처해야 합니다.

즉 여러분의 신념으로 논쟁하거나, 다른 사람의 말과 논쟁하려는 분석적인 마음을 사용하는 경향도 지혜롭게 대처해야 합니다. 여러분은 지혜로워지고, 이원성 의식에 관해 우리가 준 가르침을 사용해서, 이원성 의식이 어떤 주장이든 증명하거나 논쟁할 수 있음을 깨달아야 합니다. ['에고 환영에서 벗어나기', '에고 게임에서 벗어나기', '에고 드라마에서 벗어나기'와 같은 책들 참조]. 이원성 의식은 마음과 지성의 분석적인 능력에 기반을 두고 있기 때문입니다.

지성의 한계를 알기

내 의도는 여기에서 지성이 나쁘고 여러분이 피해야 한다고 말하려는 게 아닙니다. 지성은 단지 마음에서 필요한 부분입니다. 지성은 여러분이 형태의 세계를 다루도록 돕기 위해 특별히 설계된 마음의 일부입니다. 성모 마리아와 마이트레야의 책에서 아주 심오하게 설명하듯이, 형태의 세계는 하나의 형태를 다른 것과 비교해서 그 차이로 구별합니다. 분석적인 마음은 단순히 한 형태를 다른 것과 나누는 다양한 특성을 분석하고 분류하는 이러한 일을 다루도록 돕기 위해서 설계되었습니다. 그것은 또한 무엇이 건설적이고 무엇이 비건설적인지, 무엇이 실제로 여러분 자신과 모든 생명을 확장하는지, 아니면 제한하는지 어느 정도 판단하게 해 줍니다.

이것은 특히 지성이 가슴의 지휘 아래 있을 때, 어느 정도 지성으로 이 일이 일어납니다. 물론 어떤 다른 능력처럼 지성은 그 자체로 목적이 되기도 합니다. 여러분은 지성이 진리를 완벽하게 아는 능력이 있기 때문에, 가슴의 지휘 아래 있을 필요가 없고 지성이 우월하다고 믿으며, 결코 가슴에 연결하지 않는 사람들을 볼 수 있습니다. 내가 말했듯이, 지성은 여러분이 형태의 세계에 있는 사물을 구별하도록 설계되었습니다. 지성은 궁극의 진리, 궁극의 실재를 발견하지 못합니다. 지성은 이러한 개념을 다룰 수조차 없습니다.

사람들이 보다 깊은 의식 수준에서는 어떤 궁극의 진리나 어떤 궁극적인 논쟁이 있다고 믿지 않음을 실제로 인식하지만, 지성에 갇혀서 어떤 특정한 세계관이나 견해로 몇 시간 동안 논쟁을 벌이는 많은 사람도 있습니다. 결국 그들은 지성으로 어떤 논쟁을 하면 언제나 또 다른 논쟁으로 대응하기에, 궁극의 진리란 없다고 믿습니다.

궁극의 진리를 알기

여러분은 어떻게 궁극의 진리에 연결될 수 있나요? 사랑하는 이들이여, 오직 가슴을 통해서입니다. 마스터 모어께서 말했듯이, 오직 가슴만이 모든 생명이 하나라는 궁극의 실재에 연결됩니다. 물론 이 깨달음은 궁극의 지혜의 표현입니다. 여러분은 모든 세세한 것을 찾아내는데 능숙하지만, 오직 가슴만이 전체적인 그림을 보기 때문에, 지적인 지식으로는 큰 그림을 보지 못합니다. 차이에 초점을 맞추고 차이를 분석하고 분류하도록 설계된 지성은, 당연히 모든 생명이 하나라는 근본적인 실재를 밝히고 헤아릴 수 없습니다.

지성에 갇힌 사람들은 자신이 다른 사람들에게서 분리되었고, 신에게서 분리되었다고 보는데 갇혀 있습니다. 갑자기 신의 존재와 신의 본성이 지적인 논쟁에서 주제가 됩니다. 신과 연결되어 가슴 안에서 직접 신을 경험하려고 하기보다, 멀리 있는 외부의 신의 이미지가 궁극적이라고 논쟁합니다. 이것은 많은 지적인 신학자들이 여러 세대 동안 해왔지만, 신의 존재와 하나 되는 직접적인 경험에는 한 걸음도 다가서지 못했습니다.

기대를 초월하기

진짜 문제는 이것입니다: "여러분이 가슴 안에서 다른 사람들과 연결되기를 바랍니까?" 대답은 여러분이 여전히 자신을 그들과 분리되었다고 보는지, 아니면 최소한 모든 생명의 근본적인 실재를 보는지가 지혜의 수준을 결정합니다. 여러분은 분리된 자아를 높이고 싶습니까? 여러분은 분리된 자아를 방어하고 싶습니까? 여러분은 상처를 피하고 싶습니까? 아니면 모든 상황에서 모든 생명을 높이고 싶습니까?

나는 여러분에게 마스터 모어의 말을 여러 번 반복해서 읽어보기를 권합니다. 여러분 중 누구도 한번 읽어서는 이해하기 어려운 숨겨진 열쇠가 그의 글 속에 있기 때문입니다. 나는 여러분이 근본적인 실재를 깨달을 때까지, 그의 말을 가슴으로 명상하기를 권합니다. 여러분이 진정으로 신의 실재와 자유의지의 지혜를 경험할 때, 지구상의 일이 어떠해야 한다거나 어떠해선 안 된다는 어떤 기대가 아무런 의미나 타당한 이유가 없음을 알게 됩니다.

여러분이 지혜를 가지면, 모든 것을 그대로 무비판적으로 받아들이며 삶을 살아야 한다는 의미가 아니라고 깨닫게 됩니다. 바로 지금 구현된 것을 초월하려는 추진력, 그 이상이 되려는 추진력을 가진 사람이 없다면, 어떻게 변화가 일어날까요? 여러분은 다른 사람과 그들의 행동을 기준에 비교하며, 인간의 판단력으로 판단하고 그들이 기준에 따르지 않았기 때문에 잘못이라고 말해서는 지구에 변화를 가져오지 못함을 깨닫게 됩니다. 타락한 존재들은 지구를 변화하게 하고, 그들 일부는 사람들을 통제하고, 특정한 방식으로 행동하게 강요해서 인류를 구원해야 한다고 믿습니다. 그들은 사람들이 이 외부의 기준에 따라서 살면, 신의 왕국에 들어가게 허용된다고 생각합니다.

강요가 아닌 영감

신의 왕국에 들어가는 유일한 방법이 있는데, 그것은 신의 왕국이 존재하는 모든 것이고 여러분이 신의 왕국에서 결코 분리된 적이 없다고 깨닫는 일입니다. 지구상에 긍정적인 변화를 가져오는 유일한 방법은 강요하지 말고, 다른 사람들이 더 나은 선택을 하도록 영감을 주는 것입니다.

자신을 거짓 교사로 자처한 사람들은, 모든 생명의 하나됨에서 자신을 분리했습니다. 그 결과, 그들은 사람들의 자유의지를 무시하며 통제하고 강요하려 합니다. 오직 자유의지 선택을 통해서만 여러분은 신의 왕국에 들어갈 수 있습니다. 여러분은 그 왕국에 있지 않기로 선택해서는 안되며, 그 왕국 안에 있기로 선택해야 합니다. 사랑하는 이들이여, 여러분은 다른 사람들에게 그 선택을 하게 강요하지 못합니다. 사실 여러분은 다른 사람들이 어떤 행동을 하게 강요하거나, 어떤 믿음을 받아들이게 강요할 수 있습니다. 하지만 사람들이 신의 왕국에 있도록 강요하지는 못합니다. 이것은 반드시 사람들의 내면에서 자유의지 선택의 결과로 일어나야 합니다.

여러분은 빛을 위해 일하고 상승 마스터를 위해 일하며 모든 인류의 상승을 위해 일한다고 생각합니다. 하지만 사람들이 어떤 믿음을 받아들이게 강요해야 한다는 이러한 미묘한 의식을 가지고, 그들을 어떤 종교로 개종하게 하면, 사실상 여러분은 빛을 위해 일하는 게 아니라 빛에 대항하게 됩니다.

이것이 종교계에 실로 선의를 가진 많은 사람이 자동적이고 외적인 구원이라는 환영에 빠져 있는 이유입니다. 현명한 사람은 이러한 환영의 모든 요소에서 자신의 가슴을 자유롭게 하고 다른 사람을 강요하려 해서는 안 됩니다. 그 대신 그들이 더 나은 선택을 하게 영감을 주려고 해야 합니다.

왜 세상은 지금과 같을까요?

왜 세상은 지금과 같을까요? 그것은 집단적인 선택의 결과이며, 더 정확히 말해서 개인의 선택이 모여서 집단인 전체를 형성한 결과로 이런 조건을 창조했습니다. 그렇다면 그것들이 어떻게 변하게 될까요? 오직 임계 수치의 개인이 더 나은 선택을 하는 지혜를 깨닫고 그들의 이전 선택을 변경할 때 가능합니다.

여러분은 그들에게 지혜를 보라고 강요할 수 없습니다. 단지 그들을 가르쳐서 영감을 줄 수는 있습니다. 그러면 실제로 어떻게 가르칠까요? 지혜와 하나 되고 존재함으로써, 시범을 보여서 가르칩니다. 또한 여러분은 자신의 환영과 주변 세상의 환영 모두를 살펴봐야 한다고 보여 주고 가르칩니다. 세상의 환영을 살펴보기는 비교적 안전하고 쉬운데, 왜냐하면 자신이 그런 환영을 만들지 않았기 때문입니다. 결국 여러분은 어떤 환영을 외적으로 받아들이기도 했지만, 또한 어떤 환영을 스스로 창조해 왔음을 깨닫게 됩니다.

왜 여러분은 어떤 환영을 창조할까요? 여러분은 더 크게 되지 않고 빛을 주지 않으려는 이유를 위해서 그것들을 창조합니다. 진실로 여러분은 태양이 되어, 신의 조건 없는 사랑인 여러분의 특별한 빛을 방사하기 위해 이 세상에 왔습니다. 자신이 사랑의 자녀임을 잊어버린 사람들이 여러분의 사랑을 계속 거부했을 때, 그에게 여러분의 빛을 숨기기로 결정했습니다. 여러분은 빛을 숨겨야 하는 필요성과 합당함을 찾고, 정당화를 해야 했습니다. 그러기 위해서, 여러분의 하위 존재의 핵심인 가슴 차크라로 들어가서 세상과 자신을 바라보는 방식을 물들이는 어떤 환영을 창조했습니다.

주는 것에 저항하기

만약 자유롭고 조건 없이 주는데 어떤 꺼려함이 있다면, 여러분은 왜 주지 않는지, 왜 줄 필요가 없는지, 왜 주면 안되는지, 왜 주기 불가능하고 부적절한지를 정당화하는 환영을 만들어 온 것입니다. 사랑하는 이들이여, 그러한 환영이 무수히 많지만, 그것들은 분명 환영입니다.

여러분은 자신의 빛을 숨기려고 여기에 온 게 아닙니다. 여러분은 이 행성이 어둠 속에 있는 이유가, 대부분의 사람이 그들의 빛을 숨기고 있기 때문임을 알았기에 여기에 왔습니다. 여러분은 변화를 만들려고 왔습니다!

여러분은 다른 모든 사람이 하듯이 자신의 빛을 숨겨서는 변화를 만들지 못합니다. 나는 여러분이 이것을 안다고 확신합니다.

여러분은 어떻게 변화를 만들게 될까요? 여러분은 다른 사람들이 하지 않는 무언가를 해야 합니다. 조건 없이 주어야 하며, 어리석게 주지 않고 지혜롭게 주어야 한다는 의미입니다. 여러분은 그 사람이 어떤 제한된 의식 상태에 머무르도록, 동정심에서 빛과 에너지를 주어서는 안 됩니다. 여러분은 그 사람이 현재 의식 상태를 넘어서게 하려면 빛을 주어야 합니다.

실제로 다른 사람이 깨어나지 못하게 피하면서, 빛을 숨기는 듯한 어떤 상황이 있습니다. 여러분이 뒤로 물러나 좀 더 큰 지혜를 가지고 이것을 살펴보면, 사실상 빛을 주고 있다는 사실을 깨닫게 됩니다. 그것은 바로 여러분이 연출하고 있는 상황이며, 삶에 그 이상이 있음을 보여 주고자 영감을 줌으로써, 그 사람을 높이려고 최상의 기회를 그런 방식으로 제공합니다. 실제로 다른 사람의 의식 상태와 그 수준으로 내려가지 않고, 그들과 공감하면서 여러분이 더 높은 의식 상태에 있음을 보여 주어서, 실제로 그들에게 빛을 주는 상황이 있습니다. 그들이 변하지 않으려는 변명을 하려고 여러분을 끌어내리려 해도, 그들의 의식 수준으로 내려가지 않고 그것에서 벗어날 수 있습니다.

지혜롭게 주기

나는 여기서 주지 않기와 지혜롭게 주기 사이의 미묘한 차이를 여러분이 알게 돕고 싶습니다. 주지 않기는 흐름을 중단한다는 의미입니다. 지혜롭게 주기는 가능한 최상의 결과를 가져오는 방식으로, 흐름의 방향을 전환한다는 의미입니다.

여러분은 어떻게 흐름을 전환해야 할지 알고 있습니까? 외적이고 분석적인 마음을 통해서는 그것을 알지 못합니다. 여러분이 가슴에 연결되고 자신의 상위 존재가 여러분을 통해 빛을 지휘하게 함으로써 알게 됩니다. 사랑하는 이들이여, 이것이 빛을 지휘하는 방법입니다.

여러분은 다른 사람들을 통제하려 해서는 안되는데, 사람들이 두려움 속에서 통제하기 때문입니다. 마스터 모어께서 말했듯이, 여러분은 어떤 상황에서도 미리 프로그램 된 반응으로 대응하지 않게끔, 자신의 마음에 항상 신의 제어력을 갖고자 해야 합니다. 가슴에 연결되어서 그 사람이 변해야 할 필요성에 직면하게 함으로써, 그를 높이는 더 높은 반응으로 대응하는 선택을 해야 합니다. 다시 말하지만 여러분은 외면의 마음으로 이것을 판단하지 말아야 합니다.

판단으로 흐름을 차단하는 미묘한 방식이 있습니다. 때때로 여러분은 이렇게 생각할지도 모릅니다: "이 사람은 변해야 하고, 그들이 이것을 지금 당장 알아야 하며, 나는 그들에게 강경해야 한다." 어떤 때는 이렇게 생각할 수도 있습니다 "아, 그 사람이 화났어. 나는 그들에게 강경할 수가 없어. 그들에게 진실을 말할 수 없어. 나는 뒤로 물러나서 내가 더 높은 의식 상태에 있음을 보여 주지 말아야겠다." 여러분은 또다시 이원성 안에 항상 두 개의 반대되는 극성이 있고 심지어 중간에 있는 모호한 사고라는 비실재도 보게 됩니다. 여러분은 반드시 이것을 현명하게 보고 한 걸음 물러나야 합니다. 다시 말해, 분석할 필요가 없습니다. 가슴에 연결되어 여러분의 상위 존재가 여러분을 통해 자신을 표현하게 해야 합니다.

태양은 물리 현상 이상입니다

하늘에 보이는 물리적인 태양은 사실 물질적인 현상이 아닙니다. 지적인 과학자들은 모든 것을 안다거나 최소한 물질우주 너머에 아무것도 없다고 믿지만, 물리적인 태양에서 나오는 에너지의 총량을 측정하고, 이후 태양에서 일어나는 내부 과정들을 과학적으로 측정하면, 사실상 둘 사이에 차이가 있음을 알게 됩니다. 태양 자체의 물질적인 과정에서 생산된 실제 에너지는, 태양에서 나오는 에너지의 총량을 설명하지 못합니다. 단지 물리적인 태양은 영적인 세계에서 물질계로 흐르는 빛을 위한 열린 문입니다.

여러분 또한 그런 열린 문이 될 예정입니다. 여러분은 자신의 아이앰 현존에게서 오는 빛을 지휘할 수 있지만, 인간적인 판단에 너무 쉽게 빠지는 외적이고 분석적인 마음으로 빛을 지휘하려는 함정에 빠져서는 안 됩니다. 그 대신, 다른 사람이 이런저런 뭔가를 해야 한다고 판단하지 말고, 모든 생명을 높이도록 초점을 맞추세요.

빛이 흐르게 하세요, 그러나 빛이 어떻게 흐르는지 관찰하세요. 여러분 자신을 관찰하세요. "나는 집착이 없는가? 그 빛이 나를 통해 최상의 잠재력을 표현하지 못하게 방해하는 다른 사람에게 어떤 미묘한 판단을 하지 않았나?" 그런 다음 지구상에서 모든 삶의 측면에 그들의 "세련된" 이원성 이론을 주입해 온 지식인의 지성과 거짓 교사의 지성까지도 넘어서도록 점점 지혜롭게 되세요. 일부 사람들이 말하는 지혜를 넘어서세요. 엄밀하게 외면의 마음의 지성으로는 지혜를 파악하지 못하기 때문에, 여러분의 상위 존재에게서 흐르는 지혜로 현명하게 되세요, 여러분 외면의 마음이 파악할 수 있거나, 또는 오히려 의식하는 자아가 파악할 수 있는 가슴의 지혜로 현명하게 되세요.

여러분의 데이터베이스

종종 낮은 마음에 갇힌 사람들은, 이런저런 이유로 논쟁의 여지가 없다는 생각을 제시하는데 오랫동안 갇혀 있었습니다. 이것은 예를 들어, 그리스도께 도전한 서기관들과 바리새인들에게서, 붓다께 도전한 브라만들에게서 볼 수 있습니다. 가슴으로 들어가 모든 생명의 하나됨에 연결된 사람은, 이 행성의 최고의 지성 모두를 어리둥절하게 하고 그 마음에 충격을 주는 표현이나 말을 생각해 냅니다. 따라서 지성이 분석하고 분류하는 모든 것을 넘어서는 직접적인 경험에 가슴을 열게 됩니다.

여러분이 육화 중일 때는, 어떤 상황에 빠르게 대응하도록 모든 것이 분류된 데이터베이스가 도움이 됩니다. 그 데이터베이스 자체가 목적이 되고 여러분에게 필요한 모든 지혜가 다 들어 있다고 생각하면, 여러분은 한 걸음 물러나 이렇게 말하지 않습니다: "이제 내 반응을 상위자아의 더 높은 지혜에 비교하고, 점차 모든 생명을 높이며 생명 그 자체의 바람과 모든 생명의 하나됨에 기반을 둔 더 높은 반응으로 오를 수 있을까?" 이것은 고금의 진정한 지혜입니다.

많은 영적인 사람은 그런 지혜를 실현하는데 매우 근접했고, 많은 사람이 이미 그것을 얼핏 보았습니다. 하지만 여러분 모두가 더 높은 지혜에 마음과 가슴을 열거나, 또는 더 높은 지혜가 여러분이 여전히 붙잡고 있는 어떤 이원성 논쟁과 환영을 보여 주게 하는 데에만 집중하면, 다른 사람들이나 지구상의 삶이 어떠해야 한다거나 어떠해선 안 된다는 미묘한 판단을 하게 됩니다.

여러분은 삶이 어떠해야 한다거나 어떠해선 안 된다고 판단할 때, 또한 자신도 판단하게 됩니다. 어떠해야 한다거나 어떠해선 안 된다고 판단하고 있으면, 여러분은 존재할 수 없습니다. 무언가를 분석하면서 자신을 그것에서 분리했기 때문에, 여러분은 존재하지 못합니다. 마스터 모어께서 말했듯이, 여러분은 이제 모든 상황에 미리 정해진 어떤 반응이 있다는 생각에 근거해서 판단하기 때문에, 주어진 그 순간에 여러분이 되려는 존재가 되지 못합니다.

여러분의 창조력을 죽이지 마세요

모든 것이 미리 정해졌다면, 창조력은 어디에 있겠습니까? 사랑하는 이들이여, 다시 말해 신의 실재에는 고정된 어떤 것도 없습니다. 이 행성에는 신의 변하지 않는 어떤 법칙이 있으며, 일단 그 법칙을 이해하고 사용하면, 여러분의 구원이 보장된다는 미묘한 믿음에 맞추어진 많은 영적인 가르침이 있습니다. 다시 말해 지금 우리가 다양한 맥락과 예를 들어 말했듯이, 구원은 창조의 과정이며, 기계적인 과정이 아닙니다.

여러분은 신의 지혜를 생각하면서 여기 영적인 세계에 하나의 위대한 책이 있고, 그 책에 세상의 모든 지혜가 쓰여 있으며 결코 변할 수 없다고 생각할지도 모릅니다. 하지만 지혜는 창조력이며, 창조력은 미리 정해지지 않았습니다. 그것은 정말 자연스럽게 일어납니다.

신의 지혜인 두 번째 광선의 수호자인 우리도 아직 알지 못하는 지혜의 많은 표현이 있습니다. 하지만 하위 구체에서 아직 아무도 그 지혜를 표현해서, 우리가 이렇게 말할 정도로 놀라게 하지 못했

습니다: "잘했다. 착하고 충실한 종이여, 너는 작은 일들에 충실했구나. 네가 새롭고 창조적이며 놀라운 방식으로 그 지혜를 표현하고자 했으므로, 더 큰 지혜를 주어 내가 너를 많은 것의 통치자로 만들겠다."

여러분 내면의 "건드릴 수 없는 것"

여러분이 보지 못하는 뭔가를 기꺼이 다른 사람이 여러분에게 말하게 하면, 더 큰 진보를 이루게 됩니다. 일반적인 사람들의 반응은 자신의 하위 존재에서 건드릴 수 없고, 비판과 의문을 넘어서는 어떤 측면을 방어하려고 합니다.

그러한 상태를 넘어선 몇몇 사람들이 있습니다. 그들은 뭔가를 살펴보는 두려움을 넘어섰기에 기꺼이 무엇이든 살펴보고, 심지어 그것을 공공연하게 드러내려고 합니다. 자신의 하위자아에서 어떤 요소를 드러내고 다른 사람에게 영감과 도움을 주는데, 여러분이 하위자아를 보호하지 않는다면 뭔가 드러내는 게 왜 두렵습니까? 그것이 결국 여러분이 여기 있는 이유가 아닌가요?

여러분 가운데서 그들과 자신이 불완전하다고 자유롭게 말하는 사람을 생각하고 관찰해 보세요. 반면에 절대 아무것도 말하지 않는 사람도 있습니다. 이 중간 어디쯤에 있는 사람도 있습니다. 여러분 모두가 서로를 통해 영감을 받고, 아무것도 방어하거나 숨길 필요가 없는 상태에 있을 잠재력이 있다고 생각해 보세요. 여러분의 의식에 어떤 이원성 요소가 있다면 여러분의 태도는 이럴 것입니다: "나는(I AM) 이원성 요소보다 더 크기 때문에, 열린 곳으로 드러내서 그것을 보겠다. 나는 이원성의 어떤 요소를 넘어서고 이전보다 더 자유로워지도록 그것을 보고 싶다."

여러분은 두려움이 없는 사람의 자유로움을 보지 못하나요? 비

지적인 지식을 넘어서 77

록 그들이 다루어야 할 비실재의 어떤 구현이 있지만, 그들이 이원성의 요소와 완전히 동일시하고 그것을 지키거나 숨기려 하지 않습니다. 이것은 자유입니다. 그것이 이원성에서 완전한 자유는 아니지만, 이원성과 완전히 동일시되지 않으므로 자신이 더 큰 존재임을 아는 자유입니다.

신께서 주신 더 나은 선택을 할 권리

그것에서 배우세요. 그것에서 영감을 받으세요. 또한 그 지점에 도달한 영적인 스승의 사례에서 영감을 받으세요. 아주 많은 추종자에게 우상화된 자에게 초점을 맞추지 마세요. 그 대신 여러분과 같지만, 더 큰 자유를 실현한 사람을 살펴보고 이렇게 말하세요: "나도 역시 자유로워지기를 원한다. 내 하위자아의 어떤 측면이나 이원성의 어떤 측면을 드러내기 두려워하지 않고 자유로워지고 싶다. 나는 드러나는 무엇이든 보고 나서 그것을 놓아 버리고 초월하겠다. 내가 과거에 무엇을 선택했든, 현재 더 나은 선택을 할 수 있다는 신께서 주신 권리가 있다."

거짓 교사는 그 권리를 부인합니다. 그들이 그 권리를 빼앗아 가도록 놔두지 마세요, 여러분은 너무 오랫동안 그들이 그 권리를 빼앗아 가도록 내버려두었습니다. 이제 이것을 돌파하고 입장을 취하며, 여러분의 삶에서 이 책이 전환점이 되게 하세요, 자신을 진정으로 들여다보지 않고 단지 또 하나의 영감을 주는 독서가 되지 않도록 이렇게 말하세요: "아, 이것은 내 변화가 필요한 지점이다. 이것은 비실재이며, 내 일부가 아니다. 나는(I AM) 그것을 넘어서겠다. 내(I AM) 불꽃 속으로 그것을 보내서 소멸하겠다."

새로운 유형의 영성 운동

내가 여러분의 잠재력에 현실적인 평가를 주겠습니다. 여러분은 자신을 살펴보고, 많은 제한을 살펴보고, 자신의 불완전함을 살펴볼 수 있습니다. 오늘날 많은 영성 구도자가 자신의 심리와 에고를 살펴보려는 의향을 가지고, 몇 번이고 되풀이해서 그 과정을 입증했다고 말하고 싶습니다.

여러분은 정말로 에고가 숨지 못하고, 에고 게임을 하지 못하는 운동을 만들 잠재력이 있습니다. 여러분은 기꺼이 그것을 드러내고 마주해서, 물병자리 시대가 성 저메인의 황금시대가 되려면 정말 무엇이 영적인 운동이 되어야 할지 모범을 보일 잠재력이 있습니다. 이것은 오직 에고가 숨어서 게임을 할 수 없도록 드러낼 때 일어납니다. 에고 게임은 에고라는 실체가 보이지 않을 때만 가능하기 때문입니다. 그러므로 우리는 여러분에게 축하와 격려를 보내며, 더 높이 오르고 더 멀리 가라고 격려합니다. 사랑하는 이들이여, 나는 여러분을 신의 지혜의 두 번째 광선으로 축복하며, I AM인 조건 없는 지혜에 여러분을 봉인합니다.

나는 여러분에게 이 마지막 선문답을 남깁니다. 조건 없는 지혜란 진정으로 무엇이며, 그것이 조건 없는 사랑과 어떤 연관이 있는지 생각해 보세요. 정말로 조건 없음이 어떻게 지혜, 사랑, 의지, 권능, 순수, 진리, 치유, 봉사, 자유 등의 이 모든 신에게 가치 있는 다양한 측면을 가지면서도 분리의 함정과 대립의 함정에 빠지지 않고, 여전히 하나로 유지되는지 생각해 보세요. 이것을 생각하다 보면, 어떻게 여러분이 개인으로 있으면서 화합을 이루어 성령의 공동체를 형성하는지 알게 됩니다. 공동체: "너희는 화합을 이루라." 의사소통: "너희는 화합을 이루어 그 화합에서 행동하라." 이것이 여러분의 잠재력입니다. 그것을 최대한으로 이루세요.

5
나는 조건 없는 지혜를 기원합니다

I AM THAT I AM, 예수 그리스도의 이름으로 나의 아이앰 현존이, 무한히 초월해 가는 내 미래의 현존을 통해 흐르며, 완전한 권능으로 이 기원문을 해 주시기를 요청합니다. 나는 사랑하는 엘로힘 아폴로와 루미나, 대천사 조피엘과 크리스틴, 로드 란토께 요청합니다. 모든 상황에서 가슴으로 소통하려는 내 지혜를 가로막는 모든 것을 극복하게 도와주세요. 내가 가슴으로 소통하며 나의 아이앰 현존과 하나 되지 못하게 반대하는, 내면이나 외부의 모든 패턴과 세력으로부터 나를 자유롭게 해 주세요...
(여기에 개인적인 요청을 추가하세요)

1. 나는 기꺼이 비실재를 보겠습니다

1. 나는 기꺼이 선구자가 되겠습니다. 나는 기꺼이 내 개인적인 문제를 다루고 다른 사람도 동일하게 하도록 영감을 주는 시범을 보이겠습니다.

사랑하는 아폴로, 당신의 두 번째 광선으로,
내 눈을 열어 주시어 새 날을 보게 하소서.

나는 이원성 거짓말과 기만을 꿰뚫어 보며,
패배를 가져오는 사고방식을 초월합니다.

**사랑하는 아폴로, 황금의 엘로힘,
내 눈은 이제 당신의 찬란한 빛을 봅니다.
당신이 부드럽게 지혜의 페이지를 펼치면,
나는 모든 낡은 것에서 자유로워집니다.**

2. 나는 기꺼이 내 에고를 살펴보고 더 나은 선택을 함으로써, 내 과거의 선택을 무효로 만들겠습니다. 나는 과거의 선택을 통해서 구축된 그 정체성보다 큽니다. 나는 과거 선택을 넘어서고 그것을 I AM의 불꽃 속으로 보내어 소멸합니다.

**사랑하는 아폴로, 당신의 화염 속에 항상,
당신의 지혜가 생생하게 흐르고 있으니,
당신의 빛 속에서 내 지고의 의지를 깨달으며,
결코 멈추지 않는 그 흐름 안으로 녹아듭니다.**

**사랑하는 아폴로, 당신의 빛이 우리에게,
지상에 육화한 이유를 밝혀 줍니다.
우리는 함께 선두에서 일하며,
우리 자신의 우주 구체를 상승시킵니다.**

3. 나는 내 가슴 차크라를 어떤 부정적인 관점과 두려움과 분노의 진동에서 정화합니다. 나는 반-사랑에 근거한 모든 기대가 단지 이원성 환영임을 알기에 그것을 버리겠습니다.

**사랑하는 아폴로, 모든 거짓말을 폭로하며,
나는 에고가 만든 결박을 모두 풀어 버립니다.**

내 인식이야말로 뱀의 이원성을 초월하는,
진정한 열쇠임을 압니다.

**사랑하는 아폴로, 우리는 이제 당신의 부름을 들으며,
위대한 지혜의 전당으로 인도되니,
타락으로 이끄는 모든 거짓말이 드러나고,
우리는 모두의 하나됨을 선포합니다.**

4. 나는 내 아이앰 현존에게서 오는 빛을 물들이는, 가슴 차크라 안의 모든 비실재 요소를 초월합니다. 나는 실재로써 받아들인 어떤 환영을 기꺼이 살아 있는 구루가 드러내도록 하겠습니다.

사랑하는 아폴로, 당신의 지혜는 매우 명료하니,
당신과 하나 되면 어떤 뱀도 두렵지 않습니다.
나는 기꺼이 내 결점을 인정하며,
뱀이 만들어 낸 이원론에서 해방됩니다.

**사랑하는 아폴로, 이제 나는 시력이 고양되어,
새로운 장으로 들어간 지구를 봅니다.
꿰뚫어 보는 당신의 투시는 나에게 권능을 주어,
이원성의 미로를 벗어나게 합니다.**

5. 나는 내가 보지 못하는 뭔가를 기꺼이 동료들이 나에게 말해 주게 하겠습니다. 나는 내 하위 존재의 핵심에 너무 깊이 들어가서 내가 보지 못하거나 의문을 품지 못하는 비실재의 어떤 요소를 기꺼이 보겠습니다.

사랑하는 아폴로, 당신의 두 번째 광선으로,
내 눈을 열어 주시어 새 날을 보게 하소서.

나는 조건 없는 지혜를 기원합니다

나는 이원성 거짓말과 기만을 꿰뚫어 보며,
패배를 가져오는 사고방식을 초월합니다.

**사랑하는 아폴로, 황금의 엘로힘,
내 눈은 이제 당신의 찬란한 빛을 봅니다.
당신이 부드럽게 지혜의 페이지를 펼치면,
나는 모든 낡은 것에서 자유로워집니다.**

6. 나는 기꺼이 내 심리에서 무엇이든 살펴보겠으며, 그것을 극복하고 버리겠습니다. 나는 자동적인 구원의 낡은 환영을 놓아 버리도록 인류에게 영감을 주겠습니다. 나는 그리스도와, 붓다와, 노자와 다른 영적인 스승들께서 시범 보이신 진정한 여정을 걸어가겠습니다.

사랑하는 아폴로, 당신의 화염 속에 항상,
당신의 지혜가 생생하게 흐르고 있으니,
당신의 빛 속에서 내 지고의 의지를 깨달으며,
결코 멈추지 않는 그 흐름 안으로 녹아듭니다.

**사랑하는 아폴로, 당신의 빛이 우리에게,
지상에 육화한 이유를 밝혀 줍니다.
우리는 함께 선두에서 일하며,
우리 자신의 우주 구체를 상승시킵니다.**

7. 나는 기꺼이 외면의 마음을 넘어서 사람들의 가슴과 의사소통 하겠습니다. 나는 그들의 말을 내 가슴으로 받아들이고, 알파에서 오메가로 주고받는 흐름에 들어가겠습니다.

사랑하는 아폴로, 모든 거짓말을 폭로하며,

나는 에고가 만든 결박을 모두 풀어 버립니다.
내 인식이야말로 뱀의 이원성을 초월하는,
진정한 열쇠임을 압니다.

사랑하는 아폴로, 우리는 이제 당신의 부름을 들으며,
위대한 지혜의 전당으로 인도되니,
타락으로 이끄는 모든 거짓말이 드러나고,
우리는 모두의 하나됨을 선포합니다.

8. 나는 두 번째 광선의 지혜를 사용하고 이렇게 말하겠습니다: "나는 자신의 환영을 방어하는 사람 이상이 되겠다. 나는 가슴으로 들어가겠다. 누군가 내 가슴에 무슨 말을 하러 오면, 나는 분석적인 마음이 되어 내 환영을 방어하지 않겠다."

사랑하는 아폴로, 당신의 지혜는 매우 명료하니,
당신과 하나 되면 어떤 뱀도 두렵지 않습니다.
나는 기꺼이 내 결점을 인정하며,
뱀이 만들어 낸 이원론에서 해방됩니다.

사랑하는 아폴로, 이제 나는 시력이 고양되어,
새로운 장으로 들어간 지구를 봅니다.
꿰뚫어 보는 당신의 투시는 나에게 권능을 주어,
이원성의 미로를 벗어나게 합니다.

9. 나는 다른 사람의 불완전함을 넘어서 보겠으며, 내 가슴에 들어가서 이렇게 말하겠습니다: "여기에 내가 봐야 하는 진실이 있는가? 이 사람의 말에 일리가 있나? 이 사람이 불완전하더라도, 내 안에서 초월해야 하는 뭔가를 보여 주고 있는가?"

나의 깨어남을 가속하소서. I AM은 실재하며,
나의 깨어남을 가속하소서. 모든 생명은 치유됩니다.
나의 깨어남을 가속하소서. I AM은 무한한 초월이며,
나의 깨어남을 가속하소서. 모든 의지는 비상합니다.

나의 깨어남을 가속하소서! (3회)
사랑하는 아폴로와 루미나.
나의 깨어남을 가속하소서! (3회)
사랑하는 조피엘과 크리스틴.
나의 깨어남을 가속하소서! (3회)
사랑하는 마스터 란토.
나의 깨어남을 가속하소서! (3회)
사랑하는 I AM.

2. 나는 기꺼이 내 가슴 안에 연결되겠습니다

1. 나는 기꺼이 나의 아이앰 현존이 이원성 논리의 지성을 뛰어넘는 방법을 나에게 보여 주도록 하겠습니다. 나는 지성이 반드시 가슴의 감독 아래에 있어야 한다고 받아들입니다.

대천사 조피엘, 위대한 지혜의 빛 안에서,
마음을 통해 스며드는 미묘한 뱀의 거짓말이,
내 눈에 모두 드러납니다.
당신은 내 최고의 교사입니다.

대천사 조피엘, 모든 거짓말을 폭로하고,
대천사 조피엘, 모든 결박을 잘라 버리며,
대천사 조피엘, 하늘들을 정화하면서,
대천사 조피엘, 진실로 내 마음은 비상합니다.

2. 나는 지성으로 궁극의 진리, 궁극의 실재를 발견할 수 없습니다. 나는 기꺼이 내 가슴을 통해서 궁극의 진리에 연결되겠습니다. 나는 기꺼이 모든 생명이 하나라는 궁극의 지혜에 연결되겠습니다.

대천사 조피엘, 당신의 지혜에 경배합니다.
당신의 검(劍)은 이원성의 베일을 갈라 버립니다.
당신이 길을 보여 줄 때 나는 무엇이 실재인지 깨닫고,
뱀의 의심에서 즉시 치유됩니다.

대천사 조피엘, 모든 거짓말을 폭로하고,
대천사 조피엘, 모든 결박을 잘라 버리며,
대천사 조피엘, 하늘들을 정화하면서,
대천사 조피엘, 진실로 내 마음은 비상합니다.

3. 나는 지성이 나 자신을 다른 사람과 분리되고, 신과 분리되었다고 보는 함정에 빠트리게 허용하지 않겠습니다. 나는 기꺼이 나의 신과 연결해서 내 가슴으로 직접 신을 경험하며, 멀리 있는 외부의 신의 모든 이미지를 버리겠습니다.

대천사 조피엘, 당신의 실재는,
이원성에 대한 최고의 해독제입니다.
명료한 당신의 현존 안에 어떤 거짓말도 남을 수 없고,
당신이 옆에 있으니 어떤 뱀도 나는 두렵지 않습니다.

대천사 조피엘, 모든 거짓말을 폭로하고,
대천사 조피엘, 모든 결박을 잘라 버리며,
대천사 조피엘, 하늘들을 정화하면서,
대천사 조피엘, 진실로 내 마음은 비상합니다.

4. 나는 기꺼이 내 가슴 안에서 다른 사람과 연결하겠습니다. 나는 자신을 다른 사람과 분리되었다고 보지 않고, 모든 생명의 근본적인 하나됨을 보는 지혜를 원합니다. 모든 상황에서 나는 모든 생명을 높이고자 합니다.

대천사 조피엘, 신의 마음이 내 안에 있고,
나는 당신의 명료한 빛을 통해 그 지혜를 깨닫습니다.
하나이신 존재를 볼 때 모든 분리는 사라지고,
나는 완전한 마음의 전체성을 이룹니다.

**대천사 조피엘, 모든 거짓말을 폭로하고,
대천사 조피엘, 모든 결박을 잘라 버리며,
대천사 조피엘, 하늘들을 정화하면서,
대천사 조피엘, 진실로 내 마음은 비상합니다.**

5. 나는 자유의지의 지혜와 실재를 경험합니다. 나는 지구상에서 일들이 어떠해야 한다거나 어떠해선 안 된다는 모든 기대를 버립니다. 나는 바로 지금 구현된 것을 초월할 추진력이 있으며, 나는 변형을 위한 도구입니다.

대천사 조피엘, 위대한 지혜의 빛 안에서,
마음을 통해 스며드는 미묘한 뱀의 거짓말이,
내 눈에 모두 드러납니다.
당신은 내 최고의 교사입니다.

**대천사 조피엘, 모든 거짓말을 폭로하고,
대천사 조피엘, 모든 결박을 잘라 버리며,
대천사 조피엘, 하늘들을 정화하면서,
대천사 조피엘, 진실로 내 마음은 비상합니다.**

6. 내가 하나의 기준에 다른 사람을 비교해서는, 지구에 변화를 가져올 수 없다고 인정합니다. 나는 이원성 기준에 근거한 인간의 기준과 모든 판단을 버리겠습니다.

대천사 조피엘, 당신의 지혜에 경배합니다.
당신의 검(劍)은 이원성의 베일을 갈라 버립니다.
당신이 길을 보여 줄 때 나는 무엇이 실재인지 깨닫고,
뱀의 의심에서 즉시 치유됩니다.

**대천사 조피엘, 모든 거짓말을 폭로하고,
대천사 조피엘, 모든 결박을 잘라 버리며,
대천사 조피엘, 하늘들을 정화하면서,
대천사 조피엘, 진실로 내 마음은 비상합니다.**

7. 신의 왕국은 존재 전체이며, 내가 신의 왕국에 들어가는 유일한 방법은 내가 결코 신의 왕국에서 분리되지 않았다고 깨닫는 것입니다.

대천사 조피엘, 당신의 실재는,
이원성에 대한 최고의 해독제입니다.
명료한 당신의 현존 안에 어떤 거짓말도 남을 수 없고,
당신이 옆에 있으니 어떤 뱀도 나는 두렵지 않습니다.

**대천사 조피엘, 모든 거짓말을 폭로하고,
대천사 조피엘, 모든 결박을 잘라 버리며,
대천사 조피엘, 하늘들을 정화하면서,
대천사 조피엘, 진실로 내 마음은 비상합니다.**

8. 내가 지구상의 긍정적인 변화에 영향을 주는 방법은 강요가 아

니라, 다른 사람이 더 나은 선택을 하도록 영감을 주는 일입니다.

대천사 조피엘, 신의 마음이 내 안에 있고,
나는 당신의 명료한 빛을 통해 그 지혜를 깨닫습니다.
하나이신 존재를 볼 때 모든 분리는 사라지고,
나는 완전한 마음의 전체성을 이룹니다.

대천사 조피엘, 모든 거짓말을 폭로하고,
대천사 조피엘, 모든 결박을 잘라 버리며,
대천사 조피엘, 하늘들을 정화하면서,
대천사 조피엘, 진실로 내 마음은 비상합니다.

9. 나는 오직 자유의지의 선택을 통해서만 우리가 신의 왕국에 들어갈 수 있다고 받아들입니다. 나는 신의 왕국에 존재하기로 선택합니다.

천사들과 함께 날아올라,
나는 그 이상의 현존이 됩니다.
천사들은 진실로 존재하니,
그들의 사랑은 모든 것을 치유합니다.
천사는 평화를 가져오며,
모든 갈등은 그칩니다.
빛의 천사들과 함께,
우리는 새로운 높이로 비상합니다.

천사 날개의 바스락거리는 소리,
물질조차 노래하는 기쁨이여,
모든 원자를 울리는 기쁨이여,
천사들의 날갯짓과 조화 속에서.

3. 나는 내 빛을 비추겠습니다

1. 나는 다른 사람에게 어떤 선택을 하도록 강요해야 한다는 모든 미묘한 느낌을 버립니다. 나는 이 환영의 모든 요소에서 내 가슴을 자유롭게 합니다. 나는 다른 사람들을 강요하지 않겠습니다. 나는 더 나은 선택을 하도록 그들에게 영감을 주겠습니다.

사랑하는 아폴로, 당신의 두 번째 광선으로,
내 눈을 열어 주시어 새 날을 보게 하소서.
나는 이원성 거짓말과 기만을 꿰뚫어 보며,
패배를 가져오는 사고방식을 초월합니다.

사랑하는 아폴로, 황금의 엘로힘,
내 눈은 이제 당신의 찬란한 빛을 봅니다.
당신이 부드럽게 지혜의 페이지를 펼치면,
나는 모든 낡은 것에서 자유로워집니다.

2. 나는 두 번째 광선의 지혜를 받아들이도록 사람들에게 강요하려는 모든 욕망을 버립니다. 나는 그 지혜와 하나 되고, 하나로 존재하며, 하나가 되는 시범을 보여서 사람들에게 영감을 주겠습니다.

사랑하는 아폴로, 당신의 화염 속에 항상,
당신의 지혜가 생생하게 흐르고 있으니,
당신의 빛 속에서 내 지고의 의지를 깨달으며,
결코 멈추지 않는 그 흐름 안으로 녹아듭니다.

사랑하는 아폴로, 당신의 빛이 우리에게,
지상에 육화한 이유를 밝혀 줍니다.
우리는 함께 선두에서 일하며,

우리 자신의 우주 구체를 상승시킵니다.

3. 나는 외부에서 받아들여 내면에 만든 환영을 기꺼이 살펴보겠습니다. 나는 그 이상이 되지 않고 내 빛을 숨기려는 합리화로 창조한 환영을 기꺼이 보겠습니다.

사랑하는 아폴로, 모든 거짓말을 폭로하며,
나는 에고가 만든 결박을 모두 풀어 버립니다.
내 인식이야말로 뱀의 이원성을 초월하는,
진정한 열쇠임을 압니다.

사랑하는 아폴로, 우리는 이제 당신의 부름을 들으며,
위대한 지혜의 전당으로 인도되니,
타락으로 이끄는 모든 거짓말이 드러나고,
우리는 모두의 하나됨을 선포합니다.

4. 나는 태양이 되어, 신의 조건 없는 사랑의 특별한 빛을 비추기 위해 이 세상에 왔습니다. 내 사랑이 거부되었을 때, 나는 내 빛을 주지 않기로 결정했습니다. 이것은 내 가슴 차크라로 들어가서 환영을 창조하고 정당화했으며 내가 보는 모든 것을 물들였습니다.

사랑하는 아폴로, 당신의 지혜는 매우 명료하니,
당신과 하나 되면 어떤 뱀도 두렵지 않습니다.
나는 기꺼이 내 결점을 인정하며,
뱀이 만들어 낸 이원론에서 해방됩니다.

사랑하는 아폴로, 이제 나는 시력이 고양되어,
새로운 장으로 들어간 지구를 봅니다.
꿰뚫어 보는 당신의 투시는 나에게 권능을 주어,

이원성의 미로를 벗어나게 합니다.

5. 나는 내가 왜 주지 않는지, 왜 줄 필요가 없는지, 왜 주면 안되는지, 왜 주는 것이 불가능하고, 부적절한지를 정당화하는 모든 환영을 버립니다. 나는 자유롭고 조건 없이 주는 천진함으로 돌아갑니다.

사랑하는 아폴로, 당신의 두 번째 광선으로,
내 눈을 열어 주시어 새 날을 보게 하소서.
나는 이원성 거짓말과 기만을 꿰뚫어 보며,
패배를 가져오는 사고방식을 초월합니다.

**사랑하는 아폴로, 황금의 엘로힘,
내 눈은 이제 당신의 찬란한 빛을 봅니다.
당신이 부드럽게 지혜의 페이지를 펼치면,
나는 모든 낡은 것에서 자유로워집니다.**

6. 나는 내 빛을 비추려고 여기에 왔습니다. 나는 대부분의 사람이 빛을 비추지 않기 때문에 이 행성이 어둠 속에 있음을 보았습니다. 나는 내 빛을 자유롭게 비춤으로써 변화를 만들기 위해서 왔습니다.

사랑하는 아폴로, 당신의 화염 속에 항상,
당신의 지혜가 생생하게 흐르고 있으니,
당신의 빛 속에서 내 지고의 의지를 깨달으며,
결코 멈추지 않는 그 흐름 안으로 녹아듭니다.

**사랑하는 아폴로, 당신의 빛이 우리에게,
지상에 육화한 이유를 밝혀 줍니다.**

**우리는 함께 선두에서 일하며,
우리 자신의 우주 구체를 상승시킵니다.**

7. 나는 조건 없이 주지만 지혜롭게 줍니다. 나는 주는 흐름에 있으며, 다른 사람들을 높이는 가능한 최상의 결과를 가져오기 위해 그 흐름을 지휘합니다.

사랑하는 아폴로, 모든 거짓말을 폭로하며,
나는 에고가 만든 결박을 모두 풀어 버립니다.
내 인식이야말로 뱀의 이원성을 초월하는,
진정한 열쇠임을 압니다.

**사랑하는 아폴로, 우리는 이제 당신의 부름을 들으며,
위대한 지혜의 전당으로 인도되니,
타락으로 이끄는 모든 거짓말이 드러나고,
우리는 모두의 하나됨을 선포합니다.**

8. 나는 가슴에 연결되어, 나의 아이앰 현존이 나를 통해 흐르는 빛을 지휘하게 함으로써 사람들에게 주도록 하겠습니다. 나는 내 마음의 상태를 신께서 통제하게 합니다. 모든 상황에서, 나는 가슴에 연결되어 더 높은 반응을 찾기로 선택합니다. 나는 또한 다른 사람이 변해야 할 필요성을 마주하게 함으로써, 그들을 높이고자 합니다.

사랑하는 아폴로, 당신의 지혜는 매우 명료하니,
당신과 하나 되면 어떤 뱀도 두렵지 않습니다.
나는 기꺼이 내 결점을 인정하며,
뱀이 만들어 낸 이원론에서 해방됩니다.

사랑하는 아폴로, 이제 나는 시력이 고양되어,
새로운 장으로 들어간 지구를 봅니다.
꿰뚫어 보는 당신의 투시는 나에게 권능을 주어,
이원성의 미로를 벗어나게 합니다.

9. 나는 열린 문이며, 내 아이앰 현존에게서 오는 빛을 지휘합니다. 나는 그 빛이 흐르게 하며, 그 빛이 어떻게 흐르는지 관찰합니다. 나는 가슴의 지혜, 내 아이앰 현존에게서 흐르는 지혜가 있기 때문에 집착하지 않습니다.

나의 깨어남을 가속하소서. I AM은 실재하며,
나의 깨어남을 가속하소서. 모든 생명은 치유됩니다.
나의 깨어남을 가속하소서. I AM은 무한한 초월이며,
나의 깨어남을 가속하소서. 모든 의지는 비상합니다.

나의 깨어남을 가속하소서! (3회)
사랑하는 아폴로와 루미나.
나의 깨어남을 가속하소서! (3회)
사랑하는 조피엘과 크리스틴.
나의 깨어남을 가속하소서! (3회)
사랑하는 마스터 란토.
나의 깨어남을 가속하소서! (3회)
사랑하는 I AM.

4. 나는 더 높은 지혜를 추구합니다

1. 나는 지성을 당황하게 하고 마음에 충격을 주는 말을 위한 열린 문입니다. 나는 지성으로 분석되고 분류될 수 없는 아이앰 현존의 직접적인 경험에 가슴을 엽니다.

마스터 란토, 황금 같은 지혜로,
내 안에서 에고의 거짓말을 드러내소서.
마스터 란토, 나는 자신의 완성을 성취하는,
그런 존재가 되겠습니다.

오 성령이시여, 나를 통해 흐르소서.
나는 당신을 위해 열린 문입니다.
세차게 흘러오는 전능한 빛의 강이여,
초월은 나의 신성한 권리입니다.

2. 나는 끊임없이 내 개인적인 데이터베이스를 개선하겠습니다. 나는 내 아이앰 현존의 지혜와 오랜 지혜를 통해서 내 반응을 평가하겠습니다. 나는 모든 생명의 하나됨과 전체를 높이려는 생명 그 자체의 바람에 기반을 둔 더 높은 반응으로 올라가겠습니다.

마스터 란토, 당신은 내 요청으로,
지혜의 균형을 위해 모두를 균형 잡습니다.
마스터 란토, 균형이야말로 황금의 열쇠임을,
내가 알게 하소서.

오 성령이시여, 나를 통해 흐르소서.
나는 당신을 위해 열린 문입니다.
세차게 흘러오는 전능한 빛의 강이여,
초월은 나의 신성한 권리입니다.

3. 나는 더 높은 지혜에 고정되고 이 지혜에 내 마음과 가슴을 열겠습니다. 내가 여전히 이원성 논쟁과 환영을 붙들고 있음을, 더 높은 지혜가 나에게 보여 주도록 허용합니다. 나는 다른 사람과 지구상의 생명이 어떠해야 한다거나 어떠해선 안 된다는 모든 미묘한

판단을 버립니다.

마스터 란토, 천상으로부터,
나는 분별력 있는 사랑을 불러냅니다.
마스터 란토, 사랑은 눈멀지 않았으며,
나는 사랑을 통해 신의 비전을 찾겠습니다.

**오 성령이시여, 나를 통해 흐르소서.
나는 당신을 위해 열린 문입니다.
세차게 흘러오는 전능한 빛의 강이여,
초월은 나의 신성한 권리입니다.**

4. 나는 내 자신을 판단하는 모든 성향을 버립니다. 내가 어떠해야 한다거나 어떠해선 안 된다고 판단할 때, 나는 존재할 수 없음을 압니다. 무언가를 분석하면서 자신을 그것에서 분리했기 때문에, 나는 존재하는 것이 아닙니다.

마스터 란토, 나는 순수하며,
내 의도는 그리스도의 양처럼 순수합니다.
마스터 란토, 나는 초월할 것이며,
가속은 가장 진실한 친구입니다.

**오 성령이시여, 나를 통해 흐르소서.
나는 당신을 위해 열린 문입니다.
세차게 흘러오는 전능한 빛의 강이여,
초월은 나의 신성한 권리입니다.**

5. 나는 기꺼이 새롭고 창조적이며 놀라운 방식으로 지혜를 표현해서, 지혜의 마스터가 이렇게 말하게 하겠습니다: "잘하였다. 착하고

충실한 종이여, 너는 작은 일들에 충실했구나. 내가 너에게 더 큰 지혜를 주어 많은 것을 통치하게 하겠다."

마스터 란토, 나는 완전한 전체이며,
내 영혼에 더 이상 분열은 없습니다.
마스터 란토, 당신의 신성한 이름으로,
치유의 화염은 모든 것의 균형을 이룹니다.

오 성령이시여, 나를 통해 흐르소서.
나는 당신을 위해 열린 문입니다.
세차게 흘러오는 전능한 빛의 강이여,
초월은 나의 신성한 권리입니다.

6. 나는 내 하위 존재의 어떤 측면을 건드리지 못하게 방어할 필요를 내려놓습니다. 나는 자신 안의 뭔가를 살펴보는 데서 오는 모든 두려움을 내려놓습니다. 나는 기꺼이 무엇이든지 살펴보겠습니다.

마스터 란토, 모든 생명에 봉사하며,
나는 모든 내적인 투쟁을 초월합니다.
마스터 란토, 진정한 삶을 원하는 모두에게,
당신은 평화를 줍니다.

오 성령이시여, 나를 통해 흐르소서.
나는 당신을 위해 열린 문입니다.
세차게 흘러오는 전능한 빛의 강이여,
초월은 나의 신성한 권리입니다.

7. 나는 기꺼이 아무것도 방어하거나 숨길 필요가 없는 상태에 이르겠습니다. 내 의식 안에 이원성의 어떤 요소가 있다면, 나는 이렇

게 말하겠습니다: "나는(I AM) 이것 이상임을 알기에, 내가 그것을 보도록 밖으로 드러내겠다. 나는 이원성의 어떤 요소를 넘어서고 이전보다 더 자유로워지도록 그것을 보고 싶다."

마스터 란토, 균형을 이룬 창조 안에서,
자유롭게 존재하니,
마스터 란토, 기쁨을 위한 열쇠로,
우리는 당신의 균형을 이용합니다.

오 성령이시여, 나를 통해 흐르소서.
나는 당신을 위해 열린 문입니다.
세차게 흘러오는 전능한 빛의 강이여,
초월은 나의 신성한 권리입니다.

8. 나는 영적인 스승의 예에서 영감을 받고 이렇게 말하겠습니다: "나 또한 내 하위자아의 어떤 측면이나 이원성의 어떤 측면이 드러나기를 두려워하지 않고 자유롭게 되고 싶다. 나는 무엇이든 드러나면, 그것을 놓아 버리고 초월할 수 있다. 내가 과거에 한 선택과 상관없이, 현재 더 나은 선택을 할 신께서 주신 권리가 있다."

마스터 란토, 당신은 내 요청으로,
일곱 광선을 모두 균형 잡습니다.
마스터 란토, 나는 날아오르며,
나의 삼중 불꽃은 타오르는 빛입니다.

오 성령이시여, 나를 통해 흐르소서.
나는 당신을 위해 열린 문입니다.
세차게 흘러오는 전능한 빛의 강이여,
초월은 나의 신성한 권리입니다.

9. 나는 과거의 무엇이든 초월할 내 권리를 받아들입니다. 나는 이것이 내 삶에서 전환점이라고 받아들입니다. 나는 기꺼이 거울을 들여다보고 말하겠습니다: "아, 이것은 변화가 필요한 지점이다. 이것은 비실재이며, 내 일부가 아니다. 나는(I AM) 그것을 넘어서겠다. 나는 I AM의 화염 속으로 그것을 보내어 소멸하겠다."

사랑하는 란토, 당신의 현존이 여기에 있고,
나의 내면 구체를 가득 채웁니다.
삶은 이제 신성한 흐름이며,
모두에게 신의 지혜를 부여합니다.

오 성령이시여, 나를 통해 흐르소서.
나는 당신을 위해 열린 문입니다.
세차게 흘러오는 전능한 빛의 강이여,
초월은 나의 신성한 권리입니다.

봉인하기
신성한 어머니의 이름으로, 나는 이 요청의 힘이 마터 빛을 자유롭게 하는데 사용되어, 나 자신의 삶과 모든 사람과 행성을 위한 그리스도의 완전한 비전을 구현할 수 있음을 전적으로 받아들입니다. I AM THAT I AM의 이름으로, 그것이 이루어졌습니다! 아멘.

6
사랑이 흐르게 하세요!

신의 사랑인 세 번째 광선을 대표하는 엘로힘 헤로스와 아모라의 구술문

우리는 헤로스와 아모라로 알려진, 세 번째 광선의 엘로힘으로, 사랑이 가슴으로 소통하는데 어떻게 연관되는지에 대한 이해와 어떤 직접적인 경험을 주기 위해 하나됨에서 왔습니다.

왜 우리는 여러분에게 사랑의 가르침을 주기 전에 '과거를 극복하기 위한 기원문'을 주었을까요? 여러분은 왜 우리는 이 로자리를 하는 동안, 자신과, 다른 사람들과, 신과, 마-터 빛과, 모든 과거를 근본적으로 용서하고, 조건 없는 용서를 확언하도록 요청했는지 생각해 보세요. 여러분이 조건 없는 사랑에 뿌리내리면, 과거가 없어지지는 않지만 여러분의 현재에 영향을 주지 못하며, 또한 미래에도 영향을 주지 못합니다. 사랑하는 이들이여, 왜 그럴까요? 왜냐하면 여러분이 조건 없는 사랑과, 생명의 강과, 그 불꽃과 하나일 때, 여기 이 제한된 지구라는 구체에서 과거에 구현된 무엇보다 여러분이 무한히 더 크다는 것을 알게 되기 때문입니다.

여러분은 밖을 걷다가 길 위의 물웅덩이에 반사된 햇빛을 본 적이 있을 것입니다. 그 햇빛은 물웅덩이와 자신을 동일시하지 않습

니다. 그것은 자신이 햇빛임을 압니다. 비록 햇빛이 더러운 창문을 통해 보이거나 창문을 통과하면서 채색되어 여러분의 눈에 햇빛이 물들어 보일 수도 있지만, 햇빛은 자신이 태양의 확장임을 압니다. 이처럼 여러분은 자신의 아이앰 현존의 태양이고, 자신의 창조주 태양의 한 확장입니다. 여러분이 그 실재에 자신을 다시 연결하도록 허용할 때, 여러분은 자신을 통해 흐르는 창조주의 조건 없는 사랑을 느끼게 됩니다. 그러면 여러분이 어떻게 이 지구에서 과거에 일어난 어떤 상황, 조건, 사건을 자신과 동일시할 수 있나요? 여러분은 자신이 무한히 더 크다는 사실을 압니다. 또한 다른 사람들도 여러분이 경험한 과거의 모습 이상임을 압니다. 여러분은 지구상에서 갈등을 일으키는 가장 흔한 경향인, 자신과 다른 사람들의 과거 이미지 및 심지어 세상과 신의 과거 이미지에 고착되려는 경향을 극복할 수 있게 됩니다.

여러분의 과거는 자신의 데이터베이스가 됩니다

지성은 형태의 세계에서 차이를 감지하고, 차이를 분류하며, 원인을 분석하기 위해 설계되었습니다. 여러분은 담화를 기반으로 지성과 지혜를 구축하면서 사실상 모든 사람이 잠재의식 마음에 데이터베이스를 만들었다는 사실을 알게 됩니다. 대부분의 사람은 이것을 인식하지 못하지만, 일부는 베일을 걷어내고, 그들이 과거에 이러한 이미지를 어떻게 만들었는지 인식합니다.

데이터베이스가 만들어지면, 어떤 새로운 사건은 데이터베이스와 즉시 비교됩니다. 다른 사람을 만나면, 여러분의 마음은 즉시 잠재의식에서 그 사람이 과거의 어떤 서랍에 들어맞는지, 어떤 유형인지 알기 위해 분류하려 합니다. 그러면 여러분은 과거 그 유형에 속한 다른 사람에게 반응한 방식에 따라서 어떻게 반응할지 알게 됩니다.

 많은 경우에 여러분이 적어도 이번 생에서 서로 처음 만나는 사람들이거나, 전에 결코 만난 적이 없는 다른 사람을 만날 때, 여러분은 그 사람을 백지 상태에서 만나며, 그 사람 자신이 될 기회를 주겠다고 생각합니다. 하지만 대부분의 사람은 이렇게 할 수 없습니다. 그들은 즉시 그 사람을 잠재의식 데이터베이스 안에 정리된, 작은 서랍에 분류해서 넣으려고 합니다. 그 사람에 대한 정보를 충분히 얻으면, 그들의 잠재의식 마음은 이제 그 사람이 분류되었다고 느끼며, 더 이상 특별한 개인으로 그 사람에게 반응하지 않습니다. 그들은 과거에 비슷한 사람들에게 반응한 방식으로 실제로 대응합니다.

갈등의 근거

 이것은 물론 극단적인 형태로, 피부색, 인종, 또는 남녀 사이의 갈등 같은 다양한 그룹의 사람 사이에서 갈등을 여러분이 보는 방법입니다. 여러분은 사람들을 만나면 즉시 이렇게 평가합니다: "남자인가 아니면 여자인가?" 그러면, 나는 이런 행동을 해야 합니다. "그 사람이 흑인인가 아니면 백인인가?" 그러면, 나는 저런 행동을 해야 합니다. "그 사람이 유대인인가 아니면 내게 친숙한 어떤 다른 인종인가?" 그러면 내 행동은 그에 따라 적절히 조정되어야 합니다.

 확실히 그 사람이 이 행성에 있는 수백만의 흑인 또는 수십억의 여자라면, 그 범주의 모든 다른 사람이 하듯이 동일한 방식이나 지성에 근거해서 행동해야 한다고 생각합니다. 이전에 말했듯이, 그것은 무한함과 생명의 강의 조건 없음에 연결되지 못하고, 오직 모든 것이 뭔가로 분류되는 제한된 형태의 세계에만 연결됩니다. 그것이 무엇입니까?

지혜로 지식인들을 연구하세요

이 행성에서 지적인 사람들을 연구하기 위해 종종 지혜를 사용할 필요가 있습니다. 그들은 과학 분야든, 정치계든, 또는 종교계든 자신이 가장 잘 안다고 생각하는 사람들입니다. 그들을 조금 공부한 다음, 좀 더 깊이 들어가 보세요. 여러분은 아주 지적이면서도 종종 선의를 가진 지식인을 발견하며, 그들은 자신의 지적인 논리 기반인 과학이 실재를 아는 유일한 방법이고, 아무것도 물질우주를 넘어서지 못하며, 모든 종교는 단지 마음이 만들어 낸 비실재라고 절대적으로 확신합니다.

마찬가지로 지적인 논리를 기초로 그들의 사상이나 정치 체계가 유일하게 진실하며, 그것이 지구상에 신의 왕국 또는 다른 어떤 이상적인 상태를 가져온다고 절대적으로 확신하는 사람들도 발견할 수 있습니다. 물론 종교계에서는 그들의 종교가 유일하게 진실하고, 다른 모두는 거짓이며, 과학은 거짓이고 타당성이 없다며 절대적으로 확신하는 신학자도 발견할 수 있습니다.

여러분이 이것을 살펴볼 때, 모든 사람이 자신의 개인 데이터베이스에 특성을 정하는 어떤 색채와 세계관을 가지고 있음을 깨닫게 됩니다. 사람들은 그들의 데이터베이스가 주관적이 아니고, 삶을 바라보는 유일하고 실제적인 방법이라고 매우 확신합니다. 따라서 데이터베이스의 바로 그 기반이자, 그 안의 모든 것을 물들이는 기본적인 패러다임과 기본적인 세계관에 그들은 결코 의문을 가지지 않습니다.

반-사랑에 빠지기

사람들이 그런 제한된 관점을 받아들이면, 그들은 필연적으로 반-사랑의 진동에 빠지게 됩니다. 여러분이 하나의 특정한 제한된 관점을 받아들이고 그것이 유일하게 옳다고 절대적인 위치로 높인다면, 당연히 지구상에 있는 다른 관점을 피할 수 없습니다. 따라서 여러분은 그 반대되는 관점 또는 경쟁하는 관점을 방어해야 하며, 때로는 그런 경쟁적인 관점을 파괴합니다. 또한 반대되는 관점을 구현하거나 믿기로 선택한 사람들을 파괴하거나 죽여야 한다고 생각하는 이원성 투쟁으로 들어가게 됩니다.

다른 관점, 다른 제한된 믿음, 다른 세계관으로 위협받는 이런 느낌은 반-사랑의 표시입니다. 위협받는 느낌은 여러분이 반-사랑의 거짓 교사의 덫에 걸렸다는 말이고, 여러분이 반-사랑의 의식을 흡수해서 개인의 데이터베이스에 영향을 미치게 허용했다는 의미입니다. 여러분은 반-사랑이 완전히 데이터베이스의 기반을 구성하게 허용했습니다. 반-사랑은 여러분이 세상을 어떻게 보는지, 신을 어떻게 보는지, 다른 사람들을 어떻게 보는지 하는 세계관의 바로 그 핵심을 물들였습니다. 반-사랑은 여러분이 자신을 어떻게 보는지 그리고 세상과 다른 사람들과 신에게 여러분을 어떻게 연관 짓는지, 심지어 여러분과 자신을 어떻게 연관 짓는지, 자신에 대한 관점이 어떤지를 물들입니다.

여기서 내가 설명하는 이런 마음의 상태에 있으면, 여러분은 가슴으로 소통할 수 없습니다. 우리가 이전에 말했듯이, 여러분 존재의 핵심인 가슴은 모든 생명과 하나인 하나됨에 기반을 둡니다. 하나됨에 연결되고, 하나됨을 받아들이며, 그것이 여러분을 통해 흐르고 표현되게 하려면 기꺼이 여러분의 데이터베이스와 세계관에 의문을 가지고 이것을 생각해야 합니다: "그것이 사랑에 기반을 두었나, 아니면 반-사랑에 기반을 두었나?" 사랑하는 이들이여, 알다시피 진실한 사랑, 진정한 사랑, 살아 있는 사랑은 조건이 없습니다.

왜 사랑이 잘못 이해되는가?

세상을 살펴보면, 여러분은 아마도 사랑만큼 크게 오해되는 특성이 없다는 사실을 볼 수 있습니다. 여기서 사람들은 사랑을 이해하려고 하는 문제가 있습니다. 대부분의 사람은 어떻게 이해합니까? 그들은 사랑을 자신의 데이터베이스와 비교하는 하나의 지적인 행위로 봅니다. 사랑은 데이터베이스를 위한 기반인 그 사람이 가진 세계관으로 채색되지만, 또한 이 행성에서 있었던 이전 사랑의 경험으로도 채색됩니다.

하지만 현실은 이 행성에서 극소수의 사람만이 물질계에서 조건 없는 사랑을 경험합니다. 가장 순수한 형태의 조건 없는 사랑은 여기에서 발견되는 에너지의 밀도 때문에, 현재 행성 지구상에서 표현될 수 없습니다. 그럼에도 불구하고, 조건 없는 사랑을 반영하는 어떤 표현은 여전히 볼 수 있습니다. 대부분의 사람은 결코 그것을 경험하지 못했습니다. 왜냐하면 그들의 세계관과 이전 경험을 바탕으로 어떻게 사랑이 표현되어야 한다거나 표현되면 안 된다고 믿으며, 데이터베이스에 기반을 둔 조건적인 사랑만을 경험했기 때문입니다.

당연히 사람들이 사랑을 이해하려 할 때, 잠재의식 데이터베이스의 이해에 기반을 둡니다. 하지만 우리가 여기에서 설명하는 내용을 알겠습니까? 데이터베이스는 지성에 기반을 두고 설계되거나 창조되었으며, 모두가 어떤 특성과 제한으로 특징지어 지는 형태의 세계를 다루기 위해 설계되었습니다.

사랑은 무조건적입니다. 사랑이 어떻게 물질세계를 다루기 위해 설계된 데이터베이스에 맞춰질 수 있습니까? 여러분은 알고 있습니까? 그런 방식으로 조건 없는 사랑을 이해하기는 불가능합니다. 사람들은 사랑을 이해하지 못하기 때문에 많은 사람이 사랑을 포기하거나 또는 그들이 사랑을 이해한다고 생각합니다. 하지만 그들은 단지 자신이 신에게 투사하는 자신의 데이터베이스라는 창조물을 이해합니다.

사랑이 흐르게 하기

여러분은 안경을 통해 보는 게 아니라 하늘에 나타난 그대로 태양을 보아야 합니다. 지구상에서 붉은 선글라스를 통해 태양을 보기로 선택해서 태양이 붉다고 절대적으로 확신하는 사람이 있다면, 확실히 어리석다고 말할 수 있습니다. 여러분은 또한 지구상의 아주 많은 사람이 어떤 특정한 색상의 렌즈를 통해서 세상과 사랑을 보고 있음을 아나요? 그들은 사랑이 어떻고, 삶이 어떠하며, 신이 어떻고, 다른 사람들이 어떠하다고 주장합니다. 이런 사람들은 조건 없는 사랑에 조율할 수 없습니다. 그들은 그것을 받을 수 없고, 경험할 수 없습니다.

그들은 조건 없는 사랑이 무조건적이 되어서, 그들을 통해서 흐르게 하고 그 사랑이 스스로 조건 없이 표현되게 할 수 없기 때문에, 사랑을 줄 수가 없습니다. 이것은 언제나 똑같다는 의미가 아니라, 주어진 상황에서 사람들의 의식 수준에 따라 사람을 높이는 방식으로 스스로를 표현한다는 의미입니다.

그 대신, 사람들은 자신의 데이터베이스에 있는 사랑의 이미지에 따라 사랑을 표현하려 합니다. 이것은 곧 그들이 사랑을 통제하려 한다는 의미입니다. 그것은 그들이 통제되지 않고, 통제될 수 없는 생명의 강에서, 조건 없는 사랑의 흐름에서 자신을 차단한다는 의미입니다. 왜냐하면 통제된다면 더 이상 조건이 없지 않기 때문입니다.

여러분이 만약 진정하게 가슴으로 소통하기를 바란다면, 자신의 관점과 상반되는 무조건적이고 진정한 사랑을 생각해 봐야 합니다. 여러분은 기꺼이 개인적인 데이터베이스에 의문을 가져야 하고, 그것이 어떻게 여러분이 가진 사랑의 관점을 물들이는지, 조건 없는 사랑의 흐름과 심지어 조건 없이 사랑을 받고자 하는 바로 그 경험에 여러분의 존재를 열지 못하게 막는지 실제로 보려고 해야 합니다.

여러분이 다른 사람들에게 하는 것

그리스도께서 말씀하셨습니다: "다른 사람들이 너희에게 하기를 바라는 대로 그들을 대하라." 근본적인 의미는 여러분이 다른 사람에게 하는 것은 잠재의식 수준에서 이미 자신에게 했다는 것을 보여 줍니다. 여러분이 창조한 데이터베이스를 다른 사람들을 판단하는데 사용하면, 그 데이터베이스에 가장 먼저 들어가는 사람은 자신이 분명하지 않습니까?

여러분은 당연히 자신 외부의 다른 사람들을 향해 판단을 투사하기 전에 자신을 판단해야 합니다. 여러분이 다른 사람들을 판단할 때, 근원의 조건 없는 사랑을 경험하지 못하게 막는 사고의 틀 속에 자신을 집어넣습니다. 그리하여 조건 없는 사랑을 경험하지 못하며, 오직 조건적인 사랑만 경험하고 자신의 견해를 정당화하려는 끝없는 순환을 반복하게 됩니다.

무엇이 그 교착 상태를 깨뜨릴 수 있나요? 무엇이 그 딜레마를 깨뜨릴 수 있나요? 우리가 얘기하는 것을 인정하고, 단순히 데이터베이스를 넘어서며 필터에서 한 걸음 물러날 필요가 있음을 인정하려면, 지적인 마음의 이해가 아니라 상위의 이해력을 사용하는데 조건 없는 사랑이 확실히 도움이 됩니다. 그리고 필터를 넘어서 볼 수 있도록 멀리 물러서면, 필터를 넘어선 실제 세상을 보게 됩니다.

그러면 여러분은 태양을 있는 그대로 보며, 여러분의 상위 존재를 정말 있는 그대로 보고, 그리하여 여러분의 상위 존재가 가진 조건 없는 사랑을 경험합니다. 그러면 여러분의 아이앰 현존은 낮은 마음이 만든 필터를 통해서 세상을 보지 않는다는 절대적이고 놀라운 깨달음에 이르게 됩니다. 이것은 이 가르침을 마주했다 해도, 즉시 그렇게 할 수는 없습니다. 한 사람이 점차 에고에서 자신을 분리하고, 그 사람의 의식하는 자아가 에고는 언제나 옳지 않다고 깨닫는 결정적인 수준에 이르기까지 여러 해 또는 많은 생애가 걸립니다.

여러분의 에고는 실재에 영향을 미치지 못합니다

특정한 갈등에 완전히 사로잡힌 세상의 일부 사람들을 살펴보세요. 이들은 자신의 의식하는 자아를 에고와 그리고 에고의 세계관과 완전히 동일시하는 사람들입니다. 그들의 종교와 그들의 정치 이념을 방어하는 일이 그들에게는 삶과 죽음의 문제이며, 심지어 다른 사람들을 죽이기까지 합니다.

물론 영적인 사람으로서 여러분은 에고에서 분리되어, 에고가 항상 옳지 않다는 사실을 알고 있습니다. 모든 영적인 사람은 실제로 에고의 한계를 깨닫고 경험하는 절대적이고 부인할 수 없는 진실의 순간에 이를 필요가 있습니다.

중세시대의 사람들이 우주가 아주 작고, 지구가 우주의 중심이라고 믿던 때를 회상해 보세요. 그리고 오늘날 여러분은 수십억 은하로 이루어진 매우 거대한 우주 안에서, 지구가 한없이 작은 먼지

같은 수준임을 어떻게 깨달았는지 생각해 보세요. 그리고 수십억의 사람들이 여전히 신에게 기도를 하거나 어떤 의례를 행함으로써 실제로 신을 통제하거나, 그들에게 무언가를 해 주게 할 수 있다는 믿음에 사로잡혀 있음을 보세요.

여러분은 자신의 에고가 실재에 절대적으로 영향을 미칠 아무런 힘이 없다는 인식에 도달해야 합니다. 여러분의 에고가 이 세상을 실재라고 얼마나 확신하든 상관없이, 그것은 여전히 완전한 환영입니다. 태양이 지구상에 일어나는 무엇에도 영향을 받지 않듯이, 에고의 작은 평행 우주 밖에는 에고로 인해 영향을 받지 않는 형체나 형태가 있는 실제 세계가 있습니다. 여러분은 태양이 지금 날씨가 흐리다는 사실에 조금이라도 영향을 받는다고 생각합니까? 여러분이 있는 곳에 구름이 약간 있다 해도, 확실히 지구의 광대하게 펼쳐진 지역에는 구름이 없습니다.

조건 없는 사랑은 조건을 알지 못합니다

여러분의 작은 에고와 작은 데이터베이스가 우주의 중심이라는 생각에 갇혀서 특정한 관점으로 세상을 바라보는데 사로잡혀 있으면, 여러분은 조건 없는 사랑을 경험할 수 없습니다. 사랑하는 이들이여, 조건 없는 사랑은 무조건적입니다. 그것은 지구상의 모든 사람에게 하루에 24시간 동안 조건 없는 사랑이 주어진다는 의미입니다.

여러분은 실제로 물질우주이든 다른 세계든, 신의 조건 없는 사랑에서 단절된 특정한 세계에 자신을 가둘 수 없습니다. 그것은 가능하지 않습니다. 조건 없음을 어떻게 차단할 수 있나요? 그것은 모든 조건을 관통합니다. 여러분은 조건 없는 사랑에서 차단되어 있다고 생각할지도 모릅니다. 하지만 오직 "사랑은 이러이러하고,

이것이나 저것이 아니다"라고 말하는 여러분의 데이터베이스를 통해 세상을 보기 때문에, 차단될 뿐입니다.

다른 사람들과 의사소통할 때, 여러분은 개인적인 데이터베이스를 통해 다른 사람과 의사소통합니다. 다른 사람은 물론 자신의 개인적인 데이터베이스를 통해 여러분과 의사소통합니다. 이것이 아주 다른 데이터베이스를 가진 사람들끼리 종종 충돌하는 이유입니다. 최악의 갈등을 피하려고 비슷한 데이터베이스를 가진 사람들이 함께 모이는 경향이 있습니다. 하지만 여러분이 한계를 넘어서기 위해 비슷한 환영을 가진 사람들과 함께 있으면 도움이 안 됩니다. 그렇게 하면 오히려, 서로 다른 환영의 유효성을 강화하게 되고, 세상의 많은 영적이고 종교적인 사람들이 사실상 서로의 진보를 방해하게 됩니다. 그들은 서로가 자신의 실재에 대한 관점이 유일하게 진실이라고 확신합니다.

여러분 자신을 단절하지 마세요

우리는 의도적으로 이 운동에 대해 아주 강하게 정의된 윤곽을 주지 않았습니다. 우리는 여러분이 이런저런 더 높은 가르침을 가지고 있기 때문에 당연히 더 낫다고 생각하면서, 모든 다른 영적인 사람과 다르다는 의식을 구축하지 않았으면 합니다. 우선 여러분의 상위 존재에 조율함으로써 가슴으로 소통하고자 하며, 조건 없는 사랑의 경험이 실현되게 허용하세요, 우리는 여러분이 지적인 논리가 아닌 직접적인 경험을 통해서 자신이 물질적인 구현 이상의 존재임을 아는 사람이 되기를 바랍니다.

그러면 여러분이 다른 사람을 만날 때, 그 사람의 외적인 말과, 외적인 행동과, 심지어 그 사람의 외적인 진동과 의식 상태에도 반응하지 않는 습관을 쌓는 선택권을 가지게 됩니다. 그 대신, 여러분은 자신의 무한한 자아에 조율하는 습관을 키울 수 있습니다. 또한 그들의 외모나 현실이 어떠하든지, 그 사람 역시 무한한 자아를 가지고 있다고 인식하게 됩니다.

만약 여러분이 한 사람과 어떤 유형의 갈등을 느낀다면, 여러분의 무한한 자아가 그 사람의 무한한 자아와 의사소통을 하면서, 그 사람의 의식적인 인식에 가능하면 하나됨의 이해를 많이 주도록 요청할 수 있습니다. 여러분은 그 사람이 새로운 인식에 도달함으로써, 어떻게 오해나 갈등이 하룻밤 사이에 해결되는지를 볼 수 있습니다. 물론 여러분은 또한 그 사람이 적이 아니라는 새로운 인식에 이르게 됩니다. 비록 여러분이 이 물질적인 환영의 세계에서 아주 단절되었듯이 보일지라도, 여러분은 무한한 세계에서 확실히 서로 연결되어 있습니다.

어떻게 데이터베이스가 함정에 빠지게 하나?

사람들 데이터베이스의 효과는 잠재의식 마음이 주어진 순간에 일어나는 모든 일을 데이터베이스의 뭔가와 비교하는데 어려움을 겪는다는 것입니다. 데이터베이스의 일은 과거에 일어난 일입니다. 그러므로 여러분은 현재의 순간을 그대로 경험하지 못합니다. 여러분은 실재를 경험하지 못합니다. 예수님께서 말씀하셨듯이, 어린아이의 순수한 마음으로 현재의 순간을 경험하지 못합니다.

현재의 순간을 과거의 필터를 통해 경험합니다. 여러분은 실질적으로 현재를 경험하지 못합니다. 여러분은 자신의 데이터베이스를 기반으로 그 위에 이미지를 투사합니다. 물질계의 모든 것이 마-터 빛에서 생성되었고, 마-터 빛은 여러분이 투사한 것을 반사해서 돌려주는 우주 거울 역할을 하도록 설계되었습니다. 여러분이 자신의 과거를 현재의 순간에 투사하도록 허용한다면, 이 세상은 여러분을 통제하려는 많은 불친절한 사람들이 있는 곳이 됩니다. 그러면 여러분은 이제 그런 역할을 기꺼이 하려는 사람들을 자신에게 끌어당기게 됩니다.

그들은 세상이 희생자들 또는 스스로 결정하기를 바라지 않는 많은 사람이 있는 곳이라고 생각할 수도 있습니다. 따라서 다른 사람들이 자신을 흔들어 깨워서 무엇을 해야 할지 말할 필요가 있다고 생각합니다. 통제해야 할 사람은 통제되어서 희생자가 되려는 누군가를 끌어당긴다는 의미에서 유유상종입니다.

언제 여러분은 여기에서 자유로워질까요? 기꺼이 여러분의 데이터베이스를 살펴보고, 잠재의식 서류철 안의 모든 서류를 살펴보려고 할 때 자유로워집니다. 데이터베이스 안에 들어가서 대청소를 하게 되면, 정말 더 이상 거기 있을 필요가 없는 오래된 15년 전 약국의 영수증을 봅니다. 마찬가지로, 15번의 생애 이전에 일어난 일에 기초한 결정은 더 이상 거기 있을 필요가 없습니다.

조건 없는 사랑을 기꺼이 경험하세요

우리가 여기에서 전달하려는 핵심은, 오직 여러분이 조건 없는 사랑을 어느 정도 경험하고, 조건 없는 사랑을 다른 사람들에게 확대하려 할 때, 가슴으로 소통할 수 있다는 사실입니다. 여러분은 기꺼이 그들을 판단하려 하지 않고, 분류하지 않으며, 그들이 현재의 순간에 있는 그대로 존재하게 허용해야 합니다. 마스터 모어의 설명처럼, 여러분은 또한 그들의 마음 상태와 무관하게 자신의 반응을 선택할 수 있음을 깨닫고, 그들이 되기로 선택하는 것과 관계없이 자신이 되려는 존재가 되어야 합니다.

이렇게 하지 않으면, 여러분이 어떤 방식으로 결정하도록 했던 과거의 다른 사람들 모두에게 그 때와 유사한 방식으로 여러분을 대하는 사람에게 반응하도록 허용하게 됩니다. 하지만 그 사람은 단지 모든 다른 사람들과 무관하게 자신의 의식 상태를 표현하고 있습니다. 지금 여기에 있는 그 사람과 과거에 여러분이 마주쳤던 모든 사람 사이에는 연결점이 없으며, 거기에 객관적인 연결이 없습니다. 오직 여러분의 의식 안에 어떤 유형의 사람들을 계속 끌어당기는 연결이 있을 뿐입니다. 왜냐하면 세상에 그런 유형의 사람들이 있다고 말하는 여러분 데이터베이스의 필터를 해결하지 못했기 때문입니다.

가슴으로 하는 소통은 조건 없는 사랑의 표현입니다. 조건 없는 사랑이란, 여러분이 과거에서 자유롭다는 의미입니다. 이것은 여러분이 과거에 일어난 일을 기억하지 못한다는 의미가 아닙니다. 과거의 버튼들을 누르는 사람을 만날 때, 여러분에게 감정적인 상처나 부상 또는 특정한 반응 패턴에 빠지게 하는 정신적인 신념이 없다는 의미입니다.

지금 현재를 만나세요

여러분은 버튼이 없습니다. 여러분은 이렇게 말할 수 있습니다: "내 과거에 일어난 일과 상관없이, 현재 이 순간 나는 내 과거를 되살리지 않는다. 나는 어린아이의 천진한 마음으로 깨끗한 백지 위에서 현재의 이 순간을 만나고 있다." 이렇게 함으로써 여러분은 낡은 반응 패턴을 반복하지 않고, 전에 만난 상황보다 더 높은 반응을 찾도록 자신을 자유롭게 합니다. 더 높은 반응을 찾으려는 의지를 보여 줄 때, 이제 여러분은 자신을 방어하거나 다른 사람들을 제한하려 하지 않기 때문에, 조건 없는 사랑의 흐름에 열립니다. 그 대신 여러분은 다른 사람들을 높이고자 하는데, 그것이 조건 없는 사랑의 흐름에 열리기 위한 조건입니다.

모순처럼 보이는 내 말을 알아챘나요? 조건 없는 사랑의 흐름에 열리기 위한 하나의 조건이 있습니다. 그런데 그 조건이란 여러분이 조건을 가지지 않는 상태입니다. 사랑이 조건 없이 흐르며 자신을 표현하도록 내버려두어야 합니다. 여러분이 데이터베이스와 과거에 기반을 둔 상황에 갇히면, 여러분을 통해서 사랑이 스스로 표현하지 못하게 통제하려고 합니다. 그러면 그것은 여러분이 사랑의 표현에 조건을 설정하고 흐름을 차단하게 됩니다. 따라서 조건 없는 사랑은 한 걸음 물러서 이렇게 말합니다: "나는 여러분의 선택을 존중합니다. 하지만 나는 여러분이 선택을 바꾸어 내가 여러분을 통해 흐르도록 결정하는 언제라도 여기에 있겠습니다."

여러분은 오직 줌으로써 받습니다

이제 여러분의 마음 안에서 이것을 모두 종합해서, 두 가지 아주 중요한 결론을 볼 수 있습니까? 조건 없는 사랑은 모든 생명을 높이기 위해 흐르고자 합니다. 여러분이 마음 안에 조건을 정하고 그것으로 다른 사람들을 판단하는데 사랑을 사용했다면, 이렇게 말하게 됩니다: "그 사람이 어떤 기준에 따라 살지 않으면, 나는 사랑을 표현할 수가 없다. 사람들이 그 기준에 따라서 살지 않는다면, 그들은 처벌 받거나 통제되어야 한다." 이렇게 말하면 여러분은 자유롭고 무조건적으로 사랑을 주지 않는 상태에 있습니다. 다른 사람들에게 사랑을 자유롭게 주지 않으면 사랑이 여러분을 통해서 흐를 수 없습니다. 따라서 여러분은 조건 없는 사랑을 경험할 수 없습니다.

과거를 넘어서기 위한 기원문에 숨겨진 반복되는 문장을 알고 있나요: "나는 줌으로써, 확실히 얻습니다." 여러분이 용서를 바라면, 다른 사람들을 용서하세요. 사랑을 바라면 다른 사람들에게 사랑을 주세요, 그러나 조건 없이 그것을 주세요. 다른 사람들을 조건 없이 용서하면 조건 없이 용서받습니다. 그리스도께서 말하지 않았나요: "판단하지 말라, 우주는 단지 거울이기 때문에, 다른 사람들에게 하는 것을 자신에게 하게 된다."

만약 여러분이 조건 없는 사랑을 경험하지 못하고 있다면, 잠재의식 데이터베이스에 사랑의 흐름을 제한하는 어떤 조건이 있기 때문이며 그것을 보려고 해야 합니다. 여러분의 세계관이 위협받지 않게 하려면 다른 사람들이 여러분의 세계관을 따르게 해서 그들을 제한해야 하기 때문에 통제하려고 합니다. 단지 그 세계관에 의문을 가지거나, 포기할 수도 있다는 점을 기꺼이 고려하세요. 자신의 신념 체계와 동일시하는 사람들을 살펴보세요. 그들 대부분은 자신의 신념 체계를 갑자기 포기할 수는 없습니다. 만약 그렇게 하면 자신이 누구인지 알지 못하는 정체성의 위기에 처합니다.

영성의 현실

영적인 여정은 예수님께서 십자가에서 한 것을 여러분도 하게 되는 지점을 향해 점진적으로 나아갑니다. 비록 그가 육화 중에 높은 수준의 그리스도 신성을 이루었지만, 일들이 어떻게 펼쳐져야 한다는 어떤 기대를 가지고 있었음을 갑자기 순간적으로 깨달았습니다. 그런 기대가 그를 지구에 잡아 두고 있었습니다. 그는 최종적인 내맡김의 행위로 과거의 허상을 버리기로 결정했으며, 이것이 그가 부활한 이유입니다.

그가 십자가에서 그 허상을 포기하지 않았다면, 어떤 일이 일어났을까요? 그가 세상을 보는 방식에 기꺼이 의문을 품고, 그것이 비실재라고 깨달을 때까지 허상으로 다시 살기 위해 환생했을 것입니다.

처음부터 예수님이 신이거나 또는 신의 아들이었고, 그의 승리와 상승이 보장되었다고 생각하는 사람들이 있습니다. 자유의지의 세상에서 보장되는 건 아무것도 없습니다. 예수님은 십자가 위에서 허상을 포기하지 않고, 예수 그리스도가 되지 못했을 수도 있습니다. 또한 예수님을 목수라고 불렀던 사람들이 있지만, 사실을 말하자면 예수님은 육화 중에는 결코 목수가 아니었습니다.

사람들에게 진정한 선택권을 주세요

영적인 여정의 목표는 여러분이 세상을 단순히 있는 그대로 보고, 있는 그대로 수용하며, 세상이 비실재의 표현이고, 결코 영구적일 수 없다고 받아들일 때까지, 여러분의 조건을 극복하는 것입니다. 그러므로 어떤 상황에서든 조건 없는 사랑이 표현되게 하고, 다른 사람들이 반-사랑을 넘어서 사랑을 선택할 기회를 주어야 합니다.

여러분은 자신이 반-사랑의 진동 속에 들어가거나 그들이 어떤 선택을 하게 강요하지 않아야 합니다. 여러분은 그들에게 선택할 기회를 줍니다. 여러분은 필요하다면 그들이 선택을 마주하고, 다른 선택권이 있음을 아주 분명하게 볼 수 있도록 사랑이 매우 직설적이 되게 해야 합니다. 하지만 여러분은 그들을 강요하려는 경계를 넘지 않습니다. 그들이 무엇을 선택하든 여러분은 조건 없는 사랑 안에 자유롭게 있습니다.

물론 여러분이 다른 사람을 도우려는 최선의 의도로 그 사람이 무언가를 보도록 많은 노력을 했습니다. 그런데 그들이 그것을 보지 않기로 선택한다면 어떤 기분이 들까요? 만약 여러분이 어떤 집착과 부정성을 느낀다면, 완전히 조건 없는 사랑으로 하는 게 아닙니다. 그렇다면 여러분은 자신을 살펴봐야 합니다. 여러분은 데이터베이스를 살펴봐야 합니다. 그리고 신께서 완전한 자유의지를 준 여러분 주위의 존재가 여러분이 하는 행동이나 말에 따라 어떤 선택을 해야만 하거나 어떤 방식으로 반응해야만 한다는 이미지를 왜 여러분이 가지고 있는지 봐야만 합니다. 왜 여러분의 데이터베이스와 세계관에 그런 반-사랑의 요소를 포함하도록 자신을 허용했을까요?

분명히 만약 여러분이 그런 기대가 없었으면, 그들이 무엇을 하든 하지 않든, 다른 사람들에게 실망하지 않습니다. 오직 여러분이 다른 사람들에게 실망하지 않거나 부정적으로 영향을 받지 않을 때, 진정 자유로울 수 있음을 알고 있나요? 오직 그럴 때 여러분이 조건 없는 사랑 안에 있습니다. 사랑하는 이들이여, 어떻게 여러분이 자유로울 수 있나요? 오직 조건 없는 사랑 안에 있음으로써 가능합니다. 오직 아무 조건이 없을 때, 여러분은 진정으로 자유롭게 됩니다.

내 현존을 받아들이세요

말을 넘어서서, 신의 사랑인 세 번째 광선의 남성과 여성 표현인, 남성과 여성 요소로써 나는 우리의 현존을 정박했습니다. 여러분이 원한다면, 내 현존을 경험하는 기회를 가질 수 있습니다. 여러분이 그것을 경험하지 않았다면, 내 현존이 물질우주의 어떠한 제한도 초월해 있음을 생각해 보세요. 미래의 어느 순간에라도, 현존에 여러분의 가슴을 열고자 할 때, 여러분은 내 현존을 체험할 수 있습니다. 지금 여러분의 가슴을 열지 못한다면, 실망하지 말고 여러분의 잠재의식 데이터베이스가 어떤 종류의 판단을 하게 허용하지 마세요. 여러분이 조건 없는 사랑을 받아들일 가치가 있다고 수용하지 못하게 막는, 어떤 조건을 제거해야 하는 일이 있음을 인정하세요. 그리고 그 일을 시작하고 서류함을 깨끗이 치워서 일정한 수준에 이르게 되면, 무조건적인 사랑의 태양이 구름을 통해 빛나는 경험을 하게 됩니다.

사랑하는 이들이여, 나는(I AM) 시간과 공간을 초월합니다. 여러분 역시 시간과 공간을 초월해 있습니다. 여러분은 현재 시간과 공간의 제한을 기반으로 자신을 찾기로 선택하며, 이것은 충분히 받아들일 수 있지만, 그것이 여러분의 유일한 선택사항은 아닙니다.

I AM인 조건 없는 사랑의 불꽃 안에, 나는 여러분을 봉인합니다. 나는 더 높은 의식 상태를 추구하는 영적인 사람들의 운동을 봉인합니다. 여러분이 무조건적인 사랑에 헌신하는 한, 이 세상의 왕자가 오더라도 여러분 안에서 아무런 영향을 미치지 못합니다. 비록 그의 대리자들이 오더라도, 이 운동을 해체할 수 없습니다. 그들은 이 행성에서 창조된 상승 나선이 여전히 어둠 속에서 빛이 불타오르게 하고, 가속할 잠재력을 가지지 못하게 중단할 수 없습니다. 이것은 새로운 현실을 향한 길, 서로가 연결되는 새로운 길, 무조건적인 사랑에 기초한 의사소통의 새로운 길을 보여 주는 빛입니다. 그 사랑에 봉인되세요.

7
나는 조건 없는 사랑을 기원합니다

I AM THAT I AM, 예수 그리스도의 이름으로 나의 아이앰 현존이, 무한히 초월해 가는 내 미래의 현존을 통해 흐르며, 완전한 권능으로 이 기원문을 해 주시기를 요청합니다. 나는 사랑하는 엘로힘 헤로스와 아모라, 대천사 차무엘과 채리티, 베네치아의 폴께 요청합니다. 모든 상황에서 사랑으로 의사소통하려는 내 능력을 막는 모든 장애물을 극복하도록 나를 도와주세요. 내가 가슴으로 소통하며 나의 아이앰 현존과 하나 되지 못하게 반대하는, 내면이나 외부의 모든 패턴과 세력으로부터 나를 자유롭게 해 주세요...
(여기에 개인적인 요청을 추가하세요)

1. 나는 모든 과거 이미지를 내려놓습니다

1. 나는 조건 없는 사랑에 뿌리내리고 있습니다. 나의 과거는 내 현재에 영향을 미치지 못하며, 내 미래에도 영향을 미치지 못합니다.

오 헤로스-아모라, 당신의 무한한 핑크 사랑 안에서,
남들이 나를 어떻게 생각하던 개의치 않습니다.
당신과 하나 되어 나는 새 날을 선포하며,

천진한 아이처럼 즐겁게 뛰놉니다.

오 헤로스-아모라, 새로운 삶이 시작되었고,
나는 심각한 악마를 비웃습니다.
당신의 영광스런 루비-핑크 태양 안에서 정화되며,
신께서 허락하신 즐거운 삶을 누립니다.

2. 나는(I AM) 신의 불꽃과, 조건 없는 사랑과 생명의 강과 하나입니다. 나는 이 제한된 구체인 지구상에서 내 과거의 어떤 모습보다 무한하게 더 큽니다.

오 헤로스-아모라, 삶은 지고의 기쁨이고,
세상은 거대한 장난감과 같습니다.
내 마음이 그 안으로 무엇을 투사하던,
삶의 거울은 그대로 반사합니다.

오 헤로스-아모라, 나는 뿌린 대로 거둡니다.
그러나 이것은 성장을 위한 차선의 계획입니다.
진정한 원래의 계획은 흐름 안으로 들어가서,
당신이 주는 무한한 사랑에 잠기는 것입니다.

3. 나는 내 아이앰 현존의 태양이고, 또한 내 창조주 태양의 확장입니다. 나는 내 자신을 그 실재에 다시 연결되게 하며, 나를 통해 흐르는 창조주의 조건 없는 사랑을 느낍니다.

오 헤로스-아모라, 당신이 조건들을 태워버리니,
I AM은 자유롭게 새로운 전환을 맞이합니다.
무한한 사랑의 흐름 안에 녹아들면서,
나는 내 영(Spirit)이 천상에서 왔음을 압니다.

오 헤로스-아모라, 나는 깨어나서 봅니다.
진실한 사랑에는 아무런 조건도 없음을,
악마는 자신의 이원성에 잡혀 있지만,
사랑의 현존은 I AM을 자유롭게 합니다.

4. 나는 더 이상 이 지구상에서 내 과거에 일어난 어떤 상황, 조건, 사건과 자신을 동일시하지 않겠습니다. 나는 내가 무한하게 더 크다는 사실을 압니다. 나는 다른 사람들도 그들의 과거 모습 이상임을 압니다.

오 헤로스-아모라, 나는 드디어,
과거의 덫을 벗어나 상승합니다.
진정한 사랑 안에서 내 자유의 성장을 선언하며,
나는 사랑의 무한한 흐름과 영원히 하나입니다.

오 헤로스-아모라, 조건들은 속박이며,
뱀 같은 거짓말의 그물을 형성합니다.
제한 없는 당신의 사랑은 영원히 날아올라,
모든 생명을 루비-핑크 하늘로 들어올립니다.

5. 나는 내 자신과 다른 사람들의 모든 과거 이미지와 또한 내가 가진 세상과 신의 모든 과거 이미지를 조건 없이 버립니다.

오 헤로스-아모라, 당신의 무한한 핑크 사랑 안에서,
남들이 나를 어떻게 생각하던 개의치 않습니다.
당신과 하나 되어 나는 새 날을 선포하며,
천진한 아이처럼 즐겁게 뛰놉니다.

오 헤로스-아모라, 새로운 삶이 시작되었고,

나는 심각한 악마를 비웃습니다.
당신의 영광스런 루비-핑크 태양 안에서 정화되며,
신께서 허락하신 즐거운 삶을 누립니다.

6. 나는 내 개인적인 데이터베이스를 구성하는 색채와 세계관을 조건 없이 버립니다. 나는 기꺼이 내 데이터베이스의 토대로써 그 안의 모든 것을 물들이는 기본적인 패러다임에 의문을 가지겠습니다.

오 헤로스-아모라, 삶은 지고의 기쁨이고,
세상은 거대한 장난감과 같습니다.
내 마음이 그 안으로 무엇을 투사하던,
삶의 거울은 그대로 반사합니다.

오 헤로스-아모라, 나는 뿌린 대로 거둡니다.
그러나 이것은 성장을 위한 차선의 계획입니다.
진정한 원래의 계획은 흐름 안으로 들어가서,
당신이 주는 무한한 사랑에 잠기는 것입니다.

7. 나는 반-사랑의 진동 속으로 들어가게 하는 모든 세계관을 조건 없이 버립니다. 내가 분리된 존재이고, 따라서 다른 사람들의 세계관으로 위협받는다는 생각을 내려놓습니다.

오 헤로스-아모라, 당신이 조건들을 태워버리니,
I AM은 자유롭게 새로운 전환을 맞이합니다.
무한한 사랑의 흐름 안에 녹아들면서,
나는 내 영이 천상에서 왔음을 압니다.

오 헤로스-아모라, 나는 깨어나서 봅니다.
진실한 사랑에는 아무런 조건도 없음을,

**악마는 자신의 이원성에 잡혀 있지만,
사랑의 현존은 I AM을 자유롭게 합니다.**

8. 나는 내 개인적인 데이터베이스에 영향을 미치고, 또한 그 토대를 이루는 반-사랑의 의식에 연관된 모든 요소를 조건 없이 버립니다.

오 헤로스-아모라, 나는 드디어,
과거의 덫을 벗어나 상승합니다.
진정한 사랑 안에서 내 자유의 성장을 선언하며,
나는 사랑의 무한한 흐름과 영원히 하나입니다.

**오 헤로스-아모라, 조건들은 속박이며,
뱀 같은 거짓말의 그물을 형성합니다.
제한 없는 당신의 사랑은 영원히 날아올라,
모든 생명을 루비-핑크 하늘로 들어올립니다.**

9. 나는 기꺼이 가슴으로 소통하고, 하나됨과 사랑으로 의사소통하겠습니다. 나는 기꺼이 내 데이터베이스에 의문을 가지고, 내 세계관에 의문을 가지며, 이것을 고려하겠습니다: "내 데이터베이스가 사랑에 기반을 두었는가, 아니면 반-사랑에 기반을 두었는가?"

하나됨으로 가속하소서. I AM은 실재하며,
하나됨으로 가속하소서. 모든 생명은 치유됩니다.
하나됨으로 가속하소서. I AM은 무한한 초월이며,
하나됨으로 가속하소서. 모든 의지는 비상합니다.

하나됨으로 가속하소서! (3회)
사랑하는 헤로스와 아모라.

하나됨으로 가속하소서! (3회)
사랑하는 차무엘과 채리티.
하나됨으로 가속하소서! (3회)
사랑하는 베네치아의 폴.
하나됨으로 가속하소서! (3회)
사랑하는 I AM.

2. 나는 조건 없는 사랑에 열려 있습니다

1. 나는 기꺼이 물질의 세계에서 조건 없는 사랑을 경험하겠습니다. 나는 내 데이터베이스의 조건에 사랑을 맞추려 하는 모든 성향을 버립니다. 나는 그러한 조건을 버리겠습니다.

대천사 차무엘, 루비 광선의 권능 안에서,
내가 생명을 일깨우는 샤워를 하고 있음을 압니다.
사랑은 의지의 모든 오용을 불태워버리고,
단번에 내 욕망은 고요해집니다.

대천사 차무엘, 루비 핑크의 사랑과 함께,
대천사 차무엘, 천상에서 하강한 이여,
대천사 차무엘, 늘 당신을 마음에 그리니,
대천사 차무엘, 오 거룩한 비둘기여 오소서.

2. 나는 사랑이 무조건적이라고 인정합니다. 나는 조건 없는 사랑을 이해하려는 모든 욕구와 사랑 위에 물질계의 이미지를 투사하려는, 모든 성향을 버립니다. 나는 내 자신의 잠재의식 데이터베이스에서 나온 이미지가 아니라 진정한 사랑을 경험하고 싶습니다.

대천사 차무엘, 빛의 나선이시여,

이제 루비 광선의 화염이 밤을 관통합니다.
더 높이 오르지 못한 모두를 태우는 당신의 화염은,
모든 어둠의 세력들을 소멸합니다.

대천사 차무엘, 루비 핑크의 사랑과 함께,
대천사 차무엘, 천상에서 하강한 이여,
대천사 차무엘, 늘 당신을 마음에 그리니,
대천사 차무엘, 오 거룩한 비둘기여 오소서.

3. 나는 조건 없는 사랑에 조율하고, 기꺼이 그것을 받아들이겠습니다. 나는 조건 없는 사랑이 무조건적이 되고 나를 통해 흐르며, 조건 없이 표현하도록 하겠습니다. 나는 사랑이 사람들의 의식 수준에 따라, 그들을 높이는 방식으로 그 스스로를 표현하게 허용하겠습니다.

대천사 차무엘, 당신의 사랑은 너무나 광대하고,
이제는 명료한 비전으로 내 삶을 이해합니다.
당신이 삶의 목적을 밝게 드러내시니,
당신의 사랑에 잠겨서 하나이신 신을 깨닫습니다.

대천사 차무엘, 루비 핑크의 사랑과 함께,
대천사 차무엘, 천상에서 하강한 이여,
대천사 차무엘, 늘 당신을 마음에 그리니,
대천사 차무엘, 오 거룩한 비둘기여 오소서.

4. 나는 사랑을 통제하려는 에고의 욕망을 조건 없이 버립니다. 나는 생명의 강 안에, 조건 없는 사랑의 흐름 안에 내 자신을 몰입합니다. 통제된다면 조건이 있기 때문에, 조건 없는 사랑은 통제되지 않고, 통제될 수 없습니다.

대천사 차무엘, 당신이 주는 고요함이여,
이제는 죽음조차 나에게 고통을 주지 못합니다.
진실로, 사랑에 소멸이란 없습니다.
사랑이란 새로운 날로 초월하는 것이기 때문입니다.

대천사 차무엘, 루비 핑크의 사랑과 함께,
대천사 차무엘, 천상에서 하강한 이여,
대천사 차무엘, 늘 당신을 마음에 그리니,
대천사 차무엘, 오 거룩한 비둘기여 오소서.

5. 나는 가슴으로 소통하길 원하며, 에고 관점의 사랑에 비교되는 진정한 사랑의 조건 없음을 경험하겠습니다. 나는 조건 없는 사랑의 흐름과, 또한 내가 조건 없이 사랑을 받는 바로 그 경험에 내 존재를 열겠습니다.

대천사 차무엘, 루비 광선의 권능 안에서,
내가 생명을 일깨우는 샤워를 하고 있음을 압니다.
사랑은 의지의 모든 오용을 불태워버리고,
단번에 내 욕망은 고요해집니다.

대천사 차무엘, 루비 핑크의 사랑과 함께,
대천사 차무엘, 천상에서 하강한 이여,
대천사 차무엘, 늘 당신을 마음에 그리니,
대천사 차무엘, 오 거룩한 비둘기여 오소서.

6. 내가 데이터베이스를 창조하고 그것으로 다른 사람들을 판단하는데 사용할 때, 내 자신이 데이터베이스에 들어가는 첫 번째 사람이라고 인정합니다. 나는 내 자신과 다른 사람들을 판단하려는, 모든 경향을 조건 없이 버립니다. 나는 사랑에 조건을 덧붙이는 생각

을 정당화하려는 끝없는 순환에서 벗어나겠습니다.

대천사 차무엘, 빛의 나선이시여,
이제 루비 광선의 화염이 밤을 관통합니다.
더 높이 오르지 못한 모두를 태우는 당신의 화염은,
모든 어둠의 세력들을 소멸합니다.

**대천사 차무엘, 루비 핑크의 사랑과 함께,
대천사 차무엘, 천상에서 하강한 이여,
대천사 차무엘, 늘 당신을 마음에 그리니,
대천사 차무엘, 오 거룩한 비둘기여 오소서.**

7. 나는 기꺼이 나의 아이앰 현존을 진정하게 있는 그대로 경험하겠습니다. 나는 내 현존께서 나에게 가진 조건 없는 사랑을 경험합니다. 나는 내 아이앰 현존이 에고의 한계를 통해서 세상을 보지 않는다는 사실을 깨닫습니다.

대천사 차무엘, 당신의 사랑은 너무나 광대하고,
이제는 명료한 비전으로 내 삶을 이해합니다.
당신이 삶의 목적을 밝게 드러내시니,
당신의 사랑에 잠겨서 하나이신 신을 깨닫습니다.

**대천사 차무엘, 루비 핑크의 사랑과 함께,
대천사 차무엘, 천상에서 하강한 이여,
대천사 차무엘, 늘 당신을 마음에 그리니,
대천사 차무엘, 오 거룩한 비둘기여 오소서.**

8. 사랑하는 아이앰 현존이여, 내 에고는 절대적으로 실재를 알 아무런 힘이 없음을 인식하도록 나를 일깨워 주세요. 내 에고가 이

세상이 실재라고 얼마나 확신하는지 상관없이, 그것은 여전히 완전한 환영입니다. 나는 에고의 평행 우주 바깥에서 진정한 세상을 경험하기를 원합니다.

대천사 차무엘, 당신이 주는 고요함이여,
이제는 죽음조차 나에게 고통을 주지 못합니다.
진실로, 사랑에 소멸이란 없습니다.
사랑이란 새로운 날로 초월하는 것이기 때문입니다.

대천사 차무엘, 루비 핑크의 사랑과 함께,
대천사 차무엘, 천상에서 하강한 이여,
대천사 차무엘, 늘 당신을 마음에 그리니,
대천사 차무엘, 오 거룩한 비둘기여 오소서.

9. 나는 조건 없는 사랑이 무조건적임을 인정합니다. 그것은 모든 사람에게 하루 24시간 동안 계속 주어집니다. 나는 신의 조건 없는 사랑에서 결코 단절되어 있지 않음을 인식합니다. 조건 없음은 모든 조건을 관통하기 때문에, 에고는 조건 없는 무언가를 차단할 수 없습니다. 나는 나를 위한 신의 조건 없는 사랑을 받아들입니다.

천사들과 함께 날아올라,
나는 그 이상의 현존이 됩니다.
천사들은 진실로 존재하니,
그들의 사랑은 모든 것을 치유합니다.
천사는 평화를 가져오며,
모든 갈등은 그칩니다.
빛의 천사들과 함께,
우리는 새로운 높이로 비상합니다.

천사 날개의 바스락거리는 소리,
물질조차 노래하는 기쁨이여,
모든 원자를 울리는 기쁨이여,
천사들의 날갯짓과 조화 속에서.

3. 나는 갈등을 넘어섭니다

1. 내가 다른 사람을 만날 때, 나는 그 사람의 겉모습과 의식 상태에 근거해서 반응하지 않겠습니다. 그 대신, 내 무한한 자아에 조율하겠습니다. 나는 다른 사람도 또한 무한한 자아를 가지고 있음을 인식합니다.

오 헤로스-아모라, 당신의 무한한 핑크 사랑 안에서,
남들이 나를 어떻게 생각하던 개의치 않습니다.
당신과 하나 되어 나는 새 날을 선포하며,
천진한 아이처럼 즐겁게 뛰놉니다.

**오 헤로스-아모라, 새로운 삶이 시작되었고,
나는 심각한 악마를 비웃습니다.
당신의 영광스런 루비-핑크 태양 안에서 정화되며,
신께서 허락하신 즐거운 삶을 누립니다.**

2. 내가 갈등을 느낄 때마다, 나의 무한한 자아에게 그 사람의 무한한 자아와 의사소통을 하고 내 자신과 다른 사람의 인식에 하나됨의 이해를 최대한 많이 달라고 요청합니다.

오 헤로스-아모라, 삶은 지고의 기쁨이고,
세상은 거대한 장난감과 같습니다.
내 마음이 그 안으로 무엇을 투사하던,

삶의 거울은 그대로 반사합니다.

**오 헤로스-아모라, 나는 뿌린 대로 거둡니다.
그러나 이것은 성장을 위한 차선의 계획입니다.
진정한 원래의 계획은 흐름 안으로 들어가서,
당신이 주는 무한한 사랑에 잠기는 것입니다.**

3. 나는 내 개인적인 데이터베이스의 내용이 과거에 일어난 일이라고 인식합니다. 나는 기꺼이 현재의 순간을 있는 그대로 경험하겠습니다. 나는 기꺼이 실재를 경험하겠습니다. 나는 기꺼이 어린아이의 천진한 마음으로 모든 것을 경험하겠습니다.

**오 헤로스-아모라, 당신이 조건들을 태워버리니,
I AM은 자유롭게 새로운 전환을 맞이합니다.
무한한 사랑의 흐름 안에 녹아들면서,
나는 내 영이 천상에서 왔음을 압니다.**

**오 헤로스-아모라, 나는 깨어나서 봅니다.
진실한 사랑에는 아무런 조건도 없음을,
악마는 자신의 이원성에 잡혀 있지만,
사랑의 현존은 I AM을 자유롭게 합니다.**

4. 나는 내 과거에서 자유롭게 되기를 원합니다. 나는 기꺼이 내 데이터베이스를 살펴보고, 내 잠재의식 서류철의 모든 서류함 안을 살펴보겠습니다. 나의 아이엠 현존이여, 내가 모든 조건적인 이미지를 대청소하고 놓아 버리도록 도와주세요.

**오 헤로스-아모라, 나는 드디어,
과거의 덫을 벗어나 상승합니다.**

진정한 사랑 안에서 내 자유의 성장을 선언하며,
나는 사랑의 무한한 흐름과 영원히 하나입니다.

오 헤로스-아모라, 조건들은 속박이며,
뱀 같은 거짓말의 그물을 형성합니다.
제한 없는 당신의 사랑은 영원히 날아올라,
모든 생명을 루비-핑크 하늘로 들어올립니다.

5. 나는 기꺼이 가슴으로 소통하겠으며, 조건 없는 사랑을 경험하고 다른 사람에게 조건 없는 사랑을 확대하겠습니다. 나는 그들을 판단하지 않고, 그들을 분류하지 않으며, 현재의 순간에 그들이 되고자 하는 존재가 되게 허용하겠습니다.

오 헤로스-아모라, 당신의 무한한 핑크 사랑 안에서,
남들이 나를 어떻게 생각하던 개의치 않습니다.
당신과 하나 되어 나는 새 날을 선포하며,
천진한 아이처럼 즐겁게 뛰놉니다.

오 헤로스-아모라, 새로운 삶이 시작되었고,
나는 심각한 악마를 비웃습니다.
당신의 영광스런 루비-핑크 태양 안에서 정화되며,
신께서 허락하신 즐거운 삶을 누립니다.

6. 나는 기꺼이 다른 사람들이 되기로 선택하거나 내가 과거에 선택한 것과 상관없이, 내 자신이 진정한 내가 되게 허락하겠습니다. 나는 선택의 힘을 완전히 인정합니다. 나는 나의 과거나 다른 사람들의 마음 상태와 관계없이 내 반응을 선택하겠습니다.

오 헤로스-아모라, 삶은 지고의 기쁨이고,

세상은 거대한 장난감과 같습니다.
내 마음이 그 안으로 무엇을 투사하던,
삶의 거울은 그대로 반사합니다.

오 헤로스-아모라, 나는 뿌린 대로 거둡니다.
그러나 이것은 성장을 위한 차선의 계획입니다.
진정한 원래의 계획은 흐름 안으로 들어가서,
당신이 주는 무한한 사랑에 잠기는 것입니다.

7. 나는 현재의 내 반응을 결정하기 위해 내 과거를 허용하려는 모든 성향을 조건 없이 버립니다. 나를 특정한 유형의 사람들에게 끌리게 하는 내 데이터베이스의 필터를 버립니다.

오 헤로스-아모라, 당신이 조건들을 태워버리니,
I AM은 자유롭게 새로운 전환을 맞이합니다.
무한한 사랑의 흐름 안에 녹아들면서,
나는 내 영이 천상에서 왔음을 압니다.

오 헤로스-아모라, 나는 깨어나서 봅니다.
진실한 사랑에는 아무런 조건도 없음을,
악마는 자신의 이원성에 잡혀 있지만,
사랑의 현존은 I AM을 자유롭게 합니다.

8. 나는 가슴으로 하는 소통이 조건 없는 사랑의 표현임을 인식합니다. 조건 없는 사랑은 내가 과거에서 자유롭다는 의미입니다. 누군가 과거의 버튼을 눌렀을 때, 내가 어떤 반응 패턴에 들어가게 하는 모든 감정적 상처와 외상과 정신적인 신념에서 기꺼이 치유되겠습니다.

오 헤로스-아모라, 나는 드디어,
과거의 덫을 벗어나 상승합니다.
진정한 사랑 안에서 내 자유의 성장을 선언하며,
나는 사랑의 무한한 흐름과 영원히 하나입니다.

오 헤로스-아모라, 조건들은 속박이며,
뱀 같은 거짓말의 그물을 형성합니다.
제한 없는 당신의 사랑은 영원히 날아올라,
모든 생명을 루비-핑크 하늘로 들어올립니다.

9. 나는 나의 아이엠 현존 안에 중심을 두고 말하겠습니다: "내 과거에 무슨 일이 일어났든 상관없이, 이 현재의 순간에 나는 내 과거를 다시 경험하지 않겠다. 나는 어린아이의 천진한 마음으로 깨끗한 백지 위에서 현재의 이 순간을 만나고 있다." 어떤 상황에서든 나는 기꺼이 더 높은 반응을 보겠습니다.

하나됨으로 가속하소서. I AM은 실재하며,
하나됨으로 가속하소서. 모든 생명은 치유됩니다.
하나됨으로 가속하소서. I AM은 무한한 초월이며,
하나됨으로 가속하소서. 모든 의지는 비상합니다.

하나됨으로 가속하소서! (3회)
사랑하는 헤로스와 아모라.
하나됨으로 가속하소서! (3회)
사랑하는 차무엘과 채리티.
하나됨으로 가속하소서! (3회)
사랑하는 베네치아의 폴.
하나됨으로 가속하소서! (3회)
사랑하는 I AM.

4. 나는 사랑이 흐르게 하겠습니다

1. 나는 기꺼이 조건 없는 사랑에 기반을 둔 더 높은 반응을 찾겠습니다. 나는 내 자신을 보호하거나 다른 사람들을 제한하려 하지 않겠습니다. 나는 다른 사람들을 높이고자 함으로써, 조건 없는 사랑의 흐름에 열립니다.

마스터 폴, 베네치아의 꿈이여,
아름다움을 향한 당신의 사랑은 강처럼 흐릅니다.
마스터 폴, 사랑의 모태 안에서,
당신의 권능은 에고의 무덤을 산산조각 냅니다.

오 성령이시여, 나를 통해 흐르소서.
나는 당신을 위해 열린 문입니다.
세차게 흘러오는 전능한 빛의 강이여,
초월은 나의 신성한 권리입니다.

2. 나는 어떤 사람이 특정한 기준에 따라서 살지 않으면, 그 사람에게 사랑을 표현할 수 없다고 말하는 에고의 성향을 조건 없이 버립니다. 나는 자유롭게 조건 없이 사랑을 주겠습니다. 나는 기꺼이 조건 없는 사랑을 경험하겠으며, 사랑이 나를 통해 흐르게 허용하겠습니다.

마스터 폴, 당신의 조언은 지혜롭고,
내 마음은 드높은 하늘로 올라갑니다.
마스터 폴, 지혜의 사랑 안에서,
천상의 아름다움이 흘러옵니다.

오 성령이시여, 나를 통해 흐르소서.

나는 당신을 위해 열린 문입니다.
세차게 흘러오는 전능한 빛의 강이여,
초월은 나의 신성한 권리입니다.

3. 나는 내가 주면 확실히 받는다고 인정합니다. 나는 다른 사람들을 용서하고, 사랑을 조건 없이 줍니다. 나는 다른 사람들을 조건 없이 용서하고, 신께서 나를 조건 없이 용서하심을 받아들입니다.

마스터 폴, 사랑은 예술이며,
신성한 가슴을 열리게 합니다.
마스터 폴, 사랑의 세찬 흐름은,
내 가슴을 신성한 광휘로 씻어줍니다.

오 성령이시여, 나를 통해 흐르소서.
나는 당신을 위해 열린 문입니다.
세차게 흘러오는 전능한 빛의 강이여,
초월은 나의 신성한 권리입니다.

4. 만약 내가 조건 없는 사랑을 경험하지 않고 있다면, 그것은 내 잠재의식 데이터베이스에 그 흐름을 제한하는 어떤 조건이 있기 때문임을 인정합니다. 나는 내 에고 기반의, 조건적인 세계관을 조건 없이 버립니다.

마스터 폴, 가속하소서.
나는 순수한 사랑을 명상합니다.
마스터 폴, 나의 의도는 순수해지고,
나는 분명 자기-초월할 것입니다.

오 성령이시여, 나를 통해 흐르소서.

나는 당신을 위해 열린 문입니다.
세차게 흘러오는 전능한 빛의 강이여,
초월은 나의 신성한 권리입니다.

5. 나는 기꺼이 예수님께서 십자가 위에서 한 것을 동일하게 하겠습니다. 나는 기꺼이 나를 지구에 묶어두는 기대들을 보겠습니다. 나는 기꺼이 과거의 유령을 무조건적으로 포기하고, 더 높은 자아감으로 부활하겠습니다.

마스터 폴, 당신의 사랑은 나를 치유하며,
나의 내면의 빛을 다시 드러냅니다.
마스터 폴, 모든 생명을 위로하며,
당신과 함께 나는 완전한 전체가 됩니다.

오 성령이시여, 나를 통해 흐르소서.
나는 당신을 위해 열린 문입니다.
세차게 흘러오는 전능한 빛의 강이여,
초월은 나의 신성한 권리입니다.

6. 나는 기꺼이 세상을 있는 그대로 보고, 있는 그대로 받아들이며, 그것들이 비실재의 표현이고, 그 비실재는 결코 영구적일 수 없음을 받아들이기 때문에, 모든 조건을 무조건적으로 버립니다. 어떤 상황에서든, 나는 조건 없는 사랑이 표현되게 허용하고, 다른 사람에게 반-사랑을 넘어선 사랑을 선택할 기회를 주도록 허용합니다.

마스터 폴, 당신은 모두를 위해 봉사하고,
당신의 도움으로 우리는 타락을 벗어납니다.
마스터 폴, 우리는 평화로이 상승하고,
에고는 분명히 죽음을 맞습니다.

오 성령이시여, 나를 통해 흐르소서.
나는 당신을 위해 열린 문입니다.
세차게 흘러오는 전능한 빛의 강이여,
초월은 나의 신성한 권리입니다.

7. 나는 반-사랑의 진동 속으로 들어가지 않으며, 다른 사람들이 어떤 선택을 하도록 강요하지 않겠습니다. 나는 그들에게 선택할 기회를 줌으로써, 그들과 나 자신을 자유롭게 합니다. 나는 기꺼이 사랑이 아주 직설적이 되게 하겠지만, 내가 자유로운 상태에 있으므로, 다른 사람들이 무엇을 선택하든지 조건 없는 사랑 안에 있겠습니다.

마스터 폴, 사랑은 모든 생명을 자유롭게 하며,
당신의 사랑은 영원합니다.
마스터 폴, 당신은 하나 된 존재이며,
우리의 여행을 즐겁게 해 줍니다.

오 성령이시여, 나를 통해 흐르소서.
나는 당신을 위해 열린 문입니다.
세차게 흘러오는 전능한 빛의 강이여,
초월은 나의 신성한 권리입니다.

8. 나는 신의 사랑인 세 번째 광선의 남성과 여성 요소와, 남성과 여성의 표현인 현존을 받아들이고 흡수합니다. 나는 기꺼이 조건 없는 사랑의 충만함을 경험하겠습니다. 그 사랑이 시공을 초월하고, 내가 시공을 초월한다고 받아들입니다.

마스터 폴, 당신은 내 요청으로,
일곱 광선을 모두 균형 잡습니다.

마스터 폴, 나를 기쁘게 하는 색으로,
당신은 하늘을 칠합니다.

**오 성령이시여, 나를 통해 흐르소서.
나는 당신을 위해 열린 문입니다.
세차게 흘러오는 전능한 빛의 강이여,
초월은 나의 신성한 권리입니다.**

9. 내가 조건 없는 사랑의 상승 나선 안에 있음을 완전히 받아들입니다. 나는 기꺼이 가속화해서 이 행성의 어둠 속에서 타오르는 빛이 되겠습니다. 나의 아이앰 현존은 새로운 현실을 향한 길, 무조건적인 사랑에 기초한 의사소통의 새로운 길을 보여 주는 빛입니다. 나는 그 사랑에 봉인되었음을 받아들입니다.

마스터 폴, 당신의 현존이 여기에 있고,
나의 내면 구체를 가득 채웁니다.
삶은 이제 신성한 흐름이며,
신의 사랑이 나에게 모두 부어집니다.

**오 성령이시여, 나를 통해 흐르소서.
나는 당신을 위해 열린 문입니다.
세차게 흘러오는 전능한 빛의 강이여,
초월은 나의 신성한 권리입니다.**

봉인하기
신성한 어머니의 이름으로, 나는 이 요청의 힘이 마터 빛을 자유롭게 하는데 사용되어, 나 자신의 삶과 모든 사람과 행성을 위한 그리스도의 완전한 비전을 구현할 수 있음을 전적으로 받아들입니다. I AM THAT I AM의 이름으로, 그것이 이루어졌습니다! 아멘.

8
여러분의 진정한 자아는
여전히 순수합니다

신의 순수함인 네 번째 광선을 대표하는 엘로힘 퓨리티와 아스트리아의 구술문.

퓨리티와 아스트리아, 아스트리아와 퓨리티, 우리는 네 번째 광선의 엘로힘입니다. 사랑하는 이들이여, 여러분이 기꺼이 자신을 정화해서 엘로힘 퓨리티의 현존을 받았기 때문에 우리가 여기에 있습니다. 여러분은 데이터베이스 안의 불완전한 이미지를 기꺼이 살펴보고, 제한을 버리고 그것을 넘어서고자 했습니다. 진정으로 신 안의 존재가 되지 못하게 여러분을 막는 것은 불순함뿐입니다. 지구상의 사람들을 통제하려는 자들이 사용하는 가장 효과적인 무기는 사람들을 다양한 유형의 불순물과 왜곡에 노출시켜서, 어떻게든 이것을 받아들이고 매달려야 한다고 느끼게 만드는 것입니다.

어떻게 지구를 계속 붙잡고 있으면서 천상에 갈 수 있습니까?

예를 들어, 누군가가 여러분에게 잘못했을 때, 동일하게 대응해야 한다는 신념이 중동에 널리 퍼져 있습니다. 여러분이 다른 사람이나 다른 민족, 다른 인종, 다른 나라, 다른 종교에 복수할 필요가 있고 부정적이며 비판적인 관점을 가질 필요가 있다고 합니다. 어쨌든, 언젠가는 신의 왕국에 들어갈 자격을 주기 때문에 여러분이 그 부정성을 고수할 의무가 있다고 합니다. 하지만 모하메드, 모세, 아브라함, 예수, 붓다, 노자, 그리고 다른 모든 영적인 스승들은 신의 왕국에 들어가려면 인간의 불순물을 놓아 버려야 한다고 항상 말하지 않았나요?

어떻게 사람들이 다른 사람에 대한 불완전한 이미지인 불순함을 계속 붙잡고 있으면서 순수함의 왕국에 들어갈 자격을 얻게 된다고 믿을 수 있을까요? 물론, 내가 여기에 말했듯이, 그들이 실제로 이렇게 믿지는 않습니다. 그들은 내가 여기에서 말하는 방식으로 결코 생각하지 않습니다. 그들은 거짓 교사들과 눈먼 지도자들에게 잘못 인도되어서, 자신의 신념이 일관성이 있는지, 실제로 그들이 따르기로 말한 종교의 경전에 비교해서 타당한지 여부는 결코 깊이 생각하지 않습니다. 지구상의 아주 많은 사람이 완전히 압도당해서 그들의 잠재의식 데이터베이스가 이러한 불순물로 넘치도록 허용했기 때문에, 그들 자신의 삶과 그들의 신념과 종교를 명확히 보지 못합니다.

두 가지 형태의 불순함

불순함은 두 가지의 주된 형태를 가집니다. 불순한 이미지와 견해와 신념의 형태로 아버지에 대한 왜곡이 있습니다. 또한, 불순한 느낌과 불순한 에너지의 형태로 어머니에 대한 왜곡이 있습니다. 물론 사람들이 불순한 신념이나 이미지를 받아들이면, 불순한 느낌을 만들어 내기 쉽습니다. 그와 동시에 이 경우에 그들은 불완전한 신념 때문에 불순한 느낌이 정당화된다고 느낍니다. "다른 사람들은 실제로 신에 대항하기 때문에, 내가 그들에게 증오하고 복수하는 것이 정당하다"고 생각합니다.

그들은 다른 방법이 없다고 생각합니다. 그들은 불완전한 신념과 불완전한 느낌이 뒤섞여 서로를 강화하고, 영혼의 넋을 빼놓아서 꼼짝 못하게 만드는 이 결합으로 인해 압도됩니다. 그리고 단지 한 걸음 물러나서 이렇게 말하지 못합니다: "왜 우리가 이렇게 하고 있지? 왜 우리가 5000년 전에 처음 시작한 이후로 지금도 이 일을 계속하고 있지? 왜? 왜 중동에는 여전히 전쟁이 있지? 왜 알려진 모든 역사 내내 중동에 전쟁이 있었지? 이러한 불순한 느낌과 이러한 불순한 신념을 계속 붙잡고 있으면, 도대체 어떻게 변화가 일어날 수 있을까?"

중동은 불순함과 불순한 신념, 불순한 느낌, 증오, 분노, 복수가 가장 집중된 지역입니다. 한 그룹의 사람이 다른 그룹에 비해 우월하고, 그들의 종교가 모든 다른 종교에 비해 우월하며, 어떻든 그들이 선택된 사람들이라는 믿음이 있습니다. 그들이 어떻게 행동하든 신께서 그들을 신의 왕국에 들어가게 허락하지만, 그들과 인종이나 종교가 다른 사람들은 자신의 종교 규칙에 따라 행동하는 자들을 제외하고는 모두 지옥에 보낸다고 합니다. 이러한 사람들은 자신도 역시 그들의 종교에 따라 행동하지 않는다는 사실을 보지 못하는데, 그들은 자신의 종교가 분명하게 다른 사람들을 비난하거나 또는 다른 나라가 신의 눈에 용납되지 않는다는 실로 이런 불순한 느낌을 허용하고 있기 때문입니다.

일곱 광선에서 나아가기

가슴으로 하는 소통과 불순함의 이해와 관련해서, 여러분은 일곱 광선 안에 어떤 진행이 있다는 연관성을 알고 있습니까? 이원성 의식으로 하강해서 다양한 유형의 불순함에 빠진 사람이 있습니다.

그 사람이 돌아서서 상향의 여정을 가려면, 변화하려는 의지가 있는 지점에 이르러야 합니다. 이것은 부정적인 상황을 경험하는 결과로써 올 수가 있으며, 그 사람은 결국 이것이 정말 계속될 수 없음을 깨닫고 이런 인식에 이릅니다: "나는 변해야 한다. 나는 이것을 계속할 수 없다." 그것은 이해와, 비전과, 영감의 결과로써, 자신들의 삶을 바꾼 누군가의 사례를 보는 결과로 올 수도 있습니다. 여러 가지 경우들이 있겠지만, 반드시 변하려는 의지가 있어야 합니다.

그러면 물론 어떻게 변하고 무엇이 변해야 하는지 이해할 필요가 있습니다. 사랑의 필요성이 생기며, 여러분에게 불순한 자아보다 더 큰 무언가가 있다고 깨닫지 못하면 어떻게 불순한 자아를 놓아 버릴 수 있겠습니까? 여러분의 정체감과 자아의 수용체가 불순물로 가득 차서 여러분이 필사의 자아보다 더 크다는 사실을 볼 수 없으면, 여러분이 불순물을 놓아 버리는 경우 정체성의 일부와 필사의 자아를 잃어버린다고 생각하게 됩니다.

사랑하는 이들이여, 여러분 중 일부는 필사의 자아를 죽게 하거나, 분리된 자아를 놓아 버리는 요청을 시작할 때, 실제로 어떤 두려움, 분노, 적대감, 혐오감을 느낀다고 알아차렸을지도 모릅니다. 여러분이 아니라, 분명히 세상에서 특히 중동에서 실제로 많은 사람이 만약 다른 뺨을 돌려대라는 그리스도의 말을 따른다면, 자신이 강한 사람들이라고 쌓아온 정체성을 잃게 된다고 믿습니다.

힘을 오해하는 것

이 지구상에서 중동만큼 힘을 오해하는 넓은 지역은 없습니다. 중동에는 신을 강력하고 전능한 존재로 보기 때문에 숭배하는 사람들이 있습니다. 만약 그들이 신의 여성 측면이나 신의 사랑 또는 지혜를 숙고한다면, 그것은 진정한 신이 될 수 없다고 느낍니다. 그들의 관점에 따르면 진정한 신은 강력하고, 수세기 동안 그들의 마음을 잡았던 독재자와 같아야 합니다. 그들은 실제로 지구를 다스리는 독재자가 신께서 그들을 지배하는 것과 같은 힘을 가지고 있기 때문에 그렇게 한다고 믿습니다. 또는 독재자가 사람들이 가슴으로 들어가서 생명의 강 흐름에 내맡기기보다는 책에 쓰인 어떤 규칙이나 법에 맹목적으로 복종하라고 요구하기 때문입니다.

여러분이 사랑에 조율할 때까지, 자신의 더 큰 부분인 사랑을 경험할 때까지, 외적인 정체성을 놓아 버릴 수 없습니다. 그러면 어떻게 여러분이 다음 단계를 취하고 순수함의 네 번째 광선에 올라 처음 세 광선에서 이룬 의지, 지혜, 사랑을 바탕으로 객관적이고 침착하게 자신을 바라보며 이렇게 평가할 수 있습니까: "무엇이 순수한가? 내 의식 안에서 무엇이 순수하지 않은가?" 그리고 만약 여러분이 여정에서 더 나아가려면, 불순물과 순수하지 않은 것을 놓아 버려야만 한다는 인식에 이릅니다. 순수하지 않으면 신의 왕국에 들어갈 수 없습니다. 사랑하는 이들이여, 여러분의 에너지 장 안에, 여러분의 마음 안에 불순물이 남아 있는 한, 신의 왕국에 들어가지 못합니다.

천상으로 가는 스크린 도어

집으로 곤충이 들어오지 못하게 창문 앞에 망을 설치한 상황을 떠올려 보세요. 그 망은 막혀 있지 않고, 작은 구멍이 있습니다. 실로 성령의 바람은 그 구멍들을 통과해서 들어옵니다. 그 바람을 따라 운반된 곤충이나 나뭇잎이나 다른 무엇도 들어오지 못합니다. 그것들은 망에 부딪혀서 떨어집니다. 마찬가지로, 천상의 출입구 앞에 하나의 망이 있습니다. 여러분의 에너지 장에, 마음에, 존재에 불순물이 있으면, 망에 부딪혀서 들어오지 못합니다. 여러분이 불순물과 완전히 동일시하고 그것을 놓아 버릴 수 없다면, 어떻게 신의 왕국에 들어갈 수 있을까요? 순수함의 네 번째 광선은 영적인 여정에서 전환점이자, 처음 세 광선(1-3)과 위의 세 광선(5-7) 사이의 무한 8자 형상의 흐름에서 연결점입니다. 누구도 순수함의 입문을 통달하기 전에는, 여정에서 더 전진하지 못하고 처음 세 광선을 넘어서지 못합니다.

주요한 입문이 무엇일까요? 여러분의 일부는 예전 가르침을 통해서, 네 번째 광선의 세라피스 베이를 룩소르의 은거처에 있는 엄격하고 확고한 규율을 담당하는 엄격한 교관으로 보았을지도 모릅니다. 하지만 네 번째 광선의 우리는 신의 조건 없는 사랑과 하나입니다. 우리는 여러분이 지구상에서 보는 맹목적으로 복종하기를 요구하며 규율을 관리하는 의미의 교관이 아닙니다. 사실, 우리는 여러분을 맹목적으로 복종하게 만들려는 아무런 바람도 없습니다. 우리는 여러분이 창조적이 되기를 바라며, 물론 순수함 안에서 창조적이기를 보고 싶습니다.

순수한 의도

그러면 어떻게 여러분은 순수함 안에서 창조할 수 있을까요? 여러분의 의도를 고려해 보세요. 창조하려는 여러분의 의도가 무엇입니까? 여러분의 동기가 무엇입니까? 그것이 순수합니까?

순수하다는 의미가 무엇입니까? 처음 세 광선의 메시지에서 우주 안의 근본적인 창조력은 모든 생명이 지속적인 자기-초월을 통해 그 이상이 되기를 바라는 생명의 강이라고 설명했습니다. 여러분의 동기가 순수하면, 여러분 자신과 여러분이 만나는 다른 사람들 모두가 그 이상이 되기를 바랍니다.

여러분은 어떻게 지구상의 아주 많은 사람이 불순한 신념과 불순한 느낌에 갇혀 다른 사람들을 높이려는 바람을 갖지 않는지 아나요? 그 이상이 되는 대신, 그들은 다른 사람들을 통제하고, 그들의 개인적인 데이터베이스 핵심을 형성하는 근본적인 세계관과 신념체계를 기반으로 어떤 매트릭스와 어떤 틀에 강제로 다른 사람들을 맞추려는 바람을 가지고 있습니다. 이 틀은 그들이 세상과 다른 사람들과, 자신을 바라보고 판단하는 데이터베이스입니다. 그들은 스스로 이 외부의 기준에 따라야 하고 다른 사람들도 또한 그래야 한다고 생각합니다. 만약 다른 사람들이 따르지 않으면, 그들의 부정적인 감정이나 다른 사람들을 통제하려는 시도를 정당화하게 됩니다. 악에 대항하지 말고, 다른 뺨도 내주며, 집착을 떠나라고 신께서 여러 메신저를 통해 계속 말씀해 오신 것을 깊이 생각해 보세요, 그것은 오직, 어떤 선(善)의 형태로든 모두의 더 큰 선을 이루기 위한 것입니다.

다른 사람들을 강요함으로써 어떻게 신의 섭리를 실제로 이룰 수 있을까요? 설명했듯이, 신의 궁극적인 비전은 여러분이 자유의지의 선택을 통해서 그 이상이 되는 자기-초월입니다. 여러분은 그 이상이 되도록 강요될 수는 없습니다. 여러분이 더 작은 존재가 되도록 강요될 수 있고, 제한되거나 여러분을 통과하는 창조적인 흐름을 제한하도록 강요될 수 있지만, 더 큰 존재가 되게 강요하지는 못합니다. 여러분이 더 크게 되기를 바라고, 자신을 통해서 창조력이 흐르기를 바라는 것은 완전한 자유의지의 선택이어야 합니다. 그러면 어떻게 여러분 자신을 위해 더 크게 되기를 바랄 수 있을까요? 그것은 분리된 자아를 높이려는 이원성 의식에서는 이루어질 수 없습니다. 그것은 오직 더 큰 자아인 전체를 높이려고 할 때 이루어집니다.

잘못된 의사소통을 초월하기

　이것은 서로에 관한 사람들의 관점과 서로를 판단하려는 사람들의 경향에 수많은 불순함을 초래했습니다. 이것은 인간들 사이에서 수많은 갈등, 수많은 오해, 잘못된 의사소통의 원인이 되었습니다. 불순물은 또한 사람들이 의사소통하지 못하게 막는 잘못된 의사소통의 원인이 됩니다. 왜냐하면 그들 데이터베이스 안의 두 측면인 불순함은 그들이 의사소통에서 어떤 유형의 더 높은 동의나 이해와 통합의 의식에 이르게 허용하지 않기 때문입니다.

　이스라엘과 팔레스타인 사이에서, 또한 파키스탄과 인도 사이에서 보듯이, 그들은 결코 가슴에 도달하지 않은 채 계속해서 서로의 과거를 말합니다. 물론 전 세계에는 지금 아프리카 대륙처럼 부족 사이의 전쟁이 극에 달한 다른 많은 예도 있습니다. 비록 모두 같은 배경에서 왔고 같은 유전자를 가지고 있으며, 같은 외형과 같은 종교, 같은 국적을 가지고 있더라도, 우리 부족이 다른 부족보다 어쨌든 우월하다는 생각 이면의 기본적인 패러다임에 사람들이 의문을 가지기 시작해야 합니다.

　불순함은 자유롭게 의사소통하는 것을 불가능하게 만듭니다. 우리가 가슴으로 하는 진정한 의사소통은 어떤 유형의 행위를 하기 전에 통합의 상태가 된다는 의미라고 말하지 않았나요? 여러분은 중동에서 사람들이 화합에 이르지 못하는 것을 정확히 보지 않았나요? 그들은 자신들이 분리되었고, 다른 그룹의 사람과 대립된다는 불순한 관점과 믿음에 기반을 두고 행동합니다.

　여러분은 현명하고 보다 영적인 사람들로서, 여러분의 다수가 자신의 삶과 심지어 이전의 생애에서 작업한 것처럼, 이 책을 읽는 동안 처음 세 광선의 입문을 통해 작업했습니다. 여러분은 이제 네 번째 광선의 입문, 순수함의 입문을 마주한 지점에 있습니다. 우리는 여기에서 여러분에 대한 우리의 조건 없는 사랑을 경험할 모든 기회를 주는 지점으로 여러분을 데려가려고 노력합니다.

모든 불순함을 보기

나는 여러분이 우리가 교관이라거나 사람들을 심판한다는 견해와 같은, 네 번째 광선의 대리자에게 가진 모든 이미지를 넘어서 보기를 바랍니다. 우리는 아무도 심판하지 않습니다. 우리는 불순함과 순수함을 봅니다. 우리는 그 차이를 아주 분명하게 봅니다. 어떤 사람이나 어떤 뱀의 마음도 우리를 속여 순수함을 불순함으로 오해하게 할 수 없습니다. 우리는 이원성의 의식을 넘어서 있기에 그것은 절대로 불가능합니다.

우리는 여러분이 동일한 감각을 성취하게 도우려고 여기에 있습니다. 우리는 여러분 마음의 데이터베이스가 중요하고, 어떻게 마음의 분석적인 능력이 데이터베이스를 사용하게 되었는지 설명하지 않았나요? 데이터베이스가 여러분의 세계관을 채색하면, 당연히 데이터베이스가 순수함과 불순함의 관점도 채색한다는 사실을 볼 수 없나요? 내가 설명했듯이, 어떤 사람은 다른 사람들에게 부정적인 느낌이나 부정적인 이미지를 가지며, 그들의 신을 위해서 하는 일이 어떤 의미에서 순수하다고 믿게 되었습니다.

현실에서 인간의 지성으로는 순수함과 불순함을 분별하지 못합니다. 비록 세상의 모든 영적인 가르침을 공부하고, 무엇이 순수하고 불순한지에 대한 말로 잠재의식 데이터베이스를 채워도, 여러분은 여전히 순수함과 불순함의 차이를 완전히 알고 경험할 수 없습니다.

어떻게 여러분이 차이를 알 수 있을까요? 우리의 현존을 마주하면, 빛 안에서 우리의 현존을 마주하면, 현존 안에서는 어떤 불순함을 숨길 수 없고, 순수함으로 자신을 위장할 수 있는 불순함이 없습니다. 여러분은 우리가 오직 불순함만 본다고 생각할지 모르지만, 우리는 결코 여러분을 심판하려고 여기에 있지 않습니다. 우리는 또한 여러분 존재의 순수한 요소를 분명히 보기 때문에 불순함만 본다는 것은 사실이 아닙니다.

영적인 여정에 진지한 사람들은 모두가 자신의 존재와 세상에게 많은 순수한 이미지와 관점, 이해, 많은 순수한 느낌을 가지고 있습니다. 이것은 행복이나 감사와 같은 어떤 무조건적인 경험을 한 사람들로 인해 알려졌지만, 감사나 행복은 배은망덕이나 불행에 상반되는 이원적인 느낌이 아닙니다.

어떻게 순수함이 왜곡될까요?

거짓 교사들이 깨어나는 영적인 사람들을 함정에 빠뜨리기 위해서 신의 순수한 특성을 영적인 사람들의 생각과 반대로 정의하고, 이원성의 특성으로 바꾸려고 시도했습니다. 물론 신의 순수함은 무조건적이고 무한하며, 따라서 반대를 가질 수 없습니다.

반대는 오직 하나됨에서 분리된 이원성에만 있습니다. 오직 이원성 의식이 반대를 만들 수 있고, 이것은 어둠의 세력들이 신의 특성을 왜곡할 때 그들은 사실상 신의 특성에 반대나 왜곡을 창조하는 게 아니라, 두 가지 특성을 동시에 창조한다는 의미입니다. 그들은 이원성 형태의 사랑과 이원성 형태의 반-사랑을 창조합니다. 이것은 서로 대립하는 두 개의 특성입니다.

사람들이 이것을 보지 못하고 또한 인간적 사랑의 불순함을 보지 못할 때, 그들은 영원한 이원성의 악에 승리하려는 인간적인 선, 상대적인 선, 이원성의 선을 추구하는 인간의 투쟁에 빠집니다. 사랑하는 이들이여, 그렇게 될 수가 없습니다.

비록 여러분의 의도가 순수하고 신의 섭리나 선을 위해서 일한다고 생각할지라도, 여러분은 악한 다른 사람들과 싸우려고 하여, 여러분은 단지 행동과 반응의 법칙에 따라 여러분의 불균형한 행동에 반대를 창조하게 됩니다. 여러분은 절대로 그 전투에서 승리할 수 없습니다. 다른 사람들을 죽여서는 결코 지구에 평화가 올 수 없습니다. 갈등을 계속하고 다른 사람들에게 불순한 느낌과 불순한 이미지를 가져서는 지구가 절대로 평화롭게 될 수 없습니다.

여러분을 도우려는 우리의 제안

여러분은 이것을 깨달은 영적인 사람이지만, 다수는 아직까지 그것을 어떤 지성 수준에서 어느 정도 직관적인 통찰력과 함께 이해할 뿐입니다. 우리는 네 번째 광선으로 여러분이 원할 때, 우리의 현존을 나타내서, 순수함의 거울을 형성하고 여러분의 존재 안에서 순수함과 불순함 양쪽 모두를 보여 주려고 합니다.

여러분 중 일부는 너무 많은 불순함을 보게 되어 압도되거나 수치스러워 하거나 신의 눈에 받아들여지지 않을까 두려워하며 걱정할지도 모릅니다. 그렇다면 여러분은 처음 세 광선에서 주어진 가르침을 다시 공부할 필요가 있으며, 신께서 여러분을 비난하지 않는다는 의미를 깨달아야 합니다. 신은 오직 여러분이 그 불순함에서 자유로워지길 원하지만, 신은 자유의지의 법칙을 전적으로 존중합니다.

그러한 불순함은 여러분이 한 선택의 결과로 여러분의 존재에 스며들었습니다. 그러한 선택은 종종 자유로운 선택이 아니었는데, 여러분은 거짓 교사나 너무 많은 갈등이 있는 지구의 상황에 의해 조작되었기 때문입니다. 그렇더라도, 여러분은 선택했습니다. 사랑하는 이들이여, 오직 여러분이 그 불순함을 놓아 버리기로 선택할 때,

불순함이 여러분을 떠날 수 있습니다.

여러분은 남은 생애 동안 하루 24시간 보랏빛 불꽃을 기원하고 로자리나 기도를 하고 금식하며, 생각할 수 있는 모든 것을 하더라도, 불순함을 놓아 버릴 때까지 그것을 여러분에게서 떼어낼 수 없습니다. 여러분이 그것을 들어오게 한 원래의 결정을 보고, 그 다음 순수한 선택, 순수함의 인식을 기초로 한 선택으로 그것을 대체해서 결정을 되돌리기 전까지는 그것을 놓아 버릴 수 없습니다.

딜레마

거짓 교사는 언제나 여러분이 앞으로 나아가지 못하고 전진하지 못하도록 딜레마에 빠지게 하려는 목표가 있습니다. 수치심, 죄책감, 두려움은 그러한 딜레마를 만드는데 사용되는 아주 강력한 도구입니다. 그들은 여러분을 속여서 어떤 불순한 믿음을 흡수하고 불순한 느낌을 가지게 합니다. 그런 다음 그들은 여러분이 저지른 일이 잘못되었고 그것을 숨기지 않으면, 신께서 여러분을 비난한다는 더욱 불순한 믿음을 줍니다. 이런 방식은 내가 방금 설명한 퓨리티의 현존을 느끼고, 자유롭게 불순함을 보고, 자유롭게 그것을 놓아 버리는 과정을 걷지 못하게 막습니다.

거짓 교사의 다른 영악하고 간교한 방식은 불순함을 놓아 버릴 수 없고, 놓아 버려서는 안 된다고 느끼게 하며, 여러분이 자신의 결점을 살펴볼 필요가 없다는, 자동적이고 외적인 길에 대한 전반적인 개념을 포함하고 있습니다. 오직 예수 그리스도를 여러분의 주인이자 구원자로 선언하거나 또는 하루에 다섯 번씩 무릎을 꿇고 메카를 향하면, 언젠가 "휙~"하고 구원받게 된다고 말합니다. 이것은 사람들이 자신을 객관적으로 볼 수 없거나 볼 필요도 없고, 순수함과 불순함의 차이를 경험할 수 없다고 느끼는 이유입니다.

여러분이 자신을 객관적으로 살펴보는 단계에 들어갈 준비가 되었기에, 나는 우리의 도움을 제공합니다. 나는 내 배우자 퓨리티, 세라피스 베이, 그리고 신적인 어머니로써 진실로 모든 광선에 있는 성모 마리아를 포함하여 네 번째 광선의 모든 다른 대리자가 하듯이, 여러분과 함께 나의 현존을 나타내겠습니다. 성모 마리아는 모든 광선을 넘어서 있고 초한의 수준을 초월했으며, 대천사의 수준도 초월해서 어머니 신과 우주적 순수함과 융합했습니다.

여러분에게 현존을 나타내기를 바라는 마스터를 선택하세요, 그러면 마스터 모어께서 이 책에서 설명했듯이, 어떤 불순함이 돌파구와 전환점을 통과하지 못하게 방해하는지 마스터와 동일한 감각을 가질 수도 있습니다. 여러분이 룩소르에 있는 세라피스 베이의 은거처로 가기를 요청하면, 우리는 여러분이 밤에 자는 동안 이렇게 하도록 제공하겠습니다.

거기에서 여러분의 돌파구를 막는 불순함을 보여 줄 마스터를 만납니다. 그 마스터는 여러분에게 불순함과 장애물에 반대되는 여러분 존재의 순수한 측면을 보여 주며, 따라서 여러분이 장애물을 극복하고 넘어서도록 해 주고 힘을 부여합니다.

여러분 자신은 과거에 일어난 일과 상관없이 불순함 이상이며, 아무것도 여러분의 불멸의 존재를 건드릴 수 없음을 알게 됩니다. 아무것도 여러분의 의식하는 자아를 건드릴 수 없는데, 왜냐하면 여러분은 "자신이 되고자 하는 존재가 될" 권리가 있고, 언제든 불순함 이상이 되기로 결심하고 그것과 동일시에서 벗어날 권리가 있기 때문입니다. 여러분이 그것을 충분히 겪고 넘어설 때임을 깨달았다고 생각하기에 나는 불순물을 놓아 버리라고 말합니다. 따라서 이것은 우리의 선물입니다. 사랑하는 이들이여.

주의해서 지적인 여정에 접근하세요

여러분 중 일부는, 여정을 이해하려는 열정 때문에 너무 지성적이 되었습니다. 여러분은 사실상 자신의 진보를 위해 너무 많이 이해했습니다. 여러분은 때때로 이해로 충분하다고 생각했지만, 이해만으로는 여러분을 천상의 왕국에 데려다 줄 수 없습니다. 여러분은 모든 일곱 광선과 또한 그것을 넘어선 통합의 여덟 번째 광선과 그 이상도 필요합니다.

여러분이 한 광선에 강해지고 다른 광선에 불균형해지면 천상에 들어갈 수 없습니다. 오직 균형을 통해서, 순수함을 요구하는 균형을 통해서 천상에 들어갑니다. 여러분은 먼저 순수함, 퓨리티의 현존을 만나지 않고는 계속 나아갈 수 없고, 진정한 치유를 이룰 수 없습니다.

무엇이 질병을 일으키나요? 그것은 몸 안의 불순함이 아닌가요? 세포들이 여러분의 의식 안에 있는 불순물에 반응해야, 몸 안의 불순물이 세포들에게 영향을 미칠 수 있다는 사실을 기꺼이 보지 않으면, 어떻게 여러분이 치유될까요? 여러분이 육체를 씻고 정화하지만, 여러분이 정체성 상실이라는 두려움 때문에 붙잡아야 한다고 생각하는 이러한 신념과 느낌의 잠재의식 데이터베이스를 기꺼이 정화함으로써 마음에서 시작해야 함을 깨닫게 됩니다.

[숨을 내쉬세요]

나는 네 번째 광선의 순수한 사랑을 내쉽니다. 사랑하는 이들이여, 여러분은 각각의 일곱 광선은 그 광선의 특성으로 채색된 사랑의 표현임을 이해합니다. 확실히, 순수함의 네 번째 광선은 여러분이 생각할 수도 있는 판단적인 표현이 아니라, 사랑의 순수한 표현을 가져야만 함을 이해할 수 있습니다. 여러분의 존재 안의 어떤 불순함이 일시적이고, 비실재임을 알기 때문에, 우리는 판단하지 않습니다. 우리는 그것을 넘어서 창조주의 확장이고 여러분의 아이앰 현존의 순수함의 확장인 여러분 자신인 순수한 존재를 봅니다. 그것은 이 행성의 아주 밀도가 높은 구체에서 여러분이 머무는 동안 가졌던 모든 불순함을 넘어설 무한한 잠재력이 있습니다.

여러분의 순수한 정체성을 아세요

여러분 중 다수는 다른 사람들을 높이려고 여기 지구에 오기를 자원했습니다. 여러분은 단지 이곳저곳에서 약간의 불순함을 취했을 뿐이고, 그것은 실제로 여러분 존재의 영원한 부분에 영향을 미치지 못했으며, 따라서 여러분 자아의 의식에 영향을 미치지 못합니다. 여러분이 순수함을 만나면, 여러분 존재의 핵심에서 언제나 순수한 의식하는 자아(conscious self)에 비해 여러분의 에고가 정말 얼마나 불순하고 비실재이며 중요하지 않은지를 보게 됩니다. 여러분의 의식하는 자아는 "I AM"이라고 말하는 순수한 존재입니다. 반면에 여러분이 이렇게 말하면 단지 낮은 수준에 있는 것입니다: "나는 이것이다. 나는 저것이다."

I AM의 수준에서는 어떤 불순함도 여러분의 정체감을 물들이지 못합니다. 오직 여러분이 "나는 이것이다. 나는 저것이다"라고 말할 때, 이 세상의 불순함이 여러분 자아의 수용체에 들어가서 정체감을 물들이게 합니다. 여러분이 아래로 미끄러질 수는 있지만, 여러분 존재인 I AM에 영향을 주지는 못합니다. 여러분이 자신에 대해 말하는 것에 의식적이 되면: "나는 이것이다. 나는 저것이다. 나는 이런 상처를 가지며, 나는 저런 상처를 가지고 있다." 그러면 여러분 존재의 순수한 부분인 I AM에 다시 연결됩니다.

여러분은 그리스도께서 십자가에서 떠나보낸 바로 그 유령인, 불순함을 기꺼이 놓아 버릴 수 있습니다. 실제로 여러분은 이러한 입문을 겪고 있으며 여러분 모두가 서로 가르치고 드러내야 하는 불순함을 드러내는데 익숙하게 됩니다. 우리 모두는 지구에서 상연하려는 연극에서 어떤 역할을 하려고 자원했기 때문에, 우연하게 일어나는 일은 없습니다. 우리는 진실로 더 낮은 정체감에 갇힌 불완전함에서 자신을 정화하고, 입문의 단계를 통과해서 사람들을 일으키도록 보조하는 영적인 운동을 구축하려고 합니다.

나는 다른 마스터와 마찬가지로, 비록 그로 인해 이번 생에서 어떤 부정적인 상황을 경험하고 무거운 짐처럼 보이는 것을 지게 되더라도, 기꺼이 그 역할을 맡으려는 여러분이 자랑스럽습니다. 여러분이 I AM에 다시 연결되고 자신이 짊어진 짐보다 훨씬 크며 어린 시절의 상처보다 크다고 깨달을 때, 갑자기 새로운 비전을, 새로운 감각을 얻게 됩니다. 그러한 오래된 상처가 정말 얼마나 중요할까요? 그것들이 정말 여러분을 얼마나 오래 붙잡고 있었습니까?

오, 사랑하는 이들이여, 네 번째 광선의 우리에게는 사람들이 불순함을 알아채고, 불순물이 자신이 아니며, 불순물이 그들의 진정한 존재의 일부가 아님을 아는 것보다 더 큰 기쁨은 없습니다. 불순함이 비실재이고 일시적이기에, 그들은 그것을 기쁘게 놓아 버리고, 이전의 조건에서 완전히 정화되었음을 깨닫는 무한한 기쁨과 자유 속으로 들어갑니다. 그들은 이제 자신이 실제로 존재하고 그들 존재의 영원한 부분을 그들과 동일시합니다. 그들은 세상의 지배자가 와도 그들 안에 이원성과 투쟁의 낡은 패턴 속으로 끌어들일 수 있는 어떤 불순함이 없기 때문에, 오래된 불순함이 결코 다시는 그들을 건드리지 못합니다. 이것은 우리의 기쁨입니다. 이것은 우리의 소명입니다. 이것은 우리의 사랑입니다. 우리는 여러분이 그것을 받을 준비가 될 때, 사랑의 충만함을 주려고 여기에 있습니다. 여러분이 얼마나 많이 네 번째 광선의 사랑을 받고자 하는지 결정하세요.

나는 여러분에게 밤 인사를 건네며, 네 번째 광선의 순수한 사랑, 순수함의 조건 없는 사랑에 여러분을 봉인합니다.

9
나는 조건 없는 순수함을 기원합니다

I AM THAT I AM, 예수 그리스도의 이름으로 나의 아이앰 현존이, 무한히 초월해 가는 내 미래의 현존을 통해 흐르며, 완전한 권능으로 이 기원문을 해 주시기를 요청합니다. 나는 사랑하는 엘로힘 퓨리티와 아스트리아, 대천사 가브리엘과 호프(Hope), 세라피스 베이께 요청합니다. 순수한 의도로 의사소통하려는 내 능력을 막는 모든 장애물을 극복하도록 도와주세요. 내가 가슴으로 소통하며 나의 아이앰 현존과 하나 되지 못하게 반대하는, 내면이나 외부의 모든 패턴과 세력으로부터 나를 자유롭게 해 주세요...
(여기에 개인적인 요청을 추가하세요)

1. 나는 기꺼이 모든 불순함을 보겠습니다

1. 나는 거짓 교사들이 사용하는 무기가 내게서 불순함과 왜곡을 드러낸 다음, 내가 이것을 붙잡고 있어야 할 의무가 있다고 느끼게 하려는 의도임을 인식합니다.

사랑하는 아스트리아, 당신의 가슴은 진실합니다.
당신의 청백색 검과 원으로 어리석은 드라마를 잘라,

모든 생명을 자유롭게 하소서.
퓨리티의 날개 위에서 우리 행성은 상승합니다.

사랑하는 아스트리아, 신 안에서 퓨리티는,
모든 내 생명 에너지를 가속하고,
내 마음을 진정한 화합으로 들어올립니다
사랑의 마스터들과 무한 안에서.

2. 나는 모든 영적인 스승들이 신의 왕국에 들어가기 위해서는 모든 인간적인 불순함을 놓아 버려야 한다고 항상 말했다는 사실을 알겠습니다.

사랑하는 아스트리아, 퓨리티의 광선은,
오늘 모든 생명에게 구원을 보냅니다.
순수함을 향해 가속하며, 이제 I AM은 자유로워집니다
사랑의 순수에 이르지 못한 모든 것에서.

사랑하는 아스트리아, 당신과 하나 되어,
당신의 빛나는 푸른빛 검과 원은,
퓨리티의 빛으로 거침없이 잘라내어,
내 안의 모든 진실을 드러냅니다.

3. 나는 두 가지 기본적인 불순함의 형태들, 즉 불순한 이미지, 견해, 믿음의 형태로 아버지의 왜곡을 인식합니다. 그리고 불순한 느낌, 불순한 에너지의 형태로 어머니의 왜곡을 인식합니다.

사랑하는 아스트리아, 우리 모두를 가속하소서.
당신에게 열렬히 구원을 요청합니다.
모든 생명을 불순한 비전에서 자유롭게 하소서

두려움과 의심을 넘어 I AM은 분명히 상승합니다.

사랑하는 아스트리아, I AM은 기꺼이 봅니다.
나의 자유를 구속하는 모든 거짓말을,
I AM은 모든 불순함을 초월하여 상승합니다.
내 안의 퓨리티의 빛과 함께 영원히.

4. 나는 과거에 불순함을 받아들였음을 인식합니다. 나는 또한 내가 한 선택의 결과로써 이것을 받아들였음을 인식합니다. 따라서 나는 과거에 한 선택을 의식적으로 변화시켜서 불순함을 놓아 버리겠습니다. 이 과정을 통해서 초월하지 못하는 불순함은 없습니다.

사랑하는 아스트리아, 삶을 가속하소서
모든 이원성의 투쟁과 갈등을 넘어서,
신과 인간 사이의 모든 분열을 소멸시키고,
신의 완전한 계획이 구현되도록 가속하소서.

사랑하는 아스트리아, 나는 사랑으로 요청합니다.
보이지 않는 분리의 장벽을 부숴 주소서.
나는 타락을 가져오는 모든 거짓말을 버리고,
모두의 하나됨을 영원히 확언합니다.

5. 이로써 나는 기꺼이 변화하겠다고 결정합니다. 나는 기꺼이 내 불순함을 하나씩 보겠습니다. 나는 그것을 보는 순간 어떤 불순함이든 기꺼이 버리겠습니다. 나는 과거의 무엇이든 사랑으로 놓아 버리겠습니다.

사랑하는 아스트리아, 당신의 가슴은 진실합니다.
당신의 청백색 검과 원으로 어리석은 드라마를 잘라,

모든 생명을 자유롭게 하소서.
퓨리티의 날개 위에서 우리 행성은 상승합니다.

사랑하는 아스트리아, 신 안에서 퓨리티는,
모든 내 생명 에너지를 가속하고,
내 마음을 진정한 화합으로 들어올립니다
사랑의 마스터들과 무한 안에서.

6. 나는 내가 불순한 자아보다 더 크다고 깨닫습니다. 나는 불순함을 놓아 버려도, 내 정체성의 일부를 잃어버리지 않습니다. 나는 더 순수한 자아감으로 다시 태어나겠습니다.

사랑하는 아스트리아, 퓨리티의 광선은,
오늘 모든 생명에게 구원을 보냅니다.
순수함을 향해 가속하며, 이제 I AM은 자유로워집니다
사랑의 순수에 이르지 못한 모든 것에서.

사랑하는 아스트리아, 당신과 하나 되어,
당신의 빛나는 푸른빛 검과 원은,
퓨리티의 빛으로 거침없이 잘라내어,
내 안의 모든 진실을 드러냅니다.

7. 나는 의식적으로 하늘에 있는 분노하고 전능한 신의 이미지를 버리겠습니다. 나는 신의 여성적인 측면에 내 존재를 조율하겠습니다. 나는 내 가슴으로 들어가서 생명의 강 흐름에 몰입하겠습니다.

사랑하는 아스트리아, 우리 모두를 가속하소서.
당신에게 열렬히 구원을 요청합니다.
모든 생명을 불순한 비전에서 자유롭게 하소서

두려움과 의심을 넘어 I AM은 분명히 상승합니다.

**사랑하는 아스트리아, I AM은 기꺼이 봅니다.
나의 자유를 구속하는 모든 거짓말을,
I AM은 모든 불순함을 초월하여 상승합니다.
내 안의 퓨리티의 빛과 함께 영원히.**

8. 나는 기꺼이 객관적이고 고요하게 내 자신을 살펴보며 평가하겠습니다: "내 의식 안에서 무엇이 순수한가? 내 의식 안에서 무엇이 순수하지 않은가?" 나는 신의 왕국에 들어가기 위해서 기꺼이 내 에너지 장 안의 모든 불순함을 놓아 버리겠습니다.

사랑하는 아스트리아, 삶을 가속하소서
모든 이원성의 투쟁과 갈등을 넘어서,
신과 인간 사이의 모든 분열을 소멸시키고,
신의 완전한 계획이 구현되도록 가속하소서.

**사랑하는 아스트리아, 나는 사랑으로 요청합니다.
보이지 않는 분리의 장벽을 부숴 주소서.
나는 타락을 가져오는 모든 거짓말을 버리고,
모두의 하나됨을 영원히 확언합니다.**

9. 나는 네 번째 광선이 보여 주는 영적인 여정의 전환점을 기꺼이 통과하겠습니다. 나는 처음 세 광선과 상위 세 광선 사이의 무한 8자 형상의 연결점을 기꺼이 통과하겠습니다. 나는 기꺼이 순수의 입문을 마스터하겠습니다.

순수함으로 가속하소서. I AM은 실재하며,
순수함으로 가속하소서. 모든 생명은 치유됩니다.

순수함으로 가속하소서. I AM은 무한한 초월이며,
순수함으로 가속하소서. 모든 의지는 비상합니다.

순수함으로 가속하소서! (3회)
사랑하는 아스트리아와 퓨리티.
순수함으로 가속하소서! (3회)
사랑하는 가브리엘과 호프.
순수함으로 가속하소서! (3회)
사랑하는 세라피스 베이.
순수함으로 가속하소서! (3회)
사랑하는 I AM.

2. 나는 내 의도를 정화하겠습니다

1. 나는 네 번째 광선의 주된 입문을 통과하겠습니다. 나는 기꺼이 두려움 기반의 규칙을 초월하고, 순수함에서 공동-창조하도록 순수함의 조건 없는 측면에 고정되겠습니다.

대천사 가브리엘, 경애하는 당신의 빛이여,
당신의 현존에 녹아들며 모든 두려움이 사라집니다.
나는 그리스도의 사도가 되어,
에고의 방식으로 대응하려는 욕망을 떠납니다.

대천사 가브리엘, 나는 확신합니다.
대천사 가브리엘, 그리스도의 빛은 치유임을.
대천사 가브리엘, 뜻은 지극히 순수하고,
대천사 가브리엘, 당신 안에서 나는 안전합니다.

2. 나는 기꺼이 내 의도를 정화하겠습니다. 나는 모든 생명이 지속

적인 자기-초월을 통해 그 이상이 되기를 바라는 생명의 강에 자신을 몰입하겠습니다. 나는 내 자신과 다른 사람들이 더 크게 되기를 바랍니다.

대천사 가브리엘, 나는 빛이 두렵지 않으며,
정화의 화염 안에서 기쁨을 누립니다.
당신의 손을 잡고 모든 도전과 마주하며,
무한한 은총의 나선을 따라갑니다.

대천사 가브리엘, 나는 확신합니다.
대천사 가브리엘, 그리스도의 빛은 치유임을.
대천사 가브리엘, 뜻은 지극히 순수하고,
대천사 가브리엘, 당신 안에서 나는 안전합니다.

3. 나는 다른 사람을 통제하고, 내 개인적인 데이터베이스의 핵심을 형성하는 근본적인 세계관과 신념 체계를 기반으로 어떤 매트릭스와 어떤 틀에 강제로 사람들을 맞추려는 모든 욕망을 의식적으로 버리겠습니다.

대천사 가브리엘, 당신의 화염은 흰 빛으로 타오르고,
당신과 함께 밤을 벗어나 상승합니다.
에고가 달아나 숨을 곳은 어디에도 없으며,
나는 당신과 함께 빛나는 상승나선 안에 머무릅니다.

대천사 가브리엘, 나는 확신합니다.
대천사 가브리엘, 그리스도의 빛은 치유임을.
대천사 가브리엘, 뜻은 지극히 순수하고,
대천사 가브리엘, 당신 안에서 나는 안전합니다.

4. 나는 다른 사람을 강요해야 신의 섭리가 성공한다는 환영을 의식적으로 버리겠습니다. 나는 신의 궁극적인 비전이 자유의지의 선택을 통한 자기-초월임을 받아들입니다.

대천사 가브리엘, 그리스도의 탄생이 가까이 왔음을 알리는,
당신의 트럼펫 소리를 듣습니다.
존재의 밝음 속에서 나는 지금 다시 태어나,
찬란한 부활절 아침에 그리스도와 함께 상승합니다.

대천사 가브리엘, 나는 확신합니다.
대천사 가브리엘, 그리스도의 빛은 치유임을.
대천사 가브리엘, 뜻은 지극히 순수하고,
대천사 가브리엘, 당신 안에서 나는 안전합니다.

5. 나는 내가 더 크게 되기를 바라며, 나를 통해 무한한 창조력이 흐르기를 바라는, 완전히 자유로운 선택을 합니다. 나는 더 큰 자아인 전체를 높이고자 함으로써 그 이상이 되기를 바랍니다.

대천사 가브리엘, 경애하는 당신의 빛이여,
당신의 현존에 녹아들며 모든 두려움이 사라집니다.
나는 그리스도의 사도가 되어,
에고의 방식으로 대응하려는 욕망을 떠납니다.

대천사 가브리엘, 나는 확신합니다.
대천사 가브리엘, 그리스도의 빛은 치유임을.
대천사 가브리엘, 뜻은 지극히 순수하고,
대천사 가브리엘, 당신 안에서 나는 안전합니다.

6. 나는 기꺼이 네 번째 광선 마스터의 조건 없는 사랑을 경험하겠

습니다. 내가 인간의 지성을 넘어서고 순수함과 불순함을 분별하는 능력과 당신과 동일한 감각을 성취하도록 도와주시기를 요청합니다.

대천사 가브리엘, 나는 빛이 두렵지 않으며,
정화의 화염 안에서 기쁨을 누립니다.
당신의 손을 잡고 모든 도전과 마주하며,
무한한 은총의 나선을 따라갑니다.

대천사 가브리엘, 나는 확신합니다.
대천사 가브리엘, 그리스도의 빛은 치유임을.
대천사 가브리엘, 뜻은 지극히 순수하고,
대천사 가브리엘, 당신 안에서 나는 안전합니다.

7. 나는 순수함과 불순함의 차이를 완전히 알고 경험하기를 바랍니다. 나는 네 번째 광선 마스터의 현존을 기꺼이 마주하겠습니다. 나는 어떤 불순함도 숨지 못하고, 어떤 불순함도 자신을 순수하게 가장하지 못하는 퓨리티의 현존을 기꺼이 경험하겠습니다.

대천사 가브리엘, 당신의 화염은 흰 빛으로 타오르고,
당신과 함께 밤을 벗어나 상승합니다.
에고가 달아나 숨을 곳은 어디에도 없으며,
나는 당신과 함께 빛나는 상승나선 안에 머무릅니다.

대천사 가브리엘, 나는 확신합니다.
대천사 가브리엘, 그리스도의 빛은 치유임을.
대천사 가브리엘, 뜻은 지극히 순수하고,
대천사 가브리엘, 당신 안에서 나는 안전합니다.

8. 나는 내 존재의 순수한 요소, 순수한 이미지, 순수한 느낌을 기꺼이 보겠습니다. 나는 배은망덕이나 불행 같은 이원성 반대가 아니라 감사와 행복과 같은 조건 없음을 기꺼이 경험하겠습니다.

대천사 가브리엘, 그리스도의 탄생이 가까이 왔음을 알리는,
당신의 트럼펫 소리를 듣습니다.
존재의 밝음 속에서 나는 지금 다시 태어나,
찬란한 부활절 아침에 그리스도와 함께 상승합니다.

대천사 가브리엘, 나는 확신합니다.
대천사 가브리엘, 그리스도의 빛은 치유임을.
대천사 가브리엘, 뜻은 지극히 순수하고,
대천사 가브리엘, 당신 안에서 나는 안전합니다.

9. 나는 무조건적이고 무한하며 따라서 반대가 있을 수 없는 신의 순수함을 기꺼이 경험하겠습니다.

천사들과 함께 날아올라,
나는 그 이상의 현존이 됩니다.
천사들은 진실로 존재하니,
그들의 사랑은 모든 것을 치유합니다.
천사는 평화를 가져오며,
모든 갈등은 그칩니다.
빛의 천사들과 함께,
우리는 새로운 높이로 비상합니다.

천사 날개의 바스락거리는 소리,
물질조차 노래하는 기쁨이여,
모든 원자를 울리는 기쁨이여,

천사들의 날갯짓과 조화 속에서.

3. 나는 이원성 투쟁을 넘어서겠습니다

1. 나는 오직 분리 안에서만 하나됨에 반대가 있음을 알겠습니다. 나는 어둠의 세력들이 신의 특성을 왜곡할 때, 그들은 두 가지 특성을 동시에 창조하고 있음을 알겠습니다. 그들은 이원성 형태의 사랑과 이원성 형태의 반-사랑을 창조합니다.

사랑하는 아스트리아, 당신의 가슴은 진실합니다.
당신의 청백색 검과 원으로 어리석은 드라마를 잘라,
모든 생명을 자유롭게 하소서.
퓨리티의 날개 위에서 우리 행성은 상승합니다.

사랑하는 아스트리아, 신 안에서 퓨리티는,
모든 내 생명 에너지를 가속하고,
내 마음을 진정한 화합으로 들어올립니다
사랑의 마스터들과 무한 안에서.

2. 나는 이원성의 악에 승리하려는 인간적인 선, 상대적인 선, 이원적인 선을 추구하는 영원한 인간의 투쟁을 의식적으로 버리겠습니다.

사랑하는 아스트리아, 퓨리티의 광선은,
오늘 모든 생명에게 구원을 보냅니다.
순수함을 향해 가속하며, 이제 I AM은 자유로워집니다
사랑의 순수에 이르지 못한 모든 것에서.

사랑하는 아스트리아, 당신과 하나 되어,

당신의 빛나는 푸른빛 검과 원은,
퓨리티의 빛으로 거침없이 잘라내어,
내 안의 모든 진실을 드러냅니다.

3. 나는 다른 사람들과 싸우고자 함으로써, 행동과 반응의 법칙에 따라 내 불균형한 행동에 상반되는 뭔가를 창조하고 있음을 압니다. 나는 다른 사람들에게 불순한 느낌과 불순한 이미지를 가지고 평화를 이루겠다는 환영을 의식적으로 버리겠습니다.

사랑하는 아스트리아, 우리 모두를 가속하소서.
당신에게 열렬히 구원을 요청합니다.
모든 생명을 불순한 비전에서 자유롭게 하소서
두려움과 의심을 넘어 I AM은 분명히 상승합니다.

**사랑하는 아스트리아, I AM은 기꺼이 봅니다.
나의 자유를 구속하는 모든 거짓말을,
I AM은 모든 불순함을 초월하여 상승합니다.
내 안의 퓨리티의 빛과 함께 영원히.**

4. 나는 기꺼이 네 번째 광선의 마스터께서 나와 함께 그들의 현존을 나타내게 하겠습니다. 나는 당신께서 순수함의 거울을 형성하고 내 존재 안에 순수함과 불순함 양쪽 모두를 보게 해 주시기를 요청합니다.

사랑하는 아스트리아, 삶을 가속하소서
모든 이원성의 투쟁과 갈등을 넘어서,
신과 인간 사이의 모든 분열을 소멸시키고,
신의 완전한 계획이 구현되도록 가속하소서.

사랑하는 아스트리아, 나는 사랑으로 요청합니다.
보이지 않는 분리의 장벽을 부숴 주소서.
나는 타락을 가져오는 모든 거짓말을 버리고,
모두의 하나됨을 영원히 확언합니다.

5. 나는 너무 많은 불순함을 보게 되면 압도되고 신의 눈에 받아들여지지 않을 거라고 느끼는 두려움을 의식적으로 버리겠습니다. 나는 신께서 나를 비난하지 않으며, 오직 내가 모든 불순함에서 자유로워지길 바란다고 인식합니다.

사랑하는 아스트리아, 당신의 가슴은 진실합니다.
당신의 청백색 검과 원으로 어리석은 드라마를 잘라,
모든 생명을 자유롭게 하소서.
퓨리티의 날개 위에서 우리 행성은 상승합니다.

**사랑하는 아스트리아, 신 안에서 퓨리티는,
모든 내 생명 에너지를 가속하고,
내 마음을 진정한 화합으로 들어올립니다
사랑의 마스터들과 무한 안에서.**

6. 나는 모든 불순함이 내가 한 선택의 결과로 내 존재에 들어왔다고 인식합니다. 그 선택은 거짓 교사가 조종했기 때문에 종종 자유로운 선택이 아니었습니다. 그 선택을 내가 했기에, 오직 내가 그것을 놓아 버리기로 선택해야만, 그 불순함이 내 존재를 떠날 수 있다고 받아들입니다.

사랑하는 아스트리아, 퓨리티의 광선은,
오늘 모든 생명에게 구원을 보냅니다.
순수함을 향해 가속하며, 이제 I AM은 자유로워집니다 사랑의 순수에 이르지 못한 모든 것에서.

**사랑하는 아스트리아, 당신과 하나 되어,
당신의 빛나는 푸른빛 검과 원은,
퓨리티의 빛으로 거침없이 잘라내어,
내 안의 모든 진실을 드러냅니다.**

7. 내가 불순함을 놓아 버릴 때까지는 상승 마스터가 내게서 불순함을 가져가지 못한다고 인정합니다. 그것들을 들어오게 한 원래의 결정을 내가 보기 전까지 나는 그것을 놓아 버릴 수 없습니다. 나는 기꺼이 순수함의 인식을 기초로 한 선택으로 그것을 대체해서 모든 과거의 결정을 되돌리겠습니다.

사랑하는 아스트리아, 우리 모두를 가속하소서.
당신에게 열렬히 구원을 요청합니다.
모든 생명을 불순한 비전에서 자유롭게 하소서
두려움과 의심을 넘어 I AM은 분명히 상승합니다.

**사랑하는 아스트리아, I AM은 기꺼이 봅니다.
나의 자유를 구속하는 모든 거짓말을,
I AM은 모든 불순함을 초월하여 상승합니다.
내 안의 퓨리티의 빛과 함께 영원히.**

8. 나는 신께서 나의 잘못된 선택으로 인해 나를 비난한다거나 내가 그것을 숨겨야 한다는 환영을 의식적으로 버리겠습니다. 나는 자유롭게 불순함을 보고 자유롭게 놓아주어서, 기꺼이 퓨리티의 현존을 경험하겠습니다.

사랑하는 아스트리아, 삶을 가속하소서

모든 이원성의 투쟁과 갈등을 넘어서,
신과 인간 사이의 모든 분열을 소멸시키고,
신의 완전한 계획이 구현되도록 가속하소서.

사랑하는 아스트리아, 나는 사랑으로 요청합니다.
보이지 않는 분리의 장벽을 부숴 주소서.
나는 타락을 가져오는 모든 거짓말을 버리고,
모두의 하나됨을 영원히 확언합니다.

9. 나는 아스트리아와 퓨리티, 세라피스 베이와 성모 마리아를 포함한 네 번째 광선의 모든 다른 대표들의 현존을 받아들입니다. 나는 어떤 불순함이 내 여정에서 돌파구와 전환점을 통과하지 못하게 방해하는지 당신과 동일한 감각을 가질 수 있도록 요청합니다.

순수함으로 가속하소서. I AM은 실재하며,
순수함으로 가속하소서. 모든 생명은 치유됩니다.
순수함으로 가속하소서. I AM은 무한한 초월이며,
순수함으로 가속하소서. 모든 의지는 비상합니다.

순수함으로 가속하소서! (3회)
사랑하는 아스트리아와 퓨리티.
순수함으로 가속하소서! (3회)
사랑하는 가브리엘과 호프.
순수함으로 가속하소서! (3회)
사랑하는 세라피스 베이.
순수함으로 가속하소서! (3회)
사랑하는 I AM.

4. 나는 기꺼이 돌파구를 통과하겠습니다

1. 나는 잠자는 동안 룩소르의 세라피스 베이 은거처로 데려가 달라고 요청합니다. 내 돌파구를 막는 불순함을 보여 줄 마스터를 만나기를 요청합니다. 나는 불순함의 반대이며 그 방해물을 극복할 힘을 나에게 주는 내 존재의 순수한 측면을 보여 달라고 요청합니다.

세라피스 베이, 당신의 정화하는 눈 배후에,
권능이 있습니다.
세라피스 베이, 그것은 당신의 숭고한 은거처로,
들어가기 위한 치료제입니다.

오 성령이시여, 나를 통해 흐르소서.
나는 당신을 위해 열린 문입니다.
세차게 흘러오는 전능한 빛의 강이여,
초월은 나의 신성한 권리입니다.

2. 나는 과거에 어떤 일이 일어났든지 상관없이, 아무것도 내 불멸의 존재를 건드릴 수 없음을 인정합니다. 나는 "내가 되고자 하는 존재가 될" 권리를 가지기 때문에, 아무것도 내 의식하는 자아를 건드릴 수 없습니다. 이로써 나는 모든 불순함 이상이며, 불순함과 동일시에서 벗어나기로 결정합니다.

세라피스 베이, 지혜의 깨달음이여,
당신의 말은 언제나 지극히 심오합니다.
세라피스 베이, 진실을 말하면,
내 마음에는 당신만을 위한 공간뿐입니다.

오 성령이시여, 나를 통해 흐르소서.
나는 당신을 위해 열린 문입니다.

**세차게 흘러오는 전능한 빛의 강이여,
초월은 나의 신성한 권리입니다.**

3. 나는 의식적으로 모든 불순함을 놓아 버립니다. 나는 그것을 충분히 겪었고 이제 넘어설 때라고 깨닫습니다. 나는 기꺼이 퓨리티의 현존을 마주함으로써 오는 균형을 성취하겠습니다.

세라피스 베이, 초월적인 사랑에 응답하며,
내 가슴은 뜁니다.
세라피스 베이, 당신의 삶은 별이 빛나는 집으로,
나를 부르는 시입니다.

**오 성령이시여, 나를 통해 흐르소서.
나는 당신을 위해 열린 문입니다.
세차게 흘러오는 전능한 빛의 강이여,
초월은 나의 신성한 권리입니다.**

4. 나는 네 번째 광선의 순수한 사랑으로 호흡합니다. 나는 불순함을 넘어서 창조주의 확장이며 내 아이앰 현존의 순수한 확장인, 그 순수한 존재를 봅니다.

세라피스 베이, 당신의 확고한 안내로,
베이스 차크라는 맑은 백색으로 정화됩니다.
세라피스 베이, 나를 둘러싸고 있는 영혼(soul)은,
더 이상 내게 올가미를 씌우지 못합니다.

**오 성령이시여, 나를 통해 흐르소서.
나는 당신을 위해 열린 문입니다.
세차게 흘러오는 전능한 빛의 강이여,**

초월은 나의 신성한 권리입니다.

5. 나는 내가 이 행성에서 머무는 동안 취한 모든 불순함을 초월할 무한한 잠재력을 가지고 있음을 의식적으로 인정합니다. 내가 취한 불순함은 내 존재의 영원한 부분에 영향을 미치지 못했으며, 따라서 내 의식하는 자아에게 영향을 미치지 못합니다.

세라피스 베이, 치료의 향유는,
마음에 영원한 고요를 가져옵니다.
세라피스 베이, 내 생각은 순수해지고,
나는 당신의 단련법을 견뎌 낼 것입니다.

오 성령이시여, 나를 통해 흐르소서.
나는 당신을 위해 열린 문입니다.
세차게 흘러오는 전능한 빛의 강이여,
초월은 나의 신성한 권리입니다.

6. 나는 퓨리티의 현존을 경험하며, 내 의식하는 자아에 비해 내 에고가 정말 얼마나 불순하고 비실재적이며 중요하지 않은지를 봅니다. I AM은 내 존재의 중심에서 언제나 순수합니다. 내 의식하는 자아는 "아이앰(I AM)"이라는 순수한 존재입니다. 나는 "아이앰"이라는 말을 사용해서 의식적으로 자신에 대해서 말하겠습니다.

세라피스 베이, 은밀한 시험은,
최고가 되고 싶은 에고들을 위한 것입니다.
세라피스 베이, 조화에 이르지 못한 모든 것을,
내게서 드러내소서.

오 성령이시여, 나를 통해 흐르소서.

나는 당신을 위해 열린 문입니다.
세차게 흘러오는 전능한 빛의 강이여,
초월은 나의 신성한 권리입니다.

7. 나는 내 아이앰 현존에 다시 연결되고, 내가 여기 지구상에서 맡은 역할 이상임을 인식합니다. 나는 이 역할이 진정한 내가 아님을 보고 그것을 기쁘게 놓아 버리며, 이전의 조건에서 완전히 정화되었다고 깨닫는 무한한 기쁨과 자유 속으로 들어갑니다.

세라피스 베이, 감동적인 장면이여,
나는 신성한 높이로 상승합니다.
세라피스 베이, 신성한 동시성 안에서,
영원히 자유로워집니다.

오 성령이시여, 나를 통해 흐르소서.
나는 당신을 위해 열린 문입니다.
세차게 흘러오는 전능한 빛의 강이여,
초월은 나의 신성한 권리입니다.

8. 나는 실재하는 내 존재의 영원한 부분을 가지며, 그것이 나의 정체성임을 압니다. 나는 이 세상의 왕자가 와도 내 안에 이원성과 투쟁의 낡은 패턴 속으로 나를 끌어들일 불순함이 없기 때문에, 그러한 낡은 불순함이 결코 다시는 나를 건드릴 수 없음을 압니다.

세라피스 베이, 당신은 내 요청으로,
일곱 광선을 모두 균형 잡습니다.
세라피스 베이, 시간과 공간 안에서,
나는 자아의 피라미드를 올라갑니다.

오 성령이시여, 나를 통해 흐르소서.
나는 당신을 위해 열린 문입니다.
세차게 흘러오는 전능한 빛의 강이여,
초월은 나의 신성한 권리입니다.

9. 나는 네 번째 광선의 마스터께서 가진 사랑의 충만함을 받아들이고 수용합니다. 나는 네 번째 광선의 순수한 사랑, 순수함의 조건 없는 사랑을 완전히 흡수합니다.

세라피스 베이, 당신의 현존이 여기에 있고,
나의 내면 구체를 가득 채웁니다.
삶은 이제 신성한 흐름이며,
모두에게 신의 순수성을 부여합니다.

오 성령이시여, 나를 통해 흐르소서.
나는 당신을 위해 열린 문입니다.
세차게 흘러오는 전능한 빛의 강이여,
초월은 나의 신성한 권리입니다.

봉인하기
신성한 어머니의 이름으로, 나는 이 요청의 힘이 마-터 빛을 자유롭게 하는데 사용되어, 나 자신의 삶과 모든 사람과 행성을 위한 그리스도의 완전한 비전을 구현할 수 있음을 전적으로 받아들입니다. I AM THAT I AM의 이름으로, 그것이 이루어졌습니다! 아멘.

10
더 큰 삶이 있다고 전하세요

치유와 진리인 다섯 번째 광선을 대표하는 성모 마리아의 구술문.

사랑하는 가슴들이여, 나는 여러분이 내가 거쳐온 진보를 보기 바랍니다. 나는 주로 성모 마리아로 알려져 있고 전 세계의 가톨릭 신자에게 존경받고 있습니다. 비록 그들이 가슴에서 큰 기쁨과 큰 사랑으로 아베마리아를 노래하지만, 그들은 또한 가톨릭 데이터베이스라는 깔끔한 작은 파일 폴더에 나를 맞춰 넣습니다. 그러나 "가톨릭"이란 말은 보편성을 의미하며, 나는 보편성의 지위로 상승했습니다. 이 과정은 또한 여러분이 영적인 여정의 나선형 계단을 올라 네 번째 광선의 입문을 통과해서 치유와 진리의 다섯 번째 광선의 입문으로 넘어갈 때 마주하는 입문입니다.

진리는 여러분의 데이터베이스에 맞지 않습니다

빌라도가 육화 중인 살아 있는 그리스도를 대면했을 때 물었습니다: "진리가 무엇인가?" 여러분이 지구를 바라볼 때, 아주 많은 사람, 아주 많은 그룹의 사람들이 그들의 개별적인 데이터베이스를 가지고 있음을 알게 됩니다. 설명했듯이, 그런 데이터베이스의 기초는 여러분이 절대적으로 진실이라 생각하는 어떤 세계관과 신념 체계와 패러다임을 가지고 있습니다. 따라서 그것들은 의심의 여지가 없습니다.

이것은 이 그룹의 사람들 각자가 "진리가 무엇인가"라는 의문을 고려할 때, 그 주제는 이미 그들의 기본적인 세계관에 물들어 있다는 의미입니다. 그들은 자신들의 데이터베이스의 깔끔한 파일 폴더 안에 진리를 강제로 끼워 맞추려 애쓰며, 그것을 뒤엎을지 모르는 진리의 어떤 표현에도 닫혀 있습니다. 따라서 그들은 어떤 형태의 통제 하에서 살고 있습니다.

현실에서 물론, 여러분은 신과 같이 자유로운 영적인 존재이고, 창조주의 개별적인 확장이며, 창조주와 함께하는 공동-창조자입니다. 데이터베이스가 가진 문제의 본질은 이것입니다: 데이터베이스는 여러분의 정체성에 어떤 이미지와, 우상을 받아들이게 합니다. 의식하는 자아가 그런 이미지를 받아들이면, 그것은 또한 지구에서 스스로 표현하지 못하게 하는 한계도 받아들이게 됩니다. 의식하는 자아의 자기-표현이 반드시 그 틀에 맞아야 하기에 어떤 표현은 받아들이고 어떤 표현은 받아들이지 못한다고 생각합니다. 이것은 의식하는 자아가 끊임없이 자기 초월하는 신의 힘이 자신을 통해 흐르도록 허용하는 공동-창조자가 더 이상 아니라는 의미가 됩니다. 의식하는 자아는 이제 창조주께서 설계한 완전히 창조적인 존재보다 더 작은 무언가가 됩니다.

결핍의 환영

이런 제한된 정체감을 받아들일 때 일어나는 일은, 물질세계가 신의 왕국에서 분리되었다는 거짓 교사의 기본적인 환영에 여러분이 희생자가 됩니다. 따라서 이 물질세계는 한계와 결핍의 세상이 됩니다. 제한된 양만 있는 세상에서 부를 얻으려면, 다른 사람들이 얻으려고 하거나 가진 것을 빼앗기 위해서, 힘과 통제를 사용해야 합니다. 이것으로 여러분은 단지 분리된 자아에게 필요한 무언가를 얻습니다.

내가 이 구술문 이전에 왜 여러분에게 '양육의 로자리'를 주었는지 알고 있나요? 이 로자리는 여러분이 양육되지 않고 충족되지 않았다는 결핍의 환영에 도전하기 위해서 아주 심오하고 전체론적인 방식으로 특별히 설계되었습니다. 거짓 교사의 근본적인 환영은 여러분이 신에게서 분리된 세계, 제한된 세계에서 살 때 반드시 이 세상에서 보살핌을 찾아야 한다고 말합니다.

여러분의 존재는 이 세상에서 양육을 추구하도록 설계되지 않았습니다. 여러분은 자신을 통해 흐르는 생명의 강을 가진 공동-창조자가 되도록 설계되었습니다. 생명의 강 흐름을 느낄 때, 여러분은 양육되고 충족감을 느낍니다. 그 방식이 언제나 양육되고 충족감을 느낄 수 있는 유일한 방법입니다. 세상 전부를 얻더라도 자신을 통해 흐르는 신의 창조력의 흐름을 잃으면 무슨 이익이 있을까요? 여러분이 전 세계를 소유하더라도 더 큰 것을 향한 여러분의 열망을 충족시키지 못합니다. 여러분은 오직 신의 창조적인 흐름과 하나가 되어야 성취감을 찾게 됩니다.

우리가 이전에 여러분이 자유의지를 가지는 대가로 인해 선택을 멈출 수 없다고 말했습니다. 또한 공동-창조자가 되는 대가로 여러분이 창조하기를 멈추면, 충족되지 않고 양육되지 않음을 느끼며, 공허함을 느끼게 됩니다.

통제는 창조력을 멈추게 한다는 의미입니다

여러분은 인류를 통제하려는 타락한 존재들의 음모 전체를 압니까? 어떻게 인류를 통제할 수 있을까요? 오직 창조력을 막아서 그렇게 하는데, 창조력은 예측할 수 없기 때문입니다. 어떻게 통제를 달성할까요? 창조의 반대로써 기계적으로 만들어서 모든 것을 예측 가능하게 합니다.

이 세상의 아주 많은 철학과 사고 체계가 개인의 창조적인 흐름을 차단하게 해서, 성취감을 느끼지 못하는 대가를 치르도록 특별히 설계되어 있습니다. 많은 사람은 여전히 이 세상에서 뭔가를 축적하고 소유하거나, 또는 명예와 부를 얻거나 심지어 어떤 더 큰 이상을 위해 일함으로써 성취감을 찾을 수 있다는 생각에 빠져 있습니다.

또 많은 사람이 이 세상은 어쨌든 죄 많고 부족하기 때문에 이 세상에서 성취감을 추구해서는 안 된다는 믿음에 속아 왔습니다. 그들은 불만스러운 상황에 만족하고 다음 세상에서나 궁극적인 성취나 만족을 바라며 평생 일해야만 합니다. 다시 말해, 이것은 사람들 내면의 사원에 주입되어 창조력의 흐름을 차단하고, 신의 창조력이 들어 올 수 없게 해서, 확실히 환전상의 탁자를 뒤엎을 수 없게 합니다. 대신에, 사람들의 영적인 빛을 빼앗아 가며 대가를 지불하도록 요구합니다.

예수님께서 사원에서 환전상의 탁자를 뒤엎은 것은, 살아 있는 그리스도가 여러분의 존재로 들어와서 여러분을 계속 가두어 놓는 진리가 아닌 탁자를 뒤엎은 상징임을 알고 있습니까? 여러분은 물질우주에서 마주하는 어떤 문제와 한계를 넘어설 창조적인 해결책을 과감히 가져오지 않았기 때문에 여기에 갇혀 있습니다.

사랑하는 이들이여, 진리가 무엇입니까? 그것은 물질계 전체가 마-터 빛의 에너지에서 창조되었다는 사실입니다. 마-터 빛은 영적인 존재라서 그것이 취한 형태에 갇힐 수 없습니다. 마-터 빛은 어느 순간에든 형태의 구속을 깨고 더 높은 형태로 스스로를 초월합니다. 오직 신의 공동-창조자가 낡은 형태에서 마-터 빛을 해방할 때, 마-터 빛은 스스로를 초월합니다. 왜냐하면 그것은 이 행성의 사람들이 자신의 데이터베이스에 있는 제한된 이미지를 유지하고, 그 이미지를 통해 마-터 빛에 제한된 형태를 투사하는 한 그 형태를 유지하기로 서약했기 때문입니다.

해방하는 힘

데이터베이스의 이미지를 붙잡고 의문을 제기하지 않으면 어떻게 될까요? 마-터 빛에는 우리가 열역학 제2법칙 또는 칼리(Kali)의 힘이라 부르는 모든 불완전함을 무너뜨리는 힘이 내재되어 있습니다. 이것은 힌두교에서 "쉬바(Shiva)"라 부르는 파괴의 신이며, 말하자면 변하지 않는 어떤 이미지를 의미하는 굳어진 우상의 형태를 띠는 모든 것을 파괴합니다.

쉬바의 힘이 천상에 도달할 수 있으며 결코 무너지지 않는다고 생각하는 사람들이 구축한 바벨탑을 무너뜨리며, 결코 실패할 수 없고 실패하도록 허용해서는 안 된다고 생각하는 그런 금융 기관을 무너뜨립니다. 그들은 기관이 실패할 위험에 처할 때, 정부가 개입해야 한다고 생각합니다. 정부가 기관을 지원하고 기관이 실패하지 않도록 개입할 때, 기관이 정상이라는 착각에서 사람들이 벗어나지 못하게 실패할 가능성이 실제로 있습니다.

신의 조건 없는 사랑에서 나온 어머니 빛의 힘이 언제나 있으며, 그 빛은 신의 공동-창조자가 제한된 정체감에 영원히 갇히도록 허락하지 않습니다. 그 빛이 들어와 실제로 환전상과 그들의 탁자를 뒤엎고, 환영을 뒤엎습니다. 그 빛은 영혼이 바로 생명 자체의 힘인 창조력의 빛을 자유롭게 누리게 될 때까지 뒤엎어 버립니다. 여러분이 논리적으로 물어본다면, 신의 공동-창조자가 훨씬 더 크다는 것을 아는 어떤 신이 더 작은 정체성에 그들을 영원히 갇히게 허용할까요?

질병은 삶에서 오는 메시지입니다

사랑하는 이들이여, 여러분은 이것을 다섯 번째 광선에서 깨달아야 합니다. 여러분이 진리가 아닌 뭔가를 붙잡으려 고집하면, 그것이 실제로 종종 질병이나 다른 물리적인 불균형 증상을 일으킬 수도 있음을 깨달아야 합니다. 질병이 무엇입니까? 그것은 어떤 환영이 창조적인 흐름을 막았다는 삶 자체에서 오는 메시지입니다. 질병을 극복하려면, 오직 한 가지 방법이 있는데, 그것은 질병을 일으킨 의식을 초월하고 창조적인 흐름을 회복해서 그것과 다시 결합하는 일입니다.

지구에서 나이 많은 사람의 의식이 종종 굳어지는 것을 봅니다. 여러분의 방식이 더 굳어지면, 질병의 잠재력이 더 커집니다. 여러분 대부분은 상승 마스터들이 준 다양한 기법을 수행하며, 전 생애 동안 영적인 사람들이었습니다. 수 년 동안 전진하고 있으며, 나이가 들어 몸에 질병이 생기는 것을 느끼면, 전 생애 동안 보랏빛 불꽃이나 다른 기법을 아주 부지런히 수행해 왔는데 어떻게 그렇게 될 수 있는지 이해하지 못합니다.

정직하게 한 걸음 물러나 생각하면, 많은 경우 자신의 방식이 굳어져서 그렇게 되었음을 알게 됩니다. 여러분은 실제로 우리의 영적인 가르침과 도구를 써서 자신의 융통성 없고, 의례화된 생활 방식을 강화할 수도 있습니다. 여러분의 직관적인 능력이 하루의 방향을 지시하게 하고, 어떤 영적인 기법을 실행하는데 창조적이 되는 대신, 매일 똑같은 의례를 반복하게 됩니다. 여러분은 영적인 가르침을 공부하는데 있어서 창조적이 되어야 하고, 글을 넘어서고, 말을 넘어서며, 글로 표현될 수 있는 모두를 넘어서는 이해를 자신의 상위자아가 지식의 열쇠를 통해서 줄 수 있도록 허용해야 합니다. 진리의 영을 경험하려면, 언제나 진리의 영의 충만함보다 작은 말의 표현은 넘어서야 합니다.

여러분은 진리의 영의 충만함을 경험하도록 설계되었습니다. 여러분이 이 세상의 어떤 표현에 만족해야 한다고 믿는다면, 그 신념이 진리를 제한하게 됩니다. 그러면 진리는 제한의 원인인 여러분의 데이터베이스에 있는 이미지에 도전하게 됩니다. 그렇게 하지 않고 어떻게 여러분이 자유로워질 수 있나요? 여러분이 그 외에 어떤 다른 방법으로 더 높은 정체성을 자유롭게 지지하고 받아들이며 공동-창조할까요?

학생의 수준을 넘어서기

영적인 여정에서 자신을 학생으로 보는 것은 타당하지만, 자신을 학생으로 보기를 멈추고 어느 정도의 통달의 수준에 도달했음을 깨닫는 때가 옵니다. 다섯 번째 광선 입문의 본질은 이것을 받아들이고 여러분이 다른 사람들과 뭔가를 나누며 이제 그들을 도와주겠다고 나서야 합니다.

여러분이 처음 세 광선을 통해 점점 올라가고 자신 안의 불순함을 보는 네 번째 광선에 들어서면, 여러분 존재에서 불순함의 본질이 분리된 자아에게 집중하기 때문에 생기는 문제라고 인정하게 됩니다. 다섯 번째 광선에서는 여러분이 분리된 존재이고 신에게 받아들여질 수 있고, 따라서 신의 왕국에 들어가도록 보장이 되는 어떤 궁극적인 상태로 분리된 존재를 높이려는, 전반적인 환영에 의문을 가지고 진지하게 도전하는 지점에 와야 합니다.

다섯 번째 광선에서 여러분은 분리된 자아감과 분리된 자아를 높이려는 욕망을 진지하게 무너뜨리기 시작해야 합니다. 이것은 미묘한 도전입니다. 여러분이 세상을 살펴볼 때, 대부분의 사람이 의식적인 방식으로 영적인 여정을 걷고 있지 않음을 깨닫게 됩니다. 그들은 대중의식에 완전히 갇혀서, 말하자면 진정한 개인이 아니라 사실은 집단의식의 흐름을 따라 움직입니다. 그들은 충분한 개체성을 가지고 있지 않습니다.

대중의식을 넘어서 진정으로 영적인 여정의 진보를 이루기 위해서는 어느 정도의 개체성, 대중의식에서 분리되었다는 어떤 감각을 개발해야 합니다. 그러므로 비록 보통 교회에서 자신의 일과 예배를 계속하거나 또는 전혀 종교적이지 않으면서 오히려 완전히 물질적인 생활방식에 중점을 두더라도, 여전히 영적인 여정을 갈 수 있습니다.

여러분은 처음 네 광선의 입문을 통과하기 위해서 어떤 강한 개체성의 감각이 필요합니다. 그런 다음 갑자기 처음 네 광선을 통해 여러분을 인도한 상황에 이제 도전하며 의문을 제기해야 합니다. 여러분은 분리된 존재에 집중하는 개체성의 감각을 가지면 네 번째 광선을 넘어서지 못함을 깨달아야 합니다. 다섯 번째 광선에서 여러분은 완전함의 입문을 마주하게 됩니다.

완전함과 치유

사랑하는 이들이여, 치유는 완전함입니다. 무엇이 여러분을 완전함에서 멀어지게 합니까? 그것은 분리와 결핍에 집중하는 환영입니다. 그것은 환영이며, 질병을 만드는 원인입니다. 질병을 어떻게 치유합니까? 오직 완전함으로 돌아가야 치유됩니다. 어떻게 완전함으로 돌아갑니까? 오직 분리된 자아감의 불가피한 동반자인 분리와 결핍의 환영을 극복해야 합니다.

완전함으로 돌아가려면 분리를 초월해야 합니다. 이것은 여러분이 개체성을 잃는다는 의미가 아닙니다. 자신을 신에게서, 다른 사람들과, 세상에서 단절된 개인으로 보지 않아야 합니다. 자신을 전체와 연결되고, 자신의 상위자아와 연결되고, 상승 마스터와 연결되며, 창조주에게 연결된 개인으로 봐야 합니다. 그 연결을 통해 여러분은 또한 모든 생명과 연결되고 그리스도와 함께 이렇게 말하게 됩니다: "너희가 내 형제 중에 지극히 작은 자에게 한 것이 곧 내게 한 것이니." 또는 "만약 내가 들어 올려지면, 나는 모든 사람을 내게로 이끌겠다."

수년 동안 영적인 학생이었던 아주 많은 사람조차 질병의 도전을 마주하면 분리된 자아에게 무언가를 해서 치유하려고 합니다. 그들이 다양한 과정을 거치고, 심지어 자신의 심리를 고치려고 노력했더라도, 자기 인식에서 미묘한 전환을 할 필요가 있습니다. 여러분은 분리된 자아를 치유하는 게 아니라, 분리된 자아를 잃어버림으로써 전체의 표현인 진정한 개체성에 융합해야 합니다.

이것이 질병을 치유하는 방법입니다. 지구에서 보는 모든 신체 질병은 분리된 자아의 특정한 의식 상태, 특정한 환영 문제가 나타나기 때문입니다. 여러분은 환영을 보고 그것을 진정으로 놓아 버리며, 허상을 포기하고 분리된 자아를 죽게 하고, 신체 질병을 극복하게 됩니다.

분리된 자아를 완벽하게 하려는 탐색

영성 또는 뉴에이지 운동에는 삶의 영적인 측면에서 어느 정도의 이해에 이르렀지만, 여전히 분리된 자아를 어떻게든 완벽하게 할 수 있다는 생각에 갇힌 수많은 사람이 있습니다. 신의 눈에 분리된 자아를 받아들여지게 하려는 탐구로, 그들은 종종 어떤 궁극적인 이해, 어떤 궁극적인 의례, 어떤 궁극적인 주술, 어떤 궁극적인 경전을 찾으며 모든 가능한 방법을 찾습니다. 즉 분리된 자아를 가치 있게 해 주고 신의 왕국에 자동으로 들어가게 하려고 노력합니다. 따라서 그들은 인식하지 못하지만, 최선의 의도를 가지고 힘으로 천상을 쟁취하려고 합니다. 그들은 혼인 잔치에 강제로 들어가려 함으로써, 2000년 전에 예수님께서 말씀하셨듯이, 결혼 예복을 입지 않았음이 반드시 드러나게 됩니다.

그 결혼 예복은 이음새 없는 의복입니다. 이음새 없는 의복이 무엇입니까? 그것은 여러분의 개체성을 다른 개인들과 분리된 존재로 보지 않는 완전한 상태입니다. 여러분은 그것을 더 큰 전체의 한 측면으로 보며, 다른 사람들을 전체의 단면들로 봅니다. 이 지구상에서 발견되는 분열과 자신을 더 이상 동일시하지 않을 때, 이음새와 분리와 분열이 왜 필요한가요?

완전함으로 의사소통하기

"여러분이 누구이며, 자신을 어떻게 봅니까?" 이 질문을 받을 때, 여러분은 더 이상 이렇게 말하지 않습니다: "나는 미국인입니다." "나는 영국인입니다." "나는 남자입니다." "나는 여자입니다." "나는 유대인입니다." "나는 아랍인입니다." "나는 크리스천입니다." "나는 무슬림입니다." 여러분은 자신을 오직 공동-창조자로 보기 때문에, 이 모든 분열이 없습니다. 여러분은 혼자가 아니라 세상을 밝게 비추고 전체에서 빛나는, 신의 존재, 태양의 표현인 햇빛입니다. 여러분은 창조주께서 이 행성을 비추는 모든 다른 태양 빛과 함께 세상을 밝게 비춥니다.

여러분이 진리를 알 때 어떻게 분열이 생길 수 있습니까? 사랑하는 이들이여, 정말 어떻게 그럴 수 있나요? 여러분이 완전함 안에 있으면, 비록 다른 사람이 완전함 안에 있지 않더라도 다른 누군가와 결코 갈등이 없습니다. 다른 마스터들이 설명했듯이, 완전함 안에서 여러분은 자유의지의 법칙을 알게 됩니다. 여러분은 다른 사람들이 완전함의 표현이 아닌 더 낮은 의식의 상태에 있기로 선택한 것을 받아들일 수 있습니다. 또한 이것은 여러분을 결코 완전함에서 벗어나게 할 수 없습니다. 아무것도 여러분을 완전함에서 벗어나게 할 수 없다면, 이 세상의 무엇으로도 위협을 느끼지 못합니다. 누군가가 여러분에게 말하는 무엇으로도 상처받지 않습니다. 그런 다음 여러분은 결핍 상태가 아닌, 완전한 상태로 다른 사람들과 의사소통을 하게 됩니다. 이 지구상의 많은 사람은 부족의 상태, 완전하지 않고 충족되지 않으며 이 세상에서 뭔가를 필요로 하며 요구하는 상태에서 다른 사람들과 의사소통합니다. 그들은 다른 사람에게 요구할 권리가 있다고 생각하기 때문에, 자신이 받을 자격이 있다고 생각하는 것을 얻지 못하면 다른 사람을 비난합니다.

여러분이 정말 다른 사람이 가진 뭔가가 필요하다고 믿으면, 그것은 자신이 내면의 완전함에서 벗어난 상태임을 보여 줍니다. 완전함에서 양육의 진정한 근원은, 로자리에 나오듯이, 자신의 상위 존재에서 오며 영적인 세계에서 옵니다. 내가 말했듯이, 여러분은 오직 자신을 통해서 흐르는 생명의 강을 경험해야 완전함과 성취감을 느끼게 됩니다.

여러분은 이 세상에서 아무것도 필요하지 않으며, 다른 사람에게서 뭔가를 얻으려고 여기에 있지 않습니다. 여러분은 다른 사람에게 주기 위해, 신께서 여러분을 통해 다른 사람에게 주도록 허용하기 위해 여기에 있습니다. 여러분은 줌으로써 전체와 분리되지 않은 개인으로서 궁극적인 성취감을 찾습니다. 여러분이 자신을 전체의 일부로써 볼 때, 다른 사람을 높이면, 여러분은 또한 더 큰 자아감, 완전한 자아감인 전체를 높이게 됩니다.

만족감 대 성취감

그러면 의사소통은 완전히 달라집니다. 우선 여러분은 다른 사람이 조종하려고 종종 거짓말하는 불균형한 의사소통, 불순한 의사소통, 거짓된 의사소통으로 쉽게 피해를 입지 않습니다. 여러분이 불순함에서 순수함을 분리하는 네 번째 광선의 입문을 통과한 후, 거짓에서 진실을 분리하는 다섯 번째 광선의 입문에 올라 통과할 때, 지구상의 누군가에게 결코 조종되지 않습니다.

여러분은 그들의 의도를 꿰뚫어 볼 수 있습니다. 비록 그들이 순수하다고 믿더라도, 여러분은 그것을 꿰뚫어 봅니다. 여러분은 그들이 현재의 상태에 만족하며 머물기 위해, 자신의 제한된 자아감을 강화하려고 어떻게 여러분에게 뭔가를 얻으려고 하는지를 압니다. 여러분은 물질우주에서 만족하며 물질우주 자체를 목적으로 바꾸는 이런 감각이 사람들을 영적인 여정에 오르지 못하게 막는 가장 큰 함정임을 깨닫습니다.

심지어 불완전함에 만족하는 사람들이 있습니다. 그들은 특정한 인종이나 종교나 개인적인 관점 같은, 어떤 불균형한 표현과 완전히 동일시하고 그것을 간단히 놓아 버리지 않습니다. 그들은 그 안에 머무르며 만족하지만, 그럼에도 불구하고 자신이 더 큰 것을 바란다고 깨닫게 되면, 자신을 자유롭게 하는 생명의 힘은 결국 그들의 만족감에 도전하게 됩니다.

만족은 성취와는 다릅니다. 매 순간 새롭고 더 큰 정체성을 공동-창조하는, 창조력의 궁극적인 표현인 끊임없는 자기 초월에는 성취만이 있습니다. 매일 그 날만의 표현이 있기 때문에, 여러분은 어제로 충분했던 정체성에 자신을 갇히게 허용하지 않아야 합니다. 예수님께서 말하셨듯이, 여러분은 항상 앞날을 예견하지 말고 만족해야 합니다. 그럼에도 불구하고, 여러분이 비록 여러 해 동안 영적인 여정에 있었더라도, 여전히 가만히 머물러 있을 수 없고 삶이 진행 중이라고 깨닫게 됩니다. 여러분이 충분히 알고, 충분히 이해하고 어떤 종류의 실천이나 의례를 충분히 한다고 해서 가고 싶은 곳으로 가는데 충분하다고 느끼지는 못합니다.

진행 중인 생명의 강에게 어떤 것도 결코 충분하지 않다는 의미입니다. 하지만 어떤 것도 결코 충분하지 않다는 현실을 깨닫고 이해하는 가운데, 여러분은 모든 것이 충분하다고 깨닫습니다. 여정의 모든 단계에 성취가 있습니다.

궁극적인 목표의 함정

성취는 변하지 않는 뭔가를 소유하는 게 아니라, 초월에서 옵니다. 여러분에게 어떤 궁극적인 목표를 추구하게 하며 이것이 성취를 준다는 생각은 거짓 교사들이 저지르는 또 다른 함정입니다. 여러분은 자기 초월에서 성취감을 찾기에, 바로 지금 여러분이 어떤 수준에 있는지 인식해야 합니다. 성취는 여러분 위의 다음 단계로 가는 것입니다. 여러분은 다른 사람들을 보면서 이렇게 말할 필요가 없습니다: "아 저 사람은 영적으로 정말 진보적이야, 나는 결코 저렇게 될 수 없을 거야" 또는 "내가 충족되려면 저렇게 돼야 해."

대신, 여러분의 성취란 어떤 궁극적인 상태가 아니라, 현재의 상태에서 더 높은 상태로 초월하는데 있다고 인정할 필요가 있습니다. 거기에 여러분의 성취가 있습니다. 사랑하는 이들이여, 그것은 궁극적인 성취입니다. 여러분이 또한 창조주도 자신을 초월한다고 인정할 때, 궁극적인 상태란 없다고 인정하게 됩니다. 유한한 힘이 아니라 한계가 없는 무한한 힘인 창조력을 통해서 여러분의 자아감이 무한하게 확장됩니다.

선형적인 분석하는 마음은, 모두가 유한하고 따라서 한계가 있는 형태의 세계를 다루도록 설계되었음을 알아야 합니다. 진리는 여러분이 이 세상에 속하지 않고, 세상 속에 잠시 들어와 있다고 말합니다. 여러분은 한계를 넘어선 영역에서 여기로 왔고, 따라서 한계로 제한되지 않습니다. 여러분은 제한된 수준을 넘어서, 유한한 세상의 수준을 넘어서 자아감을 확장할 수 있습니다.

그러므로 여러분은 무한한 존재에게서 태어났고, 충만함을 달성함으로써 무한한 존재의 충만함으로 돌아가게 됩니다. 또한 여러분은 이 지구에서 다른 사람들에게 그들의 현재 상태와 현재의 정체감을 넘어서는 어떤 것이 있음을 전하는 모범이 되는 더 높은 충만함을 표현할 수 있습니다. 여러분은 사람들의 성전에 환전상의 탁자를 뒤엎으러 들어가는 살아 있는 그리스도가 됩니다. "환전상"은 물질세계를 넘어서지 않고, 변할 필요가 없으며 단지 대가를 지불하면 모든 것이 해결된다는 바로 그 환영을 나타냅니다.

무한으로 인도하는 유한한 요건은 없습니다

물질세계의 환영은 어떻게든 유한한 요건을 충족시켜서 영적인 세계와 신의 왕국에 들어갈 수 있게 하려는 것입니다. 여러분이 유한한 요구에 따라 살도록 되어 있는 유한한 자아를 완벽하게 하는 방식으로는 영적인 세계로 들어가지 못합니다. 오직 유한한 자아를 죽게 하고 무한한 정체성으로 돌아가야 영적인 세계로 들어가게 됩니다. 이것을 전통 종교와 뉴에이지 운동의 대부분 사람이 인식하지 못합니다. 그것은 유한함을 완벽하게 하는 문제가 아니라, 낡은 자아감을 죽이고 초월하는 문제입니다.

왜 여러분은 자신을 더 이상 아이로 보지 않습니까? 예를 들어, 여러분은 왜 자신을 더 이상 10살로 여기지 않습니까? 왜냐하면 여러분이 10살 때 가졌던 정체성이 죽었기 때문입니다. 적어도 여러분 존재 안에 어린 시절의 정체성 요소가 여전히 존재하게 하는 자신의 분열된 어린 시절을 가지지 않았다면, 의식하는 자아는 더 높은 자아감으로 다시 태어납니다. 얼마나 어려운 어린 시절을 경험했든, 여러분은 이미 이러한 낡은 분리된 정체성들을 많이 죽게 했습니다. 단지 그것을 의식적으로 하지 않았을 뿐입니다.

사랑하는 이들이여, 무엇이 영적인 여정의 본질입니까? 그것은 여러분이 더욱 의식적이고, 더욱 깨어 있는 상태가 아닌가요? 붓다가 "나는 깨어 있다"라고 말했을 때, 그는 모든 것을 의식하고 있다는 의미입니다. 여러분이 영적인 여정에서 낡은 정체성을 인식하지 못하면, 그것을 죽게 하고 어떤 지점을 넘어서지 못합니다. 여러분은 낡은 정체성을 마주하고, 그것을 직시하고, 그것이 진정한 여러분이 아님을 인식하고 나서, 의식적으로 그것이 죽도록 결정하고 허상을 포기해야 하는 지점에 이릅니다. 여러분은 유한한 정체성으로 인해 무한한 영이 십자가에 매달리고, 여러분이 십자가에 매달렸다고 깨닫게 됩니다. 여러분은 더 큰 무한한 정체성으로 다시 태어나고, 부활하기 위해 기꺼이 낡은 정체성을 놓아 버려야 합니다.

여러분이 낡은 자아감을 기꺼이 죽게 하면, 가슴으로 소통하는 완전히 새로운 수준에 오르게 됩니다. 여러분은 더 이상 자신의 부족함을 채우기 위해서 또는 유한하고 분리된 자아가 상처 받지 않게 막으려고 다른 사람과 의사소통하지 않습니다. 대신, 여러분은 오직 주려고 하며 치유하고자 하며, 오직 자신이 누구인지 알기에 지금 경험하는 완전함에 다른 사람들이 더 가까이 가도록 도우려고 합니다.

소리는 창조적인 힘입니다

사랑하는 이들이여, 세상을 바라보고, 내가 말한 것을 고려해 보세요. 아주 많은 사람이 물질세계에서 무언가를 안전하게 지키려는 궁극적인 방법을 찾고 있습니다. 창세기에 "신께서 '빛이 있으라'"고 말씀하셨듯이, 말과 소리는 창조적인 힘입니다. 신께서는 마-터 빛을 휘저어 분리된 형태를 만들었고, 창세기에서 어둠이라고 부르는 드러나지 않은 허공(void)과 구분해서 보이는 유형의 빛을 나타내는데 말을 사용했고 소리를 사용했습니다.

소리는 정말 창조적인 힘이지만, 아주 많은 사람이 이 세상에서 소리와 말로 다른 사람을 조종하는 방법을 찾으려고 합니다. 그들은 이 세상에서 완전함과 양육을 찾아야 한다는 환영에 빠져 있습니다. 심지어 어떤 사람은 다양한 의례와 주술로 리듬 있는 힘을 창조하려고 소리를 사용하며, 실제로 이 힘이 물질 자체를 무너뜨릴 수 있습니다. 어떤 경우에 이 사람들은 물질을 조작할 힘을 가졌다는 느낌을 주는 것 외에는 아무런 가치도 없는 뭔가를 만들려고 물질을 조작하려 합니다. 그들은 그런 힘을 간절히 원하며, 우리가 말했듯이, 그들은 이곳이 그들의 왕국이고, 그들이 왕국을 소유하며, 신은 여기에 없다고 생각합니다. 왜냐하면 그들은 이 왕국에서 그들이 원하는 무엇이든 할 권리가 있다고 생각하는 거의 궁극적인 분리 상태에 이르렀기 때문입니다. 이것은 물질을 조종할 어떤 유형의 힘을 얻으려고 소리의 창조적인 힘을 사용해서, 천상을 힘으로 빼앗으려는 흑마술입니다. 흑마술은 분리된 자아를 위한 파괴적인 힘, 또는 물질이나 생명 에너지를 얻기 위한 목적을 가진 힘입니다.

여러분이 현명하다면 물론, 이것이 도움이 되지 않는다고 생각합니다. 여러분은 자신의 결핍 상태에 필요하다고 생각하는 뭔가를 빼앗으려고, 다른 사람이나 생명에게 강요하는 말이나 소리를 사용하지 않습니다. 다섯 번째 광선의 입문을 통과하면, 여러분은 결핍의 상태에 있지 않으며, 따라서 이 세상에서 아무것도 필요하지 않음을 깨닫습니다. 여러분은 또한 자유의지의 현실을 깨닫고, 세상의 공익을 위해서, 강제로 세상이 더 나아지게 하려고 소리의 창조적인 힘을 사용해서는 안 됩니다. 여러분은 사람들이 자유의지 선택을 통해 깨어나야 세상에 더 큰 이득이 된다는 인식을 합니다. 여러분은 사람들이 선택하게 강요하지 않으며, 그들이 선택하도록 돕기 위해 소리를 사용하고, 말을 사용하려고 합니다.

밀도가 높은 대중의식 에너지를 변형하기 위해 여러분은 영적인 기법인 내 기원문을 사용하고 있으며, 이것은 사람들이 부정적인 에너지에 완전히 빠지지 않도록 부담을 가볍게 해 줍니다. 그러면 그들은 특정한 방식으로 반응하거나 부정성에 빠지지 않고 대안이 있음을 깨달아 보다 자유로운 선택을 하게 됩니다.

여러분은 또한 그들의 데이터베이스와 더 높은 현실 사이에서 선택권을 주기 위해 예수님께서 자주 서기관과 바리새인에게 하셨듯이, 사람들을 높이고, 심지어 그들의 환영에 도전하는 방식으로 말을 사용하게 됩니다. 완전함의 감각에서 오는 순수한 동기로 행할 때, 이것은 모두 지극히 타당합니다. 여러분은 그들에게 강요하지 않고 여러분이 도달했듯이 깨달음에 이르는 더 나은 선택을 그들의 내면에서 하게 도움으로써 다른 사람을 높입니다. 그들은 더 작게 되지 않고 더 크게 되기를 선택합니다.

내맡김의 엄청난 힘

나는 여러분에게 다른 사람들과 어떻게 의사소통해야 한다는 어떤 외적인 규칙을 주지 않습니다. 네 번째 광선의 입문을 넘어서면,

여러분은 외적인 규칙을 따르는 의식 수준을 넘어섭니다. 여러분이 데이터베이스의 어떤 규칙에 따라 행동하지 않으면서, 자신의 상위 존재에서 오는 흐름이 자신을 통해 흐르도록 하는 지점에 이릅니다. 여러분은 창조력 자체가 데이터베이스를 우회하거나, 창조력이 어떻게 흘러야만 한다는 불완전함을 정화하도록 허용합니다. 여러분은 그것이 자유롭게 흐르도록 허용합니다.

나는 진리의 다섯 번째 광선에서 얼마 동안 봉사했으며, 이 세상에 전하려는 개념이 내맡김의 필요성이며, 내맡김의 엄청난 힘입니다. 여러분은 내맡김이 수동적인 행위라고 생각하지만, 그렇지 않습니다. 그것은 정말 엄청난 힘입니다. 여러분이 유한함을 내려놓을 때, 유한한 매트릭스가 비워집니다. 무한한 힘은 여러분 데이터베이스의 유한한 이미지에 방해받지 않고, 비워진 열린 문인 여러분을 통해 표현됩니다.

내맡김을 통해서 진정으로 비워지면, 여러분을 통해 더 큰 힘이 흐를 수 있고, 그것은 사람들이 생각해 내는 어떤 강제적인 방법을 통해 얻을 수 있는 무엇보다도 더 큰 힘입니다. 이것이 모세가 파라오의 법정에서 흑마술사보다 더 큰 힘을 가진 이유이며, 예수님께서 서기관과 바리새인과 사원의 사제 또는 그에게 도전한 악마보다 더 큰 힘을 가진 이유입니다. 그것은 인간의 힘이 아니라, 그가 비워졌기 때문에 그를 통해 흐르는 생명 자체의 흐름인 신의 힘입니다. 유한함에서 비워져서, 그는 무한함으로 충만해집니다.

이것은 여러분이 아무것도 아니라는 의미는 아닙니다. 그것은 여러분의 개체성에서 유한한 제한이 비워지고, 따라서 여러분의 진정한 개체성이 표현된다는 의미입니다. 예수님이 한 개인이 아니었다고 생각하는 사람들이 있습니다. 물론, 그것은 사실이 아닙니다. 예수님은 개체라는 프리즘을 통해서 그리스도 신성을 표현했습니다.

지금까지 지구를 걸었던 그리스도는 한 사람이라는 크리스천 환영 때문에, 많은 사람이 세상에서 인정받지 못하면서 행했던 것처럼, 다른 사람들은 각자 완전히 서로 다른 방식으로 그리스도 신성을 표현할 수도 있습니다. 예수님께서 "나를 믿는 사람은 내가 했던 일보다 더 큰 일을 할 것이다"라고 말했을 때, 사람들은 그의 승리를 따르지 못했습니다. 확실히, 진정한 스승으로서 예수님의 바람은 그의 학생들이 창조력의 표현에서 그를 능가하기를 바랍니다.

그리스도의 진정한 일

예수님께서는 이 시대에 그의 학생인 여러분이 창조력의 표현에서 그를 능가하기를 정말로 바랍니다. 이것은 그가 물 위에서 1마일 걸었지만 여러분이 2마일 걸어야 한다는 의미가 아닙니다. 오늘날 이 시대에 적합한 창조력의 표현은 여러분의 빛이 빛나게 하고, 현대의 사람들이 이해하고 공감해서 더 큰 존재가 될 잠재력에 깨어나도록 영감을 주는 방식으로 진리를 표현한다는 의미입니다.

이것이 진정으로 그리스도의 일을 한다는 의미입니다. 소위 기적 같은 모든 외적인 실현은 그리스도가 할 수 있는 최상의 일이 아니었습니다. 그리스도의 가장 위대한 업적은 사람들의 정체감에 도전해서 그 당시의 대부분 사람들이 인간이라고 표현했던 것보다 더 큰 자각하는 존재가 있다는 사실을 깨닫게 한 일이었습니다. 그의 가르침이 왜곡되었다는 사실과 상관없이, 여전히 예수님의 사명 후에 지구에서 추방되어 사라진 대중의식의 어떤 요소가 있다고 확신할 수 있습니다. 예수님의 사명 이전에 사람들의 자기 인식은 오늘날보다 훨씬 더 제한되어 있었습니다.

예수님께서 이 땅을 걷기 전에는 영적인 현실에서 집단이 깨어날 잠재력이 전혀 없었다고 장담할 수 있습니다. 예수님께서는 대중의식에 의해서 제한된 사람들의 정체성에 도전했고, 말 그대로 그가 십자가형을 받고 나서 부활한 후에 지구에서 어떤 집단의식이 심판을 받고 추방되었습니다. 이것은 예수님께서 이 땅에 와서 그의 승리를 이루기 전에는 없었던 완전히 새로운 기회를 이 지구의 모든 사람에게 주었습니다.

예수님과 우리 모두는 임계 수치의 사람들이 영적인 존재임을 깨닫고, 그것을 표현할 권리가 있음을 받아들이며, 깨어남을 통과하는 추진력이 이 시대에 완전한 결실을 맺게 되기를 바랍니다. 여러분은 의사소통하기 위해서 여기에 있고, 의사소통하려고 여기에 자원했습니다. 여러분이 기꺼이 내맡기고 유한한 감각에서 비워지며 의사소통할 때, 무한한 힘, 지혜, 사랑, 순수함, 진실, 치유, 봉사, 평화, 자유, 그리고 개별적인 신의 화염의 표현인 모든 신의 특성으로 충만하게 됩니다.

진리가 무엇입니까? 진리는 여러분이 인간보다 더 크고, 모든 사람이 인간보다 더 크며, 지구가 한계와 질병과 가난이 존재하는 물질적이고, 물리적인 행성보다 훨씬 더 크다는 것입니다. 진리는 물질우주에 피할 수 없는 것이 아무것도 없고, 바꿀 수 없는 것이 아무것도 없다는 것입니다. 여러분이 신의 눈이고 손이며 발이고, 신의 대변자임을 깨달을 때, 눈 깜빡이는 순간에 신께서 모든 것을 변화시킵니다.

그 깨어남에 이르세요! 결코 다시는 자신을 낡은 방식으로 바라보지 않고 여러분이 그 이상임을 깨닫는 깨어남을 통과하세요. 매 순간, 여러분이 그 이상이 되고, 행성 전체를 변화하게 합니다. 사랑하는 이들이여, 여러분이 하는 공동의 노력을 통해서 변화가 생깁니다. 여러분이 여기에 있기 때문에 변화가 생깁니다.

여러분의 진보를 보면서 기뻐하고, 과거의 타성을 극복하려는 의지와 그 이상이 되려는 의지를 보면서 기뻐하는, 영적인 어머니의 무한한 기쁨에 봉인되세요. 항상 그 이상이며 항상 여러분을 더 크게 보는 사랑, 신성한 어머니의 무한한 사랑에 봉인되세요.

11
나는 조건 없는 진리를 기원합니다

I AM THAT I AM, 예수 그리스도의 이름으로 나의 아이앰 현존이, 무한히 초월해 가는 내 미래의 현존을 통해 흐르며, 완전한 권능으로 이 기원문을 해 주시기를 요청합니다. 나는 사랑하는 엘로힘 사이클로피아와 버지니아, 대천사 라파엘과 성모 마리아, 힐라리온께 요청합니다. 완전함으로 의사소통하려는 내 능력을 막는 모든 장애물을 극복하도록 도와주세요. 내가 가슴으로 소통하며 나의 아이앰 현존과 하나 되지 못하게 반대하는, 내면이나 외부의 모든 패턴과 세력으로부터 나를 자유롭게 해 주세요...
(여기에 개인적인 요청을 추가하세요)

1. 나는 물질의 환영에 도전합니다

1. 성모 마리아시여, 내가 보편성의 지위로 오르도록 도와주세요. 나는 영적인 여정의 나선 계단을 기꺼이 오르고, 네 번째 광선의 입문을 통과하고 진리와 치유의 다섯 번째 광선의 입문을 통과하겠습니다.

사랑하는 사이클로피아, 당신이 계시한,

진리는 이원성의 질병을 치유하고,
당신의 에메랄드빛은 뛰어난 향유와도 같아,
내 감정체는 완전히 고요해집니다.

사랑하는 사이클로피아, 에메랄드 구체 안에서,
나는 항상 명확한 비전을 충실히 지키고,
인식을 높여서 인내해 나가며,
내 가슴 깊은 곳에서 나는 당신의 진리를 경배합니다.

2. 내가 신과 같이 자유로운 영적인 존재이고, 내 창조주의 개별적인 확장이며, 내 창조주와 함께하는 공동-창조자라는 현실을 받아들입니다. 나는 내 에고나 어둠의 세력들이 내 정체성 위에 어떤 우상을 투사하게 허락하지 않겠습니다.

사랑하는 사이클로피아, 당신과 함께,
내 마음을 흐리게 하는 모든 부정적인 나선을 풉니다.
순수한 깨어 있음이야말로 진정 내 핵심이며,
넓게 열린 문이 되기 위한 열쇠임을 압니다.

사랑하는 사이클로피아, 나의 내면의 눈을 정화하소서.
권능을 얻은 나는 영혼의 두려운 밤을 관통합니다.
나는 지금 이원성의 베일을 꿰뚫고 비상하여,
투과하는 당신의 에메랄드빛 안에서 정화됩니다.

3. 나는 의식하는 자아로서, 지구상에서 자기표현을 막으며 한계를 투사하는 어떤 이미지도 받아들이지 않습니다. 나는 자기표현이 어떤 틀에 맞아야 하며 어떤 표현은 받아들일 수 있고 어떤 표현은 받아들일 수 없다는 환영을 초월합니다. 나는 끊임없이 자기-초월하는 신의 힘이 나를 통해 흐르게 허용하겠습니다.

사랑하는 사이클로피아, 삶은 단지,
마음이 투사한 상들을 반사할 뿐입니다.
치유의 열쇠는, 에고가 뒤에 숨기는 상들을,
마음에서 지우는 것입니다.

사랑하는 사이클로피아, 나는 높은 목표를 원하며,
당신의 치유 화염에 나는 언제나 가까워집니다.
나는 이제 당신의 완전한 눈을 통해 내 삶을 보며,
모든 질병을 넘어 I AM은 날아갈 준비가 되었습니다.

4. 나는 이 물질세계가 신의 왕국에서 분리되어 있다는 거짓 교사의 기본적인 환영을 의식적으로 거부합니다. 나는 이 물질세계가 한계와 결핍의 세상이라는 신념을 거부합니다. 나는 힘과 통제로 무언가를 쟁취해야 한다는 신념을 거부합니다.

사랑하는 사이클로피아, 당신의 에메랄드 화염은,
교묘한 이원성 파워 게임을 모두 드러냅니다.
진리가 오직 한 가지로만 정의된다고 말하기를 원하는,
게임도 여기에 포함됩니다.

사랑하는 사이클로피아, 나는 흐름을 느낍니다.
당신이 나에게 살아 있는 진리를 줄 때,
나는 지상의 모든 체계를 초월하는 진실을 알며,
당신의 빛에 몰입하여 나는 계속 성장합니다.

5. 나는 내가 신과 분리된 세계, 제한된 세계에 살기 때문에 이 세상에서 보살핌을 찾아야 한다는 거짓 교사의 환영을 의식적으로 거부합니다.

사랑하는 사이클로피아, 당신이 계시한,
진리는 이원성의 질병을 치유하고,
당신의 에메랄드빛은 뛰어난 향유와도 같아,
내 감정체는 완전히 고요해집니다.

사랑하는 사이클로피아, 에메랄드 구체 안에서,
나는 항상 명확한 비전을 충실히 지키고,
인식을 높여서 인내해 나가며,
내 가슴 깊은 곳에서 나는 당신의 진리를 경배합니다.

6. 나는 내 의식하는 자아가 이 세상에서 보살핌을 구하도록 설계되지 않았다고 받아들입니다. 나는 나를 통해 흐르는 생명의 강을 가진 공동-창조자가 되도록 설계되었습니다. 그 흐름을 느끼며 나는 양육되고 충족을 느낍니다.

사랑하는 사이클로피아, 당신과 함께,
내 마음을 흐리게 하는 모든 부정적인 나선을 풉니다.
순수한 깨어 있음이야말로 진정 내 핵심이며,
넓게 열린 문이 되기 위한 열쇠임을 압니다.

사랑하는 사이클로피아, 나의 내면의 눈을 정화하소서.
권능을 얻은 나는 영혼의 두려운 밤을 관통합니다.
나는 지금 이원성의 베일을 꿰뚫고 비상하여,
투과하는 당신의 에메랄드빛 안에서 정화됩니다.

7. 나는 인류를 통제하려는 타락한 존재들의 음모를 의식적으로 초월합니다. 그들은 창조력이 예측할 수 없기 때문에, 창조력을 막으려고 합니다. 나는 의식적으로 내 존재를 통해서 창조력이 흐르도록 허용하며, 내 창조력을 제한하려는 세력에게 나의 영적인 빛을

주기를 거부합니다.

사랑하는 사이클로피아, 삶은 단지,
마음이 투사한 상들을 반사할 뿐입니다.
치유의 열쇠는, 에고가 뒤에 숨기는 상들을,
마음에서 지우는 것입니다.

사랑하는 사이클로피아, 나는 높은 목표를 원하며,
당신의 치유 화염에 나는 언제나 가까워집니다.
나는 이제 당신의 완전한 눈을 통해 내 삶을 보며,
모든 질병을 넘어 I AM은 날아갈 준비가 되었습니다.

8. 이로써 나는 살아 있는 그리스도가 내 존재로 들어와 나를 가두는 거짓을 드러내게 허용하겠습니다. 나는 정말로 내가 물질우주에서 직면하는 어떤 문제와 어떤 한계를 넘어서게 하는 창조적인 해결책을 과감히 가져오겠습니다.

사랑하는 사이클로피아, 당신의 에메랄드 화염은,
교묘한 이원성 파워 게임을 모두 드러냅니다.
진리가 오직 한 가지로만 정의된다고 말하기를 원하는,
게임도 여기에 포함됩니다.

사랑하는 사이클로피아, 나는 흐름을 느낍니다.
당신이 나에게 살아 있는 진리를 줄 때,
나는 지상의 모든 체계를 초월하는 진실을 알며,
당신의 빛에 몰입하여 나는 계속 성장합니다.

9. 나는 물질세계 전체가 마-터 빛의 에너지에서 창조되었고, 마-터 빛은 그것이 취한 형태에 갇힐 수 없음을 의식적으로 받아들입

니다. 의식적인 공동-창조자로써, 나는 그 빛을 오래된 형태에서 해방하고 그리스도의 마음과 하나됨의 마음에서 오는 이미지를 투사합니다.

완전함으로 가속하소서. I AM은 실재하며,
완전함으로 가속하소서. 모든 생명은 치유됩니다.
완전함으로 가속하소서. I AM은 무한한 초월이며,
완전함으로 가속하소서. 모든 의지는 비상합니다.

완전함으로 가속하소서! (3회)
사랑하는 사이클로피아와 버지니아.
완전함으로 가속하소서! (3회)
사랑하는 라파엘과 마리아.
완전함으로 가속하소서! (3회)
사랑하는 힐라리온.
완전함으로 가속하소서! (3회)
사랑하는 I AM.

2. 나는 완전함으로 의사소통합니다

1. 나는 질병이란 내 존재를 통해 흐르는 창조력을 무언가가 막았다는 삶 자체에서 오는 메시지라고 인식합니다. 이로써 나는 질병을 일으키는 의식을 초월하기 위해 창조적인 흐름과 다시 결합합니다.

대천사 라파엘, 강렬한 당신의 빛은,
모든 인간적 허식 너머로 나를 들어올립니다.
성모 마리아와 당신의 비전은 너무나 대담해서,
우리의 가장 높은 잠재력을 펼쳐 보입니다.

**대천사 라파엘, 비전을 청하며 기도합니다.
대천사 라파엘, 내게 길을 보여 주소서.
대천사 라파엘, 당신의 에메랄드 광선은,
대천사 라파엘, 내 인생에 새로운 날을 엽니다.**

2. 내가 어떤 영적인 가르침을 공부해야 하거나 어떤 기법을 실행할지 어떻게 창조적인 흐름이 나를 통해 흐르게 할지 내적인 안내를 내 상위자아와 영적인 스승이 나에게 알려 주도록 허용하겠습니다. 나는 기꺼이 진리의 영(Spirit)을 충분히 경험하겠습니다.

대천사 라파엘, 에메랄드 구체 안에서,
나는 항상 순결한 비전을 유지합니다.
성모 마리아는 신성한 가슴 안에 나를 감싸니,
나는 어머니의 진정한 사랑과 결코 분리되지 않습니다.

**대천사 라파엘, 비전을 청하며 기도합니다.
대천사 라파엘, 내게 길을 보여 주소서.
대천사 라파엘, 당신의 에메랄드 광선은,
대천사 라파엘, 내 인생에 새로운 날을 엽니다.**

3. 나는 내 자신을 학생으로 보지 않고 멈출 때라고 인식합니다. 나는 어느 수준의 통제력을 이루었다고 깨닫습니다. 내가 다른 사람들과 공유할 무언가를 가지고 있으며, 다른 사람들을 도울 수 있다고 받아들입니다. 나는 다른 사람들을 돕는 것이 다섯 번째 광선 입문의 본질임을 깨닫습니다.

대천사 라파엘, 당신은 모든 질병을 치유하며,
이제 내 몸의 모든 세포를 빛 속에 봉인합니다.
성모 마리아의 무결한 관념을 깨달으며,

완전한 건강은 이제 나의 현실이 됩니다.

**대천사 라파엘, 비전을 청하며 기도합니다.
대천사 라파엘, 내게 길을 보여 주소서.
대천사 라파엘, 당신의 에메랄드 광선은,
대천사 라파엘, 내 인생에 새로운 날을 엽니다.**

4. 나는 내 불순물의 본질이 분리된 자아에 초점을 맞추는 것이라고 인식합니다. 나는 내가 분리된 존재라는 환영에 도전하며 이의를 제기합니다. 사랑하는 아이앰 현존이여, 내가 분리된 자아를 무너뜨리고 완전함으로 돌아가게 도와주세요.

대천사 라파엘, 실재하는 당신의 빛은,
내면에서 그리스도의 비전을 드러냅니다.
성모 마리아는 진실로 나의 초월을 도우시니,
나는 당신과 함께 에메랄드빛 안에서 상승합니다.

**대천사 라파엘, 비전을 청하며 기도합니다.
대천사 라파엘, 내게 길을 보여 주소서.
대천사 라파엘, 당신의 에메랄드 광선은,
대천사 라파엘, 내 인생에 새로운 날을 엽니다.**

5. 사랑하는 아이앰 현존이여, 나의 정체성을 변화하게 도와주세요, 이로써 나 자신을 전체에 연결되었고, 내 상위자아와 연결되었으며, 상승 마스터와 연결되었고, 창조주와 연결된 한 개체로 보게 됩니다. 그 연결을 통해, 나는 또한 모든 생명과 연결되며, 그리스도와 함께 말합니다: "내가 들어 올려지면, 나는 모든 사람을 내게로 이끌겠습니다."

대천사 라파엘, 강렬한 당신의 빛은,
모든 인간적 허식 너머로 나를 들어올립니다.
성모 마리아와 당신의 비전은 너무나 대담해서,
우리의 가장 높은 잠재력을 펼쳐 보입니다.

대천사 라파엘, 비전을 청하며 기도합니다.
대천사 라파엘, 내게 길을 보여 주소서.
대천사 라파엘, 당신의 에메랄드 광선은,
대천사 라파엘, 내 인생에 새로운 날을 엽니다.

6. 사랑하는 아이앰 현존이여, 나의 자기 인식에서 미묘한 전환을 하게 도와주세요, 그래서 내가 분리된 자아를 치유하지 않고, 분리된 자아를 죽게 하겠습니다. 내가 전체의 표현인 진정한 개체성에 융합하게 도와주세요. 내가 환영을 보고 그것을 진정으로 놓아 버리며, 허상을 포기하고 분리된 자아를 죽게 함으로써, 질병을 일으킨 바로 그 의식을 초월하게 도와주세요.

대천사 라파엘, 에메랄드 구체 안에서,
나는 항상 순결한 비전을 유지합니다.
성모 마리아는 신성한 가슴 안에 나를 감싸니,
나는 어머니의 진정한 사랑과 결코 분리되지 않습니다.

대천사 라파엘, 비전을 청하며 기도합니다.
대천사 라파엘, 내게 길을 보여 주소서.
대천사 라파엘, 당신의 에메랄드 광선은,
대천사 라파엘, 내 인생에 새로운 날을 엽니다.

7. 사랑하는 아이앰 현존이여, 나는 내 개체성을 다른 사람들과 분리된 존재로 보지 않기 때문에 완전한 이음새 없는 의복을 짜게 도

와주세요. 나는 그것을 더 큰 전체의 한 측면으로 보며, 다른 사람들도 전체의 측면으로 봅니다.

대천사 라파엘, 당신은 모든 질병을 치유하며,
이제 내 몸의 모든 세포를 빛 속에 봉인합니다.
성모 마리아의 무결한 관념을 깨달으며,
완전한 건강은 이제 나의 현실이 됩니다.

대천사 라파엘, 비전을 청하며 기도합니다.
대천사 라파엘, 내게 길을 보여 주소서.
대천사 라파엘, 당신의 에메랄드 광선은,
대천사 라파엘, 내 인생에 새로운 날을 엽니다.

8. 나는 지구상에서 발견되는 분열에 기반을 둔 자신과 더 이상 동일시하지 않겠습니다. 나는 자신을 오직 공동-창조자로 보기 때문에, 모든 분열이 사라졌습니다. 나는 신의 존재인 태양의 표현이고, 햇빛이며, 전체에서 빛나며 세상을 비추지만 혼자가 아닙니다. 나는 창조주와 이 행성을 비추는 모든 다른 태양 광선과 함께 세상을 비추고 있습니다.

대천사 라파엘, 실재하는 당신의 빛은,
내면에서 그리스도의 비전을 드러냅니다.
성모 마리아는 진실로 나의 초월을 도우시니,
나는 당신과 함께 에메랄드빛 안에서 상승합니다.

대천사 라파엘, 비전을 청하며 기도합니다.
대천사 라파엘, 내게 길을 보여 주소서.
대천사 라파엘, 당신의 에메랄드 광선은,
대천사 라파엘, 내 인생에 새로운 날을 엽니다.

9. 나는 이제 누구도 나를 완전함에서 벗어나게 할 수 없다는 진실을 따라 갑니다. 나는 이 세상에서 아무것도 나를 완전함에서 벗어나게 할 수 없음을 알고, 따라서 나는 이 세상의 무엇으로도 위협을 느끼지 않습니다. 나는 누군가가 말하는 무엇으로도 상처받지 않습니다. 나는 완전함의 상태에서 다른 사람들과 의사소통에 들어갑니다.

천사들과 함께 날아올라,
나는 그 이상의 현존이 됩니다.
천사들은 진실로 존재하니,
그들의 사랑은 모든 것을 치유합니다.
천사는 평화를 가져오며,
모든 갈등은 그칩니다.
빛의 천사들과 함께,
우리는 새로운 높이로 비상합니다.

천사 날개의 바스락거리는 소리,
물질조차 노래하는 기쁨이여,
모든 원자를 울리는 기쁨이여,
천사들의 날갯짓과 조화 속에서.

3. 나는 자기-초월에서 성취를 발견합니다

1. 나는 내가 이 세상에서 아무것도 필요하지 않음을 압니다. 나는 다른 사람들에게서 뭔가를 얻으려고 여기에 있지 않습니다. 나는 다른 사람들에게 주기 위해, 신께서 나를 통해 다른 사람들에게 주도록 허용하려고 여기에 있습니다. 이것에서, 나는 궁극적인 성취감을 발견합니다.

사랑하는 사이클로피아, 당신이 계시한,
진리는 이원성의 질병을 치유하고,
당신의 에메랄드빛은 뛰어난 향유와도 같아,
내 감정체는 완전히 고요해집니다.

**사랑하는 사이클로피아, 에메랄드 구체 안에서,
나는 항상 명확한 비전을 충실히 지키고,
인식을 높여서 인내해 나가며,
내 가슴 깊은 곳에서 나는 당신의 진리를 경배합니다.**

2. 나는 거짓에서 진리를 분리하는 다섯 번째 광선의 입문을 기꺼이 통과하겠으며, 따라서 나는 지구상의 누군가에게 결코 조종되지 않습니다. 나는 물질우주 자체가 목적이 아님을 알기에, 내 에고가 물질우주에서 만족을 느끼도록 조작될 수 없습니다.

사랑하는 사이클로피아, 당신과 함께,
내 마음을 흐리게 하는 모든 부정적인 나선을 풉니다.
순수한 깨어 있음이야말로 진정 내 핵심이며,
넓게 열린 문이 되기 위한 열쇠임을 압니다.

**사랑하는 사이클로피아, 나의 내면의 눈을 정화하소서.
권능을 얻은 나는 영혼의 두려운 밤을 관통합니다.
나는 지금 이원성의 베일을 꿰뚫고 비상하여,
투과하는 당신의 에메랄드빛 안에서 정화됩니다.**

3. 나는 창조력의 궁극적인 표현인 끊임없는 자기-초월에 오직 성취가 있음을 압니다. 나는 매 순간 새롭고 더 큰 정체성을 공동-창조하고 있습니다. 나는 매일 그 날만의 표현이 있기 때문에, 어제로 충분한 정체성에 내 자신이 갇히게 결코 허용하지 않겠습니다.

사랑하는 사이클로피아, 삶은 단지,
마음이 투사한 상들을 반사할 뿐입니다.
치유의 열쇠는, 에고가 뒤에 숨기는 상들을,
마음에서 지우는 것입니다.

**사랑하는 사이클로피아, 나는 높은 목표를 원하며,
당신의 치유 화염에 나는 언제나 가까워집니다.
나는 이제 당신의 완전한 눈을 통해 내 삶을 보며,
모든 질병을 넘어 I AM은 날아갈 준비가 되었습니다.**

4. 나는 무엇도 결코 충분하지 않은 생명의 강의 계속되는 흐름과 하나입니다. 어떤 것도 결코 충분하지 않다는 현실을 깨닫고 이해하면서, 나는 또한 모든 것이 충분하다고 깨닫습니다. 여정의 모든 단계에 성취가 있습니다.

사랑하는 사이클로피아, 당신의 에메랄드 화염은,
교묘한 이원성 파워 게임을 모두 드러냅니다.
진리가 오직 한 가지로만 정의된다고 말하기를 원하는,
게임도 여기에 포함됩니다.

**사랑하는 사이클로피아, 나는 흐름을 느낍니다.
당신이 나에게 살아 있는 진리를 줄 때,
나는 지상의 모든 체계를 초월하는 진실을 알며,
당신의 빛에 몰입하여 나는 계속 성장합니다.**

5. 나는 성취가 변하지 않는 뭔가를 소유하는 데에서 오지 않고 초월에서 온다는 사실을 압니다. 나는 어떤 궁극적인 목표의 달성이 나에게 성취감을 준다는 환영을 거부합니다. 나는 자기-초월에서, 내 여정에서 다음 단계를 취하는 것으로 성취를 찾습니다.

사랑하는 사이클로피아, 당신이 계시한,
진리는 이원성의 질병을 치유하고,
당신의 에메랄드빛은 뛰어난 향유와도 같아,
내 감정체는 완전히 고요해집니다.

사랑하는 사이클로피아, 에메랄드 구체 안에서,
나는 항상 명확한 비전을 충실히 지키고,
인식을 높여서 인내해 나가며,
내 가슴 깊은 곳에서 나는 당신의 진리를 경배합니다.

6. 나는 모두가 유한하고 한계 있는 형태의 세계에서 오지 않았음을 압니다. 나는 그 한계를 넘어선 영역에서 여기로 왔습니다. 따라서 나는 한계에 구속되지 않습니다. 나는 유한한 세상을 넘어서 자아감을 확장시킵니다. 나는 무한에서 태어났고 충만함을 실현해서 돌아갈 무한한 존재의 충만함입니다.

사랑하는 사이클로피아, 당신과 함께,
내 마음을 흐리게 하는 모든 부정적인 나선을 품니다.
순수한 깨어 있음이야말로 진정 내 핵심이며,
넓게 열린 문이 되기 위한 열쇠임을 압니다.

사랑하는 사이클로피아, 나의 내면의 눈을 정화하소서.
권능을 얻은 나는 영혼의 두려운 밤을 관통합니다.
나는 지금 이원성의 베일을 꿰뚫고 비상하여,
투과하는 당신의 에메랄드빛 안에서 정화됩니다.

7. 나는 다른 사람들에게 그들의 현재 상태와 그들의 현재 정체성을 넘어서는 뭔가가 있음을 전하려고 시범을 보입니다. 나는 그들이 변할 수 없거나 변할 필요가 없다는 바로 그 환영인, 환전상의

탁자를 뒤엎으려고 들어가는 살아 있는 그리스도입니다.

사랑하는 사이클로피아, 삶은 단지,
마음이 투사한 상들을 반사할 뿐입니다.
치유의 열쇠는, 에고가 뒤에 숨기는 상들을,
마음에서 지우는 것입니다.

**사랑하는 사이클로피아, 나는 높은 목표를 원하며,
당신의 치유 화염에 나는 언제나 가까워집니다.
나는 이제 당신의 완전한 눈을 통해 내 삶을 보며,
모든 질병을 넘어 I AM은 날아갈 준비가 되었습니다.**

8. 나는 사람들이 유한한 요건을 충족하면 영적인 세계와 신의 왕국에 들어간다는 환영을 산산조각 내기 위해 여기에 있습니다. 나는 신의 왕국에 들어가려면 우리가 오직 유한한 자아를 죽게 하고, 무한한 정체성으로 돌아가야 함을 증명하기 위해서 여기에 있습니다.

사랑하는 사이클로피아, 당신의 에메랄드 화염은,
교묘한 이원성 파워 게임을 모두 드러냅니다.
진리가 오직 한 가지로만 정의된다고 말하기를 원하는,
게임도 여기에 포함됩니다.

**사랑하는 사이클로피아, 나는 흐름을 느낍니다.
당신이 나에게 살아 있는 진리를 줄 때,
나는 지상의 모든 체계를 초월하는 진실을 알며,
당신의 빛에 몰입하여 나는 계속 성장합니다.**

9. 나는 붓다와 함께 말합니다: "나는 깨어 있다." 나는 기꺼이 내

낡은 정체성을 마주하고, 그것을 똑바로 보며, 그것이 진정한 내가 아님을 인식하고, 그것이 죽도록 결정하고, 그 허상을 포기하겠습니다. 나는 더 이상 내 무한한 영이 유한한 정체성이라는 십자가에 매달리게 하지 않겠습니다. 나는 그것을 놓아 버리고 더 무한한 정체성으로 다시 태어납니다.

완전함으로 가속하소서. I AM은 실재하며,
완전함으로 가속하소서. 모든 생명은 치유됩니다.
완전함으로 가속하소서. I AM은 무한한 초월이며,
완전함으로 가속하소서. 모든 의지는 비상합니다.

완전함으로 가속하소서! (3회)
사랑하는 사이클로피아와 버지니아.
완전함으로 가속하소서! (3회)
사랑하는 라파엘과 마리아.
완전함으로 가속하소서! (3회)
사랑하는 힐라리온.
완전함으로 가속하소서! (3회)
사랑하는 I AM.

4. 나는 모든 유한함을 포기합니다

1. 나는 가슴으로 소통하는 완전히 새로운 수준에 오릅니다. 나는 이제 내가(I AM) 누구인지 앎으로써 경험하는 완전함에 다른 사람들이 더 가까이 가도록 돕고, 치유하며, 주기 위해서 다른 사람들과 의사소통하려고 합니다.

힐라리온, 에메랄드 바닷가에서,
과거에 존재했던 모든 것에서 해방됩니다.

힐라리온, 신성한 흐름 안에 있는 것을 막는,
모든 것을 나는 놓아 보냅니다.

**오 성령이시여, 나를 통해 흐르소서.
나는 당신을 위해 열린 문입니다.
세차게 흘러오는 전능한 빛의 강이여,
초월은 나의 신성한 권리입니다.**

2. 나는 사람들의 자유의지 선택을 통해서 그들을 깨우려고 소리의 창조력을 사용하려고 합니다. 나는 사람들을 강요하지 않으며 그들이 더 나은 선택을 하도록 돕기 위해 말을 사용하려고 합니다. 나는 내 아이앰 현존의 흐름에 열려 있으며, 창조력이 자유롭게 흐르도록 허용합니다.

힐라리온, 비밀의 열쇠는,
지혜의 실재입니다.
힐라리온, 모든 생명은 치유되고,
에고의 얼굴은 더 이상 감춰지지 않습니다.

**오 성령이시여, 나를 통해 흐르소서.
나는 당신을 위해 열린 문입니다.
세차게 흘러오는 전능한 빛의 강이여,
초월은 나의 신성한 권리입니다.**

3. 성모 마리아와 하나 되어, 나는 내맡김의 필요성을 인식합니다. 나는 내맡김의 엄청난 힘을 인식합니다. 나는 유한함을 포기하며, 유한한 매트릭스에서 비워집니다. 나는 비워짐으로써 나를 통해 표현하는 무한을 위한 열린 문입니다.

힐라리온, 생명에 대한 당신의 사랑은,
내가 내적 투쟁을 내려놓도록 도와줍니다.
힐라리온, 당신의 사랑 어린 말은,
새들의 노래처럼 내 가슴을 뛰게 합니다.

**오 성령이시여, 나를 통해 흐르소서.
나는 당신을 위해 열린 문입니다.
세차게 흘러오는 전능한 빛의 강이여,
초월은 나의 신성한 권리입니다.**

4. 나는 무한한 개체성이 표현되도록 모든 유한한 제한을 포기합니다. 나는 내 개체성의 프리즘을 통해서 그리스도 신성을 표현합니다. 나는 내 아이앰 현존이 예수님을 통해서 이룬 것보다 나를 통해 더 큰 일들을 하도록 허용함으로써 예수님께 그의 승리를 드리겠습니다.

힐라리온, 빛을 불러내소서.
당신의 신성한 공식을 낭송하소서.
힐라리온, 당신의 비밀스런 어조는,
신성한 철학자의 돌입니다.

**오 성령이시여, 나를 통해 흐르소서.
나는 당신을 위해 열린 문입니다.
세차게 흘러오는 전능한 빛의 강이여,
초월은 나의 신성한 권리입니다.**

5. 예수님과 하나 되어, 나는 오늘날 이 시대에 적합한 창조력의 표현을 허용하겠습니다. 나는 그들의 정체성에 도전하고, 대부분의 사람이 상상하는 인간보다 훨씬 더 크다는 인식으로 그들에게 도전하

겠습니다.

힐라리온, 당신은 크레타의 사원에서,
사랑으로 나에게 인사합니다.
힐라리온, 당신의 에메랄드빛을,
제3의 눈이 그리스도 시야로 봅니다.

**오 성령이시여, 나를 통해 흐르소서.
나는 당신을 위해 열린 문입니다.
세차게 흘러오는 전능한 빛의 강이여,
초월은 나의 신성한 권리입니다.**

6. 예수님과 하나 되어, 내가 영적인 존재라고 완전히 받아들입니다. 나는 이 세상에서 나의 무한한 자아를 표현할 권리가 있음을 받아들입니다. 나는 내맡기며 유한한 감각에서 비워집니다. 나는 무한한 힘, 지혜, 사랑, 순수함, 진실, 치유, 봉사, 평화, 자유와 나의 개인적 신의 불꽃인 모든 신의 가치로 충만합니다.

힐라리온, 당신은 나에게,
절대적인 진리의 과일을 줍니다.
힐라리온, 야망을 놓아 버릴 때,
모든 스트레스는 사라집니다.

**오 성령이시여, 나를 통해 흐르소서.
나는 당신을 위해 열린 문입니다.
세차게 흘러오는 전능한 빛의 강이여,
초월은 나의 신성한 권리입니다.**

7. 나는 내가 인간 존재 이상이며, 지구가 한계와 결핍을 가진 물질

적이고, 물리적인 행성 이상이라고 완전히 받아들입니다. 나는 물질 우주 안에서 아무것도 피할 수 없고, 아무것도 바꿀 수 없다는 말을 받아들이지 않습니다. 나는 내가 신의 눈과 손과 발이며, 신의 대변자임을 받아들이기 때문에, 신께서 눈을 깜빡이는 순간에 모든 것이 변화될 수 있습니다.

힐라리온, 가장 미묘한 두려움을,
놓아 버릴 때 내 차크라들은 정화됩니다.
힐라리온, 나는 진실하며,
자유의 진리를 숭배합니다.

오 성령이시여, 나를 통해 흐르소서.
나는 당신을 위해 열린 문입니다.
세차게 흘러오는 전능한 빛의 강이여,
초월은 나의 신성한 권리입니다.

8. 나는 깨어나고 있습니다! 나는 내 자신이 깨어남을 통과하도록 허용하며, 결코 다시는 자신을 낡은 방식으로 바라보지 않겠습니다. 나는 내가 더 크다고 깨닫습니다. 매 순간, 내가 그 이상이 됨으로써, 이 행성 전체를 고양하고 있습니다. 나는 내가 여기 있기 때문에 변화가 있으며, 앞으로 변화가 있을 거라고 받아들입니다.

힐라리온, 당신은 내 요청으로,
일곱 광선을 모두 균형 잡습니다.
힐라리온, 내가 전적으로 당신과 하나가 될 때,
당신은 나를 진실되게 유지합니다.

오 성령이시여, 나를 통해 흐르소서.
나는 당신을 위해 열린 문입니다.

세차게 흘러오는 전능한 빛의 강이여,
초월은 나의 신성한 권리입니다.

9. 나는 내 진보를 보면서 기뻐하고 과거의 타성을 극복하려는 내 의지와 그 이상이 되려는 내 의지를 보면서 기뻐하는, 내 영적인 어머니의 무한한 기쁨에 봉인되었다고 받아들입니다. 나는 항상 그 이상이며 항상 나를 더 크게 보는 사랑, 신성한 어머니의 무한한 사랑에 봉인되었습니다.

힐라리온, 당신의 현존이 여기에 있고,
나의 내면 구체를 가득 채웁니다.
삶은 이제 신성한 흐름이며,
모두에게 신의 비전을 부여합니다.

오 성령이시여, 나를 통해 흐르소서.
나는 당신을 위해 열린 문입니다.
세차게 흘러오는 전능한 빛의 강이여,
초월은 나의 신성한 권리입니다.

봉인하기
신성한 어머니의 이름으로, 나는 이 요청의 힘이 마-터 빛을 자유롭게 하는데 사용되어, 나 자신의 삶과 모든 사람과 행성을 위한 그리스도의 완전한 비전을 구현할 수 있음을 전적으로 받아들입니다. I AM THAT I AM의 이름으로, 그것이 이루어졌습니다! 아멘.

12
평화롭게 있음으로써 온전히 봉사하세요

평화와 봉사의 여섯 번째 광선을 대표하는 예수님의 구술문.

　나는 진정한 예수입니다. 사람들이 2000년 가까이 숭배해야 한다고 생각하던 거짓 예수가 아닙니다. 나는 정말로 무조건적이고 무한하고 끝없으며 무궁무진한 기쁨인 신의 불꽃의 표현입니다. 그런데 왜 내가 숭배를 받을 필요가 있나요?
　대부분의 크리스천 문화 안에서 자랐던 사람들 중 몇이나 "예수 그리스도"라는 이름에서 기쁨을 떠올릴까요? 분명히, 여러분 중 아무도 없을 것입니다! 충분히 이해할 만합니다. 사랑하는 이들이여, 만약 여러분이 이 지구상의 수십억 크리스천에게 그 질문을 한다면, 그들 중 거의 아무도 감히 확신을 가지고 대답하지 못할 것입니다.
　지난 2000년 동안 왜곡된 그리스도교가 만든 오명이 이 행성 위에 먹구름처럼 드리워져 있습니다. 하지만 내가 기쁜 메시지를 가지고 왔다고 말해야겠습니다. 나의 육체적이고 영적인 어머니께서 어제 말씀하셨듯이, 내 승리와 부활의 결과로 심판받아, 어떤 죽음의 의식이 이 행성에서 제거되었습니다. 그것은 실로 사람들을 자유롭게 하고, 사람들에게 더 높은 의식 수준으로 오를 수 있는 잠재력을 준 매우 기쁜 일이었습니다.

나는 이 세상에 기쁨을 가져옵니다

나는 지난 2000년 동안 많은 생애에 걸쳐 그리스도교의 모든 측면을 보았습니다. 오늘날 내면의 수준에서 준비가 된 일부 사람들이 내가 가져오는 기쁜 메시지를 진심으로 받아들이게 하려고 더 많은 기쁨의 불꽃을 가지고 왔습니다. 신의 왕국은 가까이 있습니다!

죽음의 의식이 사라졌을 때, 많은 사람에게 정말로 지구상에서 그리스도 의식의 실현이 가능하게 되었습니다. 이전에는 비록 이론상으로 가능했지만 현실적으로는 불가능했습니다. 그리스도 신성의 달성이 소수에게는 가능했지만, 많은 사람에게는 분명히 불가능했습니다. 이제 우리는 전례 없는 가능성을 가지고 있으며, 많은 사람이 그리스도 신성을 실현하고 표현하며 세상에 과감하게 알릴 수 있습니다.

본질적인 봉사

신의 평화와 신의 봉사인 여섯 번째 광선의 대표자로써, 나는 그 광선이 어떻게 여러분의 가슴으로 소통하도록 돕는지 자세히 설명하겠습니다. 봉사의 본질이 무엇입니까? 그것은 바로 다른 마스터들이 말씀했듯이, 모든 생명이 하나이며 전체를 높여야 자신도 높아진다고 깨닫는 것입니다.

내가 2000년 전에 말했습니다: "친구를 위해 자신의 목숨을 버리는 것보다 더 큰 사랑은 없다." 죽음의 의식을 넘어서는 친구의 잠재력을 깨어나게 하려고, 천상의 영적인 존재가 영적인 삶을 내려놓고 죽음의 의식으로 지배되는 물질계에 들어가는 행동보다 더 큰 사랑은 없습니다. 예수로써의 내 삶은 동양에서 보살의 서원이라 불리고 있습니다. 보살은 세상의 울부짖음을 듣고, 세상을 떠나지 않고 거기에 머무르며, 상승하지 않은 형제자매가 더 높은 잠재력에 깨어나도록 돕기 위해, 환생해야 할 카르마가 없더라도 세상에 육화하는 존재입니다.

여러분이 다섯 번째 광선의 입문을 통과할 때, 모든 생명에 봉사하면서 생명을 높이려는 바람이, 가슴으로 소통하는 바로 그 기반이 됩니다. 여기서 우리는 봉사의 개념이 분리된 자아의 환영에 갇힌 자들에 의해 어떻게 왜곡되었는지 살펴봐야 합니다. 그들은 다른 사람들에게 봉사를 하려면 자신이 선한 의도를 가져야만 한다고 속고 있습니다. 어쨌든 그들은 사람들이 천상의 왕국에 자동으로 들어가게 해 준다고 믿는 특정한 종교의 구성원이 되고 구원을 받으라는 강요가 받아들여질 거라고 생각합니다. 나는 신의 왕국이 내면에 있기에, 어떤 외적인 종교도 혼인 잔치에 들어간다는 보장을 해 주지 못한다고 분명히 보여 주기 위해서, 많은 말과 여러 우화들을 전해 주었습니다. 사랑하는 이들이여, 어떻게 외적인 방법을 통해서, 내면의 왕국에 들어갈 수 있겠습니까?

내면의 왕국은 오직 의식의 변형, 가슴의 변형을 통해서만 들어갈 수 있습니다. 여러분은 그 변형을 겪도록 누구도 강요하지 못합니다. 그것은 자유로운 선택의 결과로써 그 존재의 내면에서 와야 합니다.

사람들에게 더 큰 것이 있음을 보여 주세요

여러분은 사람들에게 희망이 있다고 보여 줄 수 있습니다. 사람들이 기꺼이 더 나은 삶을 찾는다면, 더 나은 삶을 이룰 수 있다는 희망을 가지게 됩니다. 여러분은 이 세상의 높고 힘 있는 자들인 파워 엘리트와, 사원의 사제와 과학과 종교와 그리고 학자와 바리새인 앞에 서서 두려워하지 않는 더 높은 의식 상태가 있음을 시범 보여 주고 희망을 가져와야 합니다. 여러분은 두려움이 없이 그들 앞에 서야 하며, 신념이 아니라, 영적인 지식과 자신의 영적인 존재와 신의 실재를 입증해야 합니다. 여러분에게 신은 최후의 답변을 찾지 못한 채, 끝없이 찬반을 논하는 이론적인 개념이 아닙니다. 여러분은 내면에서 살아 있는 신을 경험하고 이로써 최종적인 답을 가지게 됩니다.

"나와 내 아버지는 하나입니다." 이것은 내 기쁨의 선언이었습니다. 이것은 신이 존재한다는 증거이며, 자유의지를 고려할 때에만 가능한 유일한 증거입니다. 궁극적인 논쟁이 있을 수 없습니다. 모두가 볼 수 있으나, 아무도 부인하지 못하는 어떤 실체가 천상에는 없는데, 그것은 자유의지의 법칙 자체를 위반하기 때문입니다. 심지어 내 기적은 그 당시 단지 소수에게만 보여 주었습니다. 사실상 나를 다른 인간들과 구별하기 위해서, 어떤 종류의 신이나 더 정확히 말해 거짓된 신으로 바꾸기 위해 사용될 의도가 아니었음을 이해해야 합니다. 신 이외에 무엇도 선하지 않은데, 왜 여러분은 나를 선하다고 부릅니까? 나는 "스스로 아무것도 하지 못한다"고 말했는데, 왜 여러분은 나를 신이라고 부릅니까? 어떻게 예수 그리스도가 처음부터 신이었고, 결코 죄를 짓지 않았으며, 사명이 결코 실패할 수 없었다고 주장할 수 있습니까? 이것은 터무니없는 말입니다! 사랑하는 이들이여, 나는 여러분이 이것에 도전하기를 두려워하지 않고, 정말 모든 기회에 그것에 도전하기를 기대합니다.

의문의 여지가 없는 것에 의문을 가지세요

거짓 교사들의 가장 큰 음모는 절대적이고 확실한 상태로 높여 버린 기본적인 패러다임과 추정에 누구도 과감하게 공개적으로 지적하지 못하게 하는 환경을 만들려고 합니다. 다른 마스터들이 잠재의식 마음의 데이터베이스가 특정한 세계관 위에 어떻게 구축되는지에 대해 말한 내용을 생각해 보세요. 거짓 교사들은 모든 사람이 개인 데이터베이스의 기반으로 이원성 신념 체계를 끌어당기게 하려고 노력합니다. 그들은 아무도 그러한 이원성 환영을 과감하게 공개적으로 말하며 도전하지 못하게 하는 환경을 조성하려고 노력합니다.

이원성 환영이 도전받지 않는 한, 사람들은 환영의 필터를 통해 삶의 모든 측면을 바라보며, 전적으로 환영 위에 그들의 개인적인 데이터베이스를 구축합니다. 도대체 어떻게 그들이 살아 있는 진리를 알까요? 분명히 여러분이 알듯이, 그들은 어떻게 이원성에 기반을 둔 어떠한 데이터베이스에도 맞출 수 없는 진리의 영(Spirit)을 경험할까요? 이것은 딜레마로 거짓 교사, 눈 먼 지도자가 사람들을 가둬 놓고, 이 행성을 통제할 수 있다고 생각하면서, 사람들을 무한정 잡아 두려는 환영입니다. 그들은 어머니 칼리(Kali)의 힘이 자신의 감옥을 모두 무너뜨릴 수 있다는 사실을 깨닫지 못합니다.

내 어머니께서 설명하셨듯이, 여러분은 이 세상의 무엇으로도 완전히 만족할 수 없습니다. 비록 신과 천상의 세계와 구원의 길을 묘사하는 아름다운 신학 기반을 가진다 해도, 여전히 그것으로 완전히 만족하지 못합니다. 심지어 우리가 오늘 준 가르침, 낡은 교리와 신조를 훨씬 넘어선 가르침과 내 웹사이트에 올렸던 다른 곳에서 못 보던 가르침, 이것들로도 여러분은 완전히 만족하지 못합니다. 말로 표현된 외적인 가르침을 넘어서 여러분이 자신 안에 살아 있는 신과 진리의 영을 경험하기 바랍니다.

객관성이 가능한가?

여러분이 그런 바람을 가졌고, 기꺼이 그것을 따르며, 살아 있는 신을 정말로 경험했음을 과감하게 증명할 때, 이 바람은 인류를 깨우는 희망입니다. 이원성 의식에 갇힌 자들은 이 경험의 모든 측면을 부인하거나 조롱하려 합니다. 모두가 주관적인 경험의 문제이며 객관적인 경험과 객관적인 실체가 없다는, 매우 "영리한" 믿음을 제시하려 합니다.

그 미묘한 차이를 이해해야 합니다. 여러분은 창조주의 개체화입니다. 창조주는 어디에나 존재합니다. 여러분의 자아감은 특정하게 한정된 지점에 초점을 맞추고 있습니다. 창조주는 전체를 편재한 관점에서 보지만, 여러분은 세상을 한정된 관점에서 봅니다. 여러분은 창조주의 편재한 관점을 가지 있지 않다는 사실을 분명하게 알고 있지 않습니까? 그렇다고 그것이 여러분이 객관적인 경험을 가질 수 없다는 의미일까요?

자, 그것은 여러분이 "객관적"이라는 말을 어떻게 정의하는가에 달려 있습니다. 여러분이 만약 객관적인 경험을 할 수 없다는 물질주의자의 주장이 옳다면, 그들은 자신의 철학과 논증을 무효화하게 됩니다. 왜냐하면 물질주의와 물질주의 신념, 그리고 어떤 형태의 신념을 넘어서는 물질주의 우월성 또한 논리적으로는 주관적인 경험이기 때문입니다. 물질주의 우월성은 어떤 종교보다 조금도 더 나을 것이 없습니다. 그들은 사실 "내 주관적인 경험이 당신의 주관적인 경험보다 우월하다"고 논쟁할 뿐입니다. 이것은 물론, 그들이 정직하다면, 자신의 모든 논쟁을 무효화하게 됩니다.

우리는 여러분이 객관성의 개념을 좀 더 깊이 이해할 필요가 있다고 깨달았으며, 이것은 아주 단순한 문제입니다. 우리가 말했듯이 이 행성의 어떤 인간이든 바로 이 순간에 자신의 개인적인 데이터베이스를 통해서 세상을 바라봅니다. 데이터베이스는 이전 경험이나 신념과 연관해서 어떻게 전체를 바라보는지, 어떻게 어떤 경험을 분류하는지에 대한 필터를 형성하게 됩니다. 여러분이 데이터베이스의 필터를 통해서 세상을 보는 일은 주관적인 경험입니다. 여러분이 신을 믿는 종교적인 사람이지만, 신의 현존을 결코 경험하지 못했든, 또는 신의 존재를 부인하는 물질주의자이든, 자신의 주관적인 필터를 통해서 보고 있습니다. 인간은 현재의 필터를 하나 또는 몇 단계 넘어서서, 데이터베이스를 확장하거나 또는 데이터베이스를 뛰어넘는 새로운 이해, 더 높은 이해를 정말 경험할 수 있습니다.

과학과 객관성

수세기 동안 사람들은 확실히 중세의 엄격한 그리스도교가 만든 어떤 위선과 미신을 넘어선 권한을 과학에 부여했습니다. 여러분은 과학 자체가 객관적인 경험을 가진다는 주장을 알지 못합니까? 현재 과학자는 사람이 의식을 통해서는 그런 경험을 가질 수 없다며 부인하고 있습니다.

양자역학이 증명했듯이, 의식으로 들어오지 않으면 결코 경험하지 못합니다. 여러분의 경험이 얼마나 객관적인가 하는 이 질문은 개인의 데이터베이스 필터가 얼마나 밀도가 높은지에 달려 있습니다. 여러분은 데이터베이스 안의 가정과 신념에 의문을 던지고 도전하는 의식적인 노력을 거쳐야 합니다. 데이터베이스의 신념을 더 높은 이해로 대체하거나 모두를 버리고 나면, 비록 여러분이 여전히 한정된 관점으로 세상을 보더라도, 이원성 믿음으로 채워진 데이터베이스 필터를 통해서 세상을 보지 않는 의식 상태로 점차 나아가게 됩니다. 사랑하는 이들이여, 이것이 객관성의 진정한 정의입니다.

그렇다고 여전히 여러분이 육화 중인 동안 달성 가능한 어떤 궁극적인 수준의 객관성에 있다는 의미가 아닙니다. 궁극적인 수준의 유일한 객관성은 창조주의 편재하는 의식입니다. 그럼에도 불구하고, 기꺼이 이원성을 넘어서 보려는 사람들, 그들의 데이터베이스가 어떻게 자신의 세계관을 물들이는지 기꺼이 숙고하는 사람들은 이원성 신념을 정화하는 마음 상태로 나아가게 됩니다. 바울이 그것을 표현했듯이, 사람들은 이제 어두운 유리를 통해 보지 않고, 있는 그대로 보게 됩니다. 그들은 그리스도의 실재를 볼 수 있습니다. 그들은 유한한 세상의 특정한 지점에 집중하지만, 그것을 넘어서 무한함을 받아들일 무한한 잠재력을 가진 영적인 존재로, 창조주의 무한한 존재의 확장으로 자신을 봅니다.

죽음을 극복하기

이것은 오늘날 우리가 현 시대에 사람들과 의사소통하는 중요한 개념입니다. 우리 상승 마스터는 실제로 인류가 암흑기의 미신을 뛰어넘는 유일한 도구로 과학을 후원했습니다. 우리는 인류가 단지 그들의 감각이나 물질 도구를 통해 알아낸 것만 신뢰하며, 인류가 영성을 미신으로 보거나 어떤 유형의 신념을 거부하며 다른 극단으로 빠져들 수도 있는 실질적인 가능성을 알고 있었습니다. 물론, 과학을 후원함으로써 사람들은 물질세계라는 제한된 세계관에 자신을 가두고, 물질세계에는 탈출구가 없다며 독립된 구체로 만들었습니다.

아무것도 물질세계를 넘어서지 못하면, 도대체 어떻게 죽음을 피하고 죽음의 의식에서 탈출할까요? 여러분이 죽음을 피하지 못한다면, 어떻게 죽음의 두려움에서 벗어날까요? 여러분은 오늘날 이 세상 대부분의 사람처럼, 필연적으로 두려움에 의해 통제됩니다.

죽음이 그 힘을 잃어버렸는데, 오 죽음이여, 너의 승리가 어디에 있는가? 이것은 이 세상에 와서 육체적인 죽음을 겪지만, 진정한 영적 정체성으로 부활해서 계속 존재한다고 시범 보였던 내 바람입니다. 나는 모든 사람이 죽음에서 생명으로, 죽음의 의식에서 생명의 의식으로 변형하기를 바랍니다. 이것은 나의 지적인 이해가 아니라, 가슴에서 전하고 말하기 바라는 메시지입니다. 우리가 데이터베이스로 설명한 것처럼, 여러분은 이것을 누군가에게 지적으로 이해하게 하지는 못합니다. 물질주의 의식에 기반을 둔 지적인 데이터베이스 필터를 통해 세상을 보아서는, 그 사람이 결코 초월적인 논리를 알지 못합니다. 그 사람은 반드시 뭔가를 넘어서는 경험을 해야 하며, 여러분이 시범을 보이면, 그것을 보고는 그런 경험에 마음을 열도록 영감을 받을 수도 있습니다. 이것은 여전히 많은 사람이 실제로 사람을 겁주면 개종하리라고 생각하면서 종교를 전파하는 엄격하고, 독단적이며, 광신적인 그런 방법이 아닙니다. 비록 그런 의식 수준에 있는 사람들이 분명히 있지만, 오늘날의 세상에는 정말 극소수의 사람들만이 겁을 먹고 개종할 수 있습니다. 여러분의 역할은 준비가 된 사람에게 두려움을 넘어서서 두려움에 기반을 두지 않는 영성 접근법을 알리는 일입니다.

두려움 없이 말하기

어떻게 그런 영적인 메시지를 전할까요? 오직 가슴으로 말할 때, 두려움 없이 말하게 됩니다. 그러기 위해서 여러분은 다른 사람의 반응에 집착하지 않는 상태가 되어야 합니다.

왜 여섯 번째 광선이 평화와 봉사의 광선일까요? 그것은 간단히 여러분이 완전히 평화롭지 않으면 생명에게 진정한 봉사를 하지 못하기 때문입니다. 오직 평화로울 때, 다른 사람이 무엇을 보내든지 여러분은 가슴에 중심을 두게 됩니다. 오직 그럴 때 여러분은 가슴으로 말하게 됩니다. 오직 가슴으로 말할 때, 여러분은 사람들이 현재 의식 상태에서 나오도록 충격을 주어서, 현재 의식 상태를 넘어서는 진정한 희망이 있음을 그들에게 보여 줄 수 있습니다.

사람들이 여러분에게 불친절할 때 여러분이 동일하게 반응하면, 단지 세상이 부정적인 사람들로 채워진 부정적인 장소라는 그들의 미묘하고 무의식적인 신념을 확인해 줄 뿐입니다. 지적인 수준에서 얼마나 논쟁을 잘하는지 상관없이, 어떻게 그들이 부정성에서 탈출할 수 있을까요? 여러분은 다른 뺨을 돌려대고 그들에게 조건 없는 사랑을 보여 주어야만 합니다. 이것은 비록 그들이 여러분의 신념과, 자신과 여러분의 삶을 조롱하더라도 그들이 말하는 것과 동일한 진동으로 대응하지 않는다는 의미입니다.

동일하게 반응하거나 방어적이 되면, 여러분은 단지 이원성 투쟁의 상태를 넘어서지 못한다고 그들에게 확인해 줄 뿐입니다. 여러분이 동일하게 반응하지 않고, 가슴으로 말해서 다른 뺨을 돌려댈 때, 엄격한 사랑이든 온화한 사랑이든 어떤 결과를 가져 오더라도, 여러분은 그들에게 충격을 주고 생각하도록 만듭니다. 그들이 생각하게 되면, 자신의 의식 상태를 넘어서는 뭔가가 있음을 깨달을 가능성이 실제로 있습니다.

어쩌면 그것은 많은 시범이 필요할 수도 있고, 여러분은 가슴으로 말하려는 다른 사람과 많이 만날지도 모릅니다. 이 행성에서 가슴으로 말하는 사람을 계속 만나도 마음을 움직이지 않는 사람은 아주, 아주, 아주 드뭅니다. 여러분은 마음을 움직일 수 없는 사람에 대해 걱정할 필요가 없습니다. 신의 법칙과 대천사 미카엘의 천사가 때가 되면 그들을 다루기 때문입니다. 그들이 이 행성을 무겁게 짓누르지 않도록, 이 행성과는 다른 종류의 기회를 가질 장소로 천사들이 그들을 데려갑니다. 진실로 나를 위해 그들이 여러분을 욕하고 박해하게 허용하면, 이러한 영혼의 심판을 가져오게 됩니다.

평화의 상태에서 말하세요

여러분이 지속적으로 가슴으로 말하기 위해 어떻게 평화롭게 있어야 합니까? 오직 다른 사람들의 반작용과 반응에 무집착이 될 때, 평화롭게 있을 수 있습니다. 내가 보여 준 무집착은 내 시대에 높고 힘 있는 자들과 낮고 비천한 자들 앞에서 당당하게 말하고, 그들이 원하는 대로 나에게 하도록 내버려두었으며, 심지어 내 육체를 십자가에 못 박아 죽이게 했습니다. 내가 "아버지 그들을 용서하소서. 그들은 자신이 하는 것을 알지 못하기 때문입니다"라고 말함으로써 무집착을 보여 주지 않았나요? 사람들이 여러분에게 어떻게 하든지 단순히 무집착이 되어 신께 그들을 용서해 달라고 요청하면 내면의 평화 상태에 이를 수 있습니다. 여러분은 그들의 의식을 나타내는 어떤 허상이든 포기할 수 있고 그것을 초월하게 됩니다. 그리스도 의식의 훨씬 더 높은 수준으로 자기-초월하지 못하도록 그들이 여러분을 막게 허락하지 않습니다.

예수로서 내 생애를 보면, 많은 다른 방식으로 말했음을 알고 있나요? 때때로 나는 부드럽고 온화하게 말했습니다. 하지만 때때로 나는 소위, 도전적으로 사람을 마주했습니다. 다른 때에는 지금 내가 여러분에게 말하듯이 말했습니다: "그는 서기관들처럼 말하지 않고 권위를 가지고 말했다."

나는 여러분이 먼저 온화하게 말하기를 연습하라고 제안합니다.

하지만 나는 오히려 여러분 상위 존재가 여러분을 통해서 스스로 표현하도록, 항상 온화하게 말해야 한다고 자신을 제한하지 않기를 강력하게 제안합니다. 그 대신, 상황에 적합한 방식으로 여러분의 상위 존재가 여러분을 통해 말하게 하는 무집착의 상태에 이르도록 노력하세요. 여러분이 어떤 사람에게 무엇을 말하며, 그것을 어떻게 말해야 할지 외면의 마음으로 분석하지 말고, 성모 마리아께서 설명했듯이 그렇게 하세요. 여러분을 내맡기고 자신을 비워서 영이 여러분을 채우게 하세요. 나는 내 제자에게 "너희가 무엇을 말할지 생각하지 말라, 그것이 너희에게 주어질 것이다"라고 말하지 않았던가요? 사랑하는 이들이여, 그 지점에 이르면, 영이 여러분을 통해서 말하게 됩니다.

어떻게 영이 말할 때를 아나요?

물론, 그 질문은 여러분 다수가 스스로에게 이렇게 묻는 것입니다: "그러면 어떻게 그 지점에 도달할까? 영이 나를 통해 말하는 때와 그렇지 않은 때를 어떻게 알지?"

많은 사람이 이해하지 못한 간단한 해결책이 있습니다. 여러분이 비록 잘못하거나 가장 높은 진동에 있지 않더라도 기꺼이 말하고자 하면, 항상 영이 여러분을 통해서 말하는 지점에 도달하게 됩니다. 우리 영적인 스승이 만나는 두 부류의 학생이 있습니다. 그 중 이렇게 말하는 학생이 있습니다: "오 주여, 내가 완벽해지고 실수하지 않을 때, 당신이 요구하는 무엇이든 하겠습니다. 그러니 나를 완벽한 상태로 이끌어주시면, 당신이 요구하는 무엇이든 하겠습니다."

이 방식으로는 이루어질 수 없습니다. 여러분은 통달을 어떻게 달성하나요? 옛 속담처럼 연습이 완벽함을 만듭니다. 만약 여러분이 기꺼이 연습하지 않으면, 배울 수 없습니다. 만약 지금 여러분이 가진 이해와 성취를 기반으로 기꺼이 말하지 않으면, 자신의 재능들을 증식하지 못합니다. 그렇지 않나요? 만약 여러분이 자신의 재능들을 증식하지 못하면, 더 높은 의식 수준으로 오를 수 없고, 따라서 영에게 더 많이 받지 못합니다.

가장 훌륭한 봉사자는 완벽함을 위해서 일하지 않습니다. 그들은 이렇게 말하는 다른 유형의 학생입니다: "나는 기꺼이 당신께서 지금까지 내게 주신 재능을 증식하겠습니다. 나는 기꺼이 내 현재의 이해를 기반으로 해서 말하겠습니다. 그것은 상처가 될 수 있습니다. 다른 사람에게 조롱 받을지도 모릅니다. 또한 내가 순진하고 부분적인 이해를 가졌다고 깨달을지도 모릅니다." 여러분은 "나는 여러 번 잘못된 말을 했다"고 느낄지도 모릅니다. 하지만 여러분은 현재의 인식과 이해의 수준에서 말하고 거기에서 배울 권리가 있습니다. 왜냐하면 그것이 여정에서 더 빠르게 나아가는 길이기 때문입니다.

실험 없이는 진보도 없습니다

과학자로서 여러분은 실험을 할 수 있습니다. 여러분이 빛나는 전구를 만들고자 실험할 때, 전구를 만드는데 도움이 되거나 도움이 되지 못하다고 판명되는 결과를 얻습니다. 이제 무엇이 작동하고 무엇이 작동하지 않는지 알기 때문에 어느 쪽이든 진보하게 됩니다. 이를 통해 적절한 재료를 찾을 때까지 계속 바꿔가며 작동할지도 모르는 다른 물질로 실험합니다. 만약 과학자가 실험에 "실패하기를" 거부하면 어떻게 진보를 이루겠습니까?

모든 것을 알고 결코 실수할 수 없다고 느낄 때까지 지식과 이해를 추구한다면, 여러분이 말할 준비가 되기도 전에 이미 세상이 상승했을 것입니다. 세상은 여러분이 공개적으로 말하면서 두려움을 극복할 때까지 기다리지 않습니다.

그래서 내가 2000년 전에 제자에게 가서 "너의 그물을 버리고 나를 따르라"라고 말했습니다. 만약 그들이 나를 따르지 않았다면, 그물에 엉킨 채 남아 있었을 것입니다. 실수에 대해 말하자면, 여러분이 할 수 있는 가장 큰 실수, 또는 저지를 수 있는 유일한 실수는 과감하게 실험하지 않고, 과감하게 공개적으로 말하지 않는 태도입니다.

한 영혼은 삶의 연극을 끝내고 영적인 세계로 들어가서 영적인 교사를 만나 최근의 생애 동안 달성하거나 달성하지 못한 삶을 검토하게 됩니다. 이 때 사람들이 하는 보편적이고 가장 큰 후회는 그들이 뭔가를 하지 않았고, 말하지 않았으며, 하지 않고 남겨두거나, 뭔가를 말하지 않고 남겨두었다는 사실입니다. 그들은 자신이 한 실수 때문에 후회하지는 않습니다. 그들이 너무 두려워서 행동하거나 말하지 않아서 잃어버린 기회 때문에 후회를 합니다. 그래서 내가 제자에게 그들의 빛을 숨기지 말고 지붕 위에서 외치라고 말했습니다.

여러분은 시도해야 합니다

이 메신저는 AskRealJesus 웹사이트를 운영한 지난 몇 년 동안 엄청나게 성장했습니다. 그 사이트를 시작할 때 그는 완벽함과 아주 멀었으며 지금도 확실히 완벽하지 않습니다. 비록 그가 뭔가 불완전하다고 인식하지만, 기꺼이 불완전함에 스스로 뛰어들고자 함으로써, "완벽함"의 어떤 상태에 이를 때까지 편안한 상태에 머물면서 배울 수 있는 것보다 더 많이 배웠습니다. 여러분 모두는 자전거 타기를 배웠기 때문에 이것을 알고 있습니다. 유튜브에서 동영상을 보거나 설명서를 읽어서는 자전거 타기를 배우지 못합니다.

오직 자전거를 타면서, 갑자기 요령을 터득해서 넘어지지 않고 탈 때까지 몇 번이고 넘어지면서 배웁니다.

마찬가지로 여러분이 말하기 시작할 때, 자동적으로 상위 존재와 연결되지 않습니다. 여러분의 상위 존재, 무한히 창조적인 존재가 여러분을 통해 표현하기 때문에, 사실상 창조적이 되는 상태에 이르게 됩니다. 여러분은 말하기 전에 그것에 대해 생각지 않았기 때문에, 자신이 말하는 내용을 듣고 놀라기도 합니다. 여러분이 입을 열지 않았다면, 그 아이디어가 머리에서 나왔을까요? 그렇지 않습니다. 사랑하는 이들이여, 이것이 줌으로써 다른 사람들을 도우려는 봉사의 본질이기 때문입니다. 그렇게 줌으로써, 여러분은 받습니다.

사랑의 무궁무진한 힘

여러분은 죽음의 의식이 스며든 세상에서 성장했으며, 그 그림자는 충분하지 않다고 말하는 완전한 결핍의 환영을 가지고 있습니다. 비록 여러분은 이것이 의미하는 바를 진정으로 내면화하려고 애쓰지만, 그것이 진실이 아니라고 이미 깨닫고 있습니다.

나는 최소한 여러분에게 도움이 되는 이미지를 주겠습니다. 우리는 생명의 강(River of Life)을 얘기했습니다. 무궁무진하며 무한한 대양이며, 모든 잠재력과 모든 힘이 물 안에 담긴, 생명의 강을 상상해 보세요. 그 물은 현재 댐으로 막혀 있습니다. 댐 아래의 계곡은 사막처럼 말라서 겨우 나무 몇 그루만 자라고 있습니다. 댐에 갇힌 많은 물은 계곡에 물을 공급해서 땅을 비옥하고 푸르게 만들 수 있지만, 댐에는 물이 흐를 출구가 없습니다. 자, 누군가가 일어나서 댐에 통로를 뚫는다고 상상해 보세요. 무슨 일이 일어날지 상상해 보세요. 물은 열렬하고 간절하게 임무를 다하고자 하기에, 통로가 만들어지면 엄청난 압력으로 구멍을 통해서 흐릅니다. 여기에 의심의 여지가 있나요?

　인류를 높이려는 사랑과 진리의 무궁무진한 힘이 있습니다. 우리의 진리, 우리의 사랑은 사람들의 자유의지로 만들어진 장벽으로 갇혀 있습니다. 오직 누군가가 구멍을 뚫고 자신을 열어, 빛과 사랑과 지혜와 진리가 그들을 통해 흐르도록 자유의지를 사용해야만 우리가 그것을 표현할 수 있습니다.

　여러분이 과감하게 자신을 열린 문으로 만들 때, 진정한 봉사를 할 수 있는 비워진 상태에 머무르게 됩니다. 세상이 어떻게 구원되어야 한다는 이미지를 형성해서 빛을 통제하려는 유혹에 빠지지 않는 한, 확실히 빛은 여러분을 비워두지 않으며, 불안하게 내버려두지도 않습니다. 여러분이 기꺼이 가슴에 중심을 두고 자신의 상위 자아 또는 상승한 형제자매가 여러분을 통해서 말하게 할 때, 입으로 나오는 내용에 놀라게 됩니다.

　여러분은 이렇게 말할 필요가 없습니다: "이것은 여러분을 위한 메시지를 가진 나의 상위자아입니다." 또는 "엘 모리야가 이것을 말하라고 얘기했습니다." 또는 "세라피스 베이가 규율이 필요하다고 말했습니다." 이것은 여러분이 우리에게 투사하는 이미지입니다. 여러분은 어떤 문제에 해법을 가진 더 큰 존재의 확장이고, 누구에게든 그들의 신념과 한계에 도전하고 뭔가 더 높은 것이 있다는 희망을 주고 영감을 줄 수 있다고 인정하세요. 그러면 더 큰 존재가 여러분을 통해 흐르게 됩니다. 그 영원한 약속은 다음과 같습니다: "너는 몇 가지 일들에 충실했으므로, 나는 너를 많은 것에 대한 통치자로 만들겠다."

　나 예수는 여러분에게 말합니다. 여러분이 세상에 속한다고 느낄지 말지 결정할 수 있지만, 만약 세상에 속한다고 느끼지 않으면, 왜 속하지 않는다고 느끼는지 살펴보라고 제안합니다. 따라서 나는

여러분에게 말합니다: "잘하였다, 착하고 충실한 종이여." 그와 함께, 나는 내 기쁨의 평화 안에 여러분을 봉인합니다.

13
나는 조건 없는 평화를 기원합니다

I AM THAT I AM, 예수 그리스도의 이름으로 나의 아이앰 현존이, 무한히 초월해 가는 내 미래의 현존을 통해 흐르며, 완전한 권능으로 이 기원문을 해 주시기를 요청합니다. 나는 사랑하는 엘로힘 피이스(Peace)와 알로하, 대천사 우리엘과 오로라, 나다와 예수님께 요청합니다. 완전한 평화의 상태에서 의사소통하려는 내 능력을 막는 모든 장애물을 극복하도록 도와주세요. 내가 가슴으로 소통하며 나의 아이앰 현존과 하나 되지 못하게 반대하는, 내면이나 외부의 모든 패턴과 세력으로부터 나를 자유롭게 해 주세요...
(여기에 개인적인 요청을 추가하세요)

1. 나는 나의 그리스도 잠재력을 인정합니다

1. 나는 상승 마스터 예수님과 하나이며, 무조건적이고 무한하고 결코 끝나지 않으며 무궁무진한 기쁨인 신의 불꽃의 한 표현입니다.

오 엘로힘 피이스, 화합의 화염 안에서,
이원성 게임을 위한 여지가 없습니다.
우리는 모든 형상이 동일한 근원에서 왔음을 알며,

새로운 항로를 구상할 권능을 부여받습니다.

오 엘로힘 피이스, 당신은 지금 종을 울려,
모든 원자가 진동하며 노래하게 합니다.
나는 이제 분리된 사물이란 존재하지 않음을 보며,
에고 기반의 자아에 더 이상 집착하지 않습니다.

2. 나는 내 존재 안에 그리스도가 오는 기쁜 메시지를 받아들이기 위해 내적인 수준에서 준비가 되었다고 의식적으로 인정합니다.

오 엘로힘 피이스, 당신은 예수님께서 나에게,
불꽃을 주러 오셨음을 알려 줍니다.
무한한 생명 속으로 그리스도를 따라 감으로써,
투쟁을 버릴 준비가 된 모든 이들에게.

오 엘로힘 피이스, 나는 당신의 눈을 통해 봅니다.
오직 하나됨 안에서 나는 영원히 자유로우며,
나는 분리된 나라는 느낌을 버리고,
I AM은 윤회의 소용돌이 바다를 건너갑니다.

3. 나는 죽음의 의식 위에 있으며, 지구에서 그리스도 의식 실현이 가능하다고 인정합니다. 나는 과감하게 그리스도 신성을 실현하고 표현하며 세상에 전하겠습니다.

오 엘로힘 피이스, 이원성의 싸움에서,
내 마음을 정화하도록 길을 보여 주소서.
당신은 시간과 공간의 환영을 꿰뚫으며,
당신의 무한한 은총으로 분리는 소멸됩니다.

오 엘로힘 피이스, 아름다운 이름이여,
내 안에서 이원성의 부끄러움을 불태워주소서.
당신의 황금빛 화염의 진동을 통해서,
그리스도는 죽음의 환영을 극복했습니다.

4. 나는 사람들이 희망을 가지고 있음을 보여 주겠습니다. 사람들이 기꺼이 더 나은 삶을 찾는다면, 더 나은 삶을 이룰 수 있다는 희망을 가지게 됩니다. 나는 더 높은 의식의 상태가 있음을 보여 줌으로써 그 희망을 가져오겠습니다.

오 엘로힘 피이스, 꺼트릴 수 없는 우주적 재탄생의 화염을,
지금 지구로 가져오소서.
나는 어떤 것이 내 것이라는 느낌을 버리고,
당신의 빛이 내 존재를 통해 빛나도록 허용합니다.

오 엘로힘 피이스, 당신의 고요함을 통해서,
우리는 이원성의 혼돈에서 풀려납니다.
신과 하나됨 안에서 새로운 정체성을 얻고,
우리는 지구를 무한 속으로 상승시킵니다.

5. 예수님과 하나 되어, 나는 이 세상의 높고 힘 있는 자들과 파워 엘리트 앞에 섭니다. 나는 내 영적인 지식과, 내 영적인 존재와, 내 신의 실재에 증인이 됩니다.

오 엘로힘 피이스, 화합의 화염 안에서,
이원성 게임을 위한 여지가 없습니다.
우리는 모든 형상이 동일한 근원에서 왔음을 알며,
새로운 항로를 구상할 권능을 부여받습니다.

오 엘로힘 피이스, 당신은 지금 종을 울려,
모든 원자가 진동하며 노래하게 합니다.
나는 이제 분리된 사물이란 존재하지 않음을 보며,
에고 기반의 자아에 더 이상 집착하지 않습니다.

6. 나에게 신은 끝없이 찬반을 논할 이론적인 개념이 아닙니다. 나는 내 안에서 살아 있는 신을 경험했고 최종적인 답을 가지고 있습니다.

오 엘로힘 피이스, 당신은 예수님께서 나에게,
불꽃을 주러 오셨음을 알려 줍니다.
무한한 생명 속으로 그리스도를 따라 감으로써,
투쟁을 버릴 준비가 된 모든 이들에게.

오 엘로힘 피이스, 나는 당신의 눈을 통해 봅니다.
오직 하나됨 안에서 나는 영원히 자유로우며,
나는 분리된 나라는 느낌을 버리고,
I AM은 윤회의 소용돌이 바다를 건너갑니다.

7. 예수님과 하나 되어, 나는 말합니다: "나와 내 아버지는 하나입니다." 이것은 내 기쁨의 선언입니다. 이것은 신이 존재한다는 증거이며, 자유의지가 주어졌기에 생기는 유일한 증거입니다.

오 엘로힘 피이스, 이원성의 싸움에서,
내 마음을 정화하도록 길을 보여 주소서.
당신은 시간과 공간의 환영을 꿰뚫으며,
당신의 무한한 은총으로 분리는 소멸됩니다.

오 엘로힘 피이스, 아름다운 이름이여,

내 안에서 이원성의 부끄러움을 불태워주소서.
당신의 황금빛 화염의 진동을 통해서,
그리스도는 죽음의 환영을 극복했습니다.

8. 예수님과 하나 되어, 나는 예수님께서 신의 독생자라거나 또는 개인의 그리스도 신성을 이룬 유일한 사람이라는 환영에 도전합니다. 나 또한 육화 중이며 살아 있는 그리스도입니다.

오 엘로힘 피이스, 꺼트릴 수 없는 우주적 재탄생의 화염을,
지금 지구로 가져오소서.
나는 어떤 것이 내 것이라는 느낌을 버리고,
당신의 빛이 내 존재를 통해 빛나도록 허용합니다.

오 엘로힘 피이스, 당신의 고요함을 통해서,
우리는 이원성의 혼돈에서 풀려납니다.
신과 하나됨 안에서 새로운 정체성을 얻고,
우리는 지구를 무한 속으로 상승시킵니다.

9. 예수님과 하나 되어, 나는 거짓 교사들의 환영에 도전합니다. 나는 이원성의 의식 너머에 실재가 있음을 과감하게 말하고 보여 줍니다. 누구나 내면의 그리스도를 찾고 실재를 알 수 있습니다.

화합으로 가속하소서. I AM은 실재하며,
화합으로 가속하소서. 모든 생명은 치유됩니다.
화합으로 가속하소서. I AM은 무한한 초월이며,
화합으로 가속하소서. 모든 의지는 비상합니다.

화합으로 가속하소서! (3회)
사랑하는 피이스와 알로하.

화합으로 가속하소서! (3회)
사랑하는 우리엘과 오로라.
화합으로 가속하소서! (3회)
사랑하는 예수님과 나다.
화합으로 가속하소서! (3회)
사랑하는 I AM.

2. 나는 기꺼이 그리스도의 실재를 보겠습니다

1. 예수님과 하나 되어, 나는 사람들이 이원성 환영의 필터를 통해 삶의 모든 측면을 보게 하는 딜레마에 도전하는 열린 문입니다. 나는 이원성에 기반을 둔 어떤 데이터베이스에도 맞출 수 없는, 진리의 영(Spirit)과 하나됨을 과감하게 보여 주겠습니다.

대천사 우리엘, 평화의 천사들의 힘은 광대하여,
모든 전쟁을 삼켜 버립니다.
전쟁의 데몬들은 당신의 빛과 대적할 수 없으며,
찬란한 광휘는 그들을 모두 태워버립니다.

대천사 우리엘, 당신의 위대한 검으로,
대천사 우리엘, 모든 불협화음을 태워주소서.
대천사 우리엘, 우리는 하나의 화음으로,
대천사 우리엘, 주님과 함께 걸어갑니다.

2. 나는 내가 창조주의 개체화라고 받아들입니다. 창조주는 편재하지만, 내 자아감은 한정된 곳에 맞추어져 있습니다. 창조주는 전체를 편재한 관점에서 보지만, 나는 세상을 한정된 관점에서 봅니다.

대천사 우리엘, 수백만 천사의 음성이 합해지니,

그 소리는 너무나 강렬합니다.
그 소리가 점점 강렬해져 밤을 관통하니,
생명의 영광스러운 하나됨이 우리 눈에 드러납니다.

대천사 우리엘, 당신의 위대한 검으로,
대천사 우리엘, 모든 불협화음을 태워주소서.
대천사 우리엘, 우리는 하나의 화음으로,
대천사 우리엘, 주님과 함께 걸어갑니다.

3. 내가 객관적인 경험을 가지는 열쇠는 나의 개인적인 데이터베이스를 넘어서 보도록 내 안의 그리스도가 도울 수 있게 허용해야 한다고 인식합니다. 나는 더 높은 앎을 경험하기 위해서 기꺼이 신의 현존을 경험하겠으며 현재의 필터를 넘어서 보겠습니다.

대천사 우리엘, 당신의 위대한 왕좌로부터,
수백만의 트럼펫 소리가 하나의 음조로 울려 퍼집니다.
당신의 조화음은 모든 불협화음을 소멸시키며,
모든 소리 중의 소리가 모든 생명을 자유롭게 합니다.

대천사 우리엘, 당신의 위대한 검으로,
대천사 우리엘, 모든 불협화음을 태워주소서.
대천사 우리엘, 우리는 하나의 화음으로,
대천사 우리엘, 주님과 함께 걸어갑니다.

4. 나는 기꺼이 나의 데이터베이스 안의 추정과 믿음에 의문을 던지고 도전하는 의식적인 노력을 거치겠습니다. 나는 기꺼이 이원성 신념에서 자유로운 한정된 관점에서 세상을 보겠습니다.

대천사 우리엘, 이제 모든 전쟁은 사라지고,

당신은 하나인 존재의 가슴에서 오는 메시지를 가져옵니다.
모든 이의 가슴은 이제 평화를 노래하고,
사랑의 나선들은 영원히 증가합니다.

**대천사 우리엘, 당신의 위대한 검으로,
대천사 우리엘, 모든 불협화음을 태워주소서.
대천사 우리엘, 우리는 하나의 화음으로,
대천사 우리엘, 주님과 함께 걸어갑니다.**

5. 나는 기꺼이 그리스도의 실재를 보겠으며, 자신이 영적인 존재이고 무한한 창조주의 확장이며, 유한한 세상에서 특정한 지점에 초점을 맞추고 있지만, 그것을 넘어서 무한함을 받아들일 잠재력이 있다고 알겠습니다.

대천사 우리엘, 평화의 천사들의 힘은 광대하여,
모든 전쟁을 삼켜 버립니다.
전쟁의 데몬들은 당신의 빛과 대적할 수 없으며,
찬란한 광휘는 그들을 모두 태워버립니다.

**대천사 우리엘, 당신의 위대한 검으로,
대천사 우리엘, 모든 불협화음을 태워주소서.
대천사 우리엘, 우리는 하나의 화음으로,
대천사 우리엘, 주님과 함께 걸어갑니다.**

6. 나는 사람들이 물질세계를 넘어서는 무언가가 있으며, 따라서 죽음을 피하고 죽음의 의식을 피할 희망이 있음을 보도록 돕는 열린 문입니다. 오늘날 대부분의 사람을 통제하는 두려움에서 벗어날 희망이 있습니다.

대천사 우리엘, 수백만 천사의 음성이 합해지니,
그 소리는 너무나 강렬합니다.
그 소리가 점점 강렬해져 밤을 관통하니,
생명의 영광스러운 하나됨이 우리 눈에 드러납니다.

대천사 우리엘, 당신의 위대한 검으로,
대천사 우리엘, 모든 불협화음을 태워주소서.
대천사 우리엘, 우리는 하나의 화음으로,
대천사 우리엘, 주님과 함께 걸어갑니다.

7. 나는 예수님과 하나 되어 말합니다: "오 죽음이여, 너의 승리는 어디에 있는가?" 내게서, 죽음은 힘을 잃어버렸습니다. 나는 기꺼이 죽음에서 생명으로, 죽음의 의식에서 생명의 의식으로 들어가는 변형을 통과하겠습니다. 나는 기꺼이 가슴의 메시지를 말하겠습니다.

대천사 우리엘, 당신의 위대한 왕좌로부터,
수백만의 트럼펫 소리가 하나의 음조로 울려 퍼집니다.
당신의 조화음은 모든 불협화음을 소멸시키며,
모든 소리 중의 소리가 모든 생명을 자유롭게 합니다.

대천사 우리엘, 당신의 위대한 검으로,
대천사 우리엘, 모든 불협화음을 태워주소서.
대천사 우리엘, 우리는 하나의 화음으로,
대천사 우리엘, 주님과 함께 걸어갑니다.

8. 나는 기꺼이 죽음의 의식을 넘어선 상태를 보여 주겠습니다. 나는 두려움을 넘어서고 두려움에 기반을 두지 않은 영성 접근법을 찾으려고 준비가 된 사람에게 기꺼이 전하겠습니다.

대천사 우리엘, 이제 모든 전쟁은 사라지고,
당신은 하나인 존재의 가슴에서 오는 메시지를 가져옵니다.
모든 이의 가슴은 이제 평화를 노래하고,
사랑의 나선들은 영원히 증가합니다.

대천사 우리엘, 당신의 위대한 검으로,
대천사 우리엘, 모든 불협화음을 태워주소서.
대천사 우리엘, 우리는 하나의 화음으로,
대천사 우리엘, 주님과 함께 걸어갑니다.

9. 나는 예수님과 하나 되어, 가슴으로 말하며, 두려움 없이 말합니다. 예수님의 가슴을 앎으로써, 나는 다른 사람의 반응에 집착하지 않습니다.

천사들과 함께 날아올라,
나는 그 이상의 현존이 됩니다.
천사들은 진실로 존재하니,
그들의 사랑은 모든 것을 치유합니다.
천사는 평화를 가져오며,
모든 갈등은 그칩니다.
빛의 천사들과 함께,
우리는 새로운 높이로 비상합니다.

천사 날개의 바스락거리는 소리,
물질조차 노래하는 기쁨이여,
모든 원자를 울리는 기쁨이여,
천사들의 날갯짓과 조화 속에서.

3. 나는 계속해서 가슴으로 말하겠습니다

1. 나는 내가 완전히 평화롭지 않으면 생명에게 진정한 봉사를 할 수 없음을 인식합니다. 나는 기꺼이 가슴에 중심을 두겠습니다. 그러므로 나는 가슴으로 말하고 사람들에게 현재의 의식 상태에서 나오도록 충격을 줄 수 있습니다. 나는 죽음의 의식을 넘어서는 진정한 희망이 있음을 기꺼이 보여 주겠습니다.

오 엘로힘 피이스, 화합의 화염 안에서,
이원성 게임을 위한 여지가 없습니다.
우리는 모든 형상이 동일한 근원에서 왔음을 알며,
새로운 항로를 구상할 권능을 부여받습니다.

오 엘로힘 피이스, 당신은 지금 종을 울려,
모든 원자가 진동하며 노래하게 합니다.
나는 이제 분리된 사물이란 존재하지 않음을 보며,
에고 기반의 자아에 더 이상 집착하지 않습니다.

2. 나는 다른 뺨을 돌려대서 사람들에게 조건 없는 사랑을 기꺼이 보여 주겠습니다. 나는 부정성에 부정성으로 반응하지 않고 더 높은 길이 있음을 기꺼이 보여 주겠습니다.

오 엘로힘 피이스, 당신은 예수님께서 나에게,
불꽃을 주러 오셨음을 알려 줍니다.
무한한 생명 속으로 그리스도를 따라 감으로써,
투쟁을 버릴 준비가 된 모든 이들에게.

오 엘로힘 피이스, 나는 당신의 눈을 통해 봅니다.
오직 하나됨 안에서 나는 영원히 자유로우며,
나는 분리된 나라는 느낌을 버리고,
I AM은 윤회의 소용돌이 바다를 건너갑니다.

3. 나는 이원성 투쟁을 넘어서는 것이 있음을 보여 주기 위한 열린 문입니다. 나는 가슴으로 말하고 그들에게 충격을 주어서 그들의 현재 의식 상태를 넘어서는 뭔가가 있다는 가능성에 대해 생각하게 하겠습니다.

오 엘로힘 피이스, 이원성의 싸움에서,
내 마음을 정화하도록 길을 보여 주소서.
당신은 시간과 공간의 환영을 꿰뚫으며,
당신의 무한한 은총으로 분리는 소멸됩니다.

오 엘로힘 피이스, 아름다운 이름이여,
내 안에서 이원성의 부끄러움을 불태워주소서.
당신의 황금빛 화염의 진동을 통해서,
그리스도는 죽음의 환영을 극복했습니다.

4. 나는 계속해서 가슴으로 말하겠습니다. 나는 마음을 움직일 수 없는 사람에게 집착하지 않겠습니다. 나는 그리스도를 위해 그들이 나를 욕하고 박해하게 허용해서 기꺼이 이 영혼의 심판을 가져오게 하겠습니다.

오 엘로힘 피이스, 꺼트릴 수 없는 우주적 재탄생의 화염을,
지금 지구로 가져오소서.
나는 어떤 것이 내 것이라는 느낌을 버리고,
당신의 빛이 내 존재를 통해 빛나도록 허용합니다.

오 엘로힘 피이스, 당신의 고요함을 통해서,
우리는 이원성의 혼돈에서 풀려납니다.
신과 하나됨 안에서 새로운 정체성을 얻고,
우리는 지구를 무한 속으로 상승시킵니다.

5. 내가 지속해서 가슴으로 말하려면, 평화로워야 한다고 생각합니다. 나는 오직 다른 사람들의 반응에 집착이 없을 때 평화롭게 됩니다. 나는 높고 힘 있는 자들 앞에서 당당히 말하고, 그들이 바라는 무엇이든 하게 해서, 무집착을 보여 주겠습니다.

오 엘로힘 피이스, 화합의 화염 안에서,
이원성 게임을 위한 여지가 없습니다.
우리는 모든 형상이 동일한 근원에서 왔음을 알며,
새로운 항로를 구상할 권능을 부여받습니다.

**오 엘로힘 피이스, 당신은 지금 종을 울려,
모든 원자가 진동하며 노래하게 합니다.
나는 이제 분리된 사물이란 존재하지 않음을 보며,
에고 기반의 자아에 더 이상 집착하지 않습니다.**

6. 나는 이렇게 말함으로써 기꺼이 무집착을 보여 주겠습니다: "아버지 그들을 용서하소서. 그들은 자신들이 하는 일을 알지 못하기 때문입니다." 나는 사람들이 나에게 어떻게 하든지, 오로지 집착하지 않고, 신께 그들을 용서해 달라고 요청하겠습니다.

오 엘로힘 피이스, 당신은 예수님께서 나에게,
불꽃을 주러 오셨음을 알려 줍니다.
무한한 생명 속으로 그리스도를 따라 감으로써,
투쟁을 버릴 준비가 된 모든 이들에게.

**오 엘로힘 피이스, 나는 당신의 눈을 통해 봅니다.
오직 하나됨 안에서 나는 영원히 자유로우며,
나는 분리된 나라는 느낌을 버리고,
I AM은 윤회의 소용돌이 바다를 건너갑니다.**

7. 사람들이 내게 무엇을 하거나 말하든지, 나는 그들의 의식을 나타내는 어떤 허상이든 포기하고 초월하겠습니다. 나는 그리스도 의식의 훨씬 더 높은 수준으로 스스로 초월하도록 그들을 막지 않겠습니다.

오 엘로힘 피이스, 이원성의 싸움에서,
내 마음을 정화하도록 길을 보여 주소서.
당신은 시간과 공간의 환영을 꿰뚫으며,
당신의 무한한 은총으로 분리는 소멸됩니다.

**오 엘로힘 피이스, 아름다운 이름이여,
내 안에서 이원성의 부끄러움을 불태워주소서.
당신의 황금빛 화염의 진동을 통해서,
그리스도는 죽음의 환영을 극복했습니다.**

8. 예수님께서는 많은 다른 방식으로, 부드럽게 그리고 권위를 가지고 말했다는 사실을 압니다. 나는 내 아이앰 현존이 나를 통해 말하는 능력을 제한하지 않겠습니다.

오 엘로힘 피이스, 꺼트릴 수 없는 우주적 재탄생의 화염을,
지금 지구로 가져오소서.
나는 어떤 것이 내 것이라는 느낌을 버리고,
당신의 빛이 내 존재를 통해 빛나도록 허용합니다.

**오 엘로힘 피이스, 당신의 고요함을 통해서,
우리는 이원성의 혼돈에서 풀려납니다.
신과 하나됨 안에서 새로운 정체성을 얻고,
우리는 지구를 무한 속으로 상승시킵니다.**

9. 나는 기꺼이 내 아이앰 현존이 상황에 타당한 방식으로 나를 통해 말하게 하겠습니다. 나는 외면의 마음으로 분석하지 않고 내맡기겠습니다. 나는 자신을 비우고, 영이 나를 채우게 하겠습니다. 나는 영이 나를 통해 말하게 허락하면서 내가 무엇을 말할지 생각하지 않겠습니다.

화합으로 가속하소서. I AM은 실재하며,
화합으로 가속하소서. 모든 생명은 치유됩니다.
화합으로 가속하소서. I AM은 무한한 초월이며,
화합으로 가속하소서. 모든 의지는 비상합니다.

화합으로 가속하소서! (3회)
사랑하는 피이스와 알로하.
화합으로 가속하소서! (3회)
사랑하는 우리엘과 오로라.
화합으로 가속하소서! (3회)
사랑하는 예수님과 나다.
화합으로 가속하소서! (3회)
사랑하는 I AM.

4. 나는 내가 있는 곳에서 시작하겠습니다

1. 나는 항상 영이 나를 통해서 말하는 지점으로 기꺼이 나아가겠습니다. 내가 비록 틀리거나 가장 높은 진동에 있지 않더라도 기꺼이 말하겠습니다. 나는 기꺼이 시도한 후 내가 한 모든 것에서 배우겠습니다.

마스터 나다, 아름다움의 힘은,
신성한 꽃처럼 펼쳐집니다.

마스터 나다, 시간마저 정복하는 의지의,
지극한 숭고함이여.

오 성령이시여, 나를 통해 흐르소서.
나는 당신을 위해 열린 문입니다.
세차게 흘러오는 전능한 빛의 강이여,
초월은 나의 신성한 권리입니다.

2. 나는 비록 내가 완벽하지 않더라도 연습하겠습니다. 나는 오늘 내가 가진 이해와 성취를 기반으로 말하겠습니다. 나는 그 영에게 더 많이 받도록 내 재능들을 증식하고 더 높은 의식 수준에 오르겠습니다.

마스터 나다, 당신은 나에게,
힘차게 흐르는 지혜를 부여합니다.
마스터 나다, 굳센 마음으로
당신의 노래의 날개 위로 올라갑니다.

오 성령이시여, 나를 통해 흐르소서.
나는 당신을 위해 열린 문입니다.
세차게 흘러오는 전능한 빛의 강이여,
초월은 나의 신성한 권리입니다.

3. 이로써 나는 예수님과 내 아이앰 현존께 말합니다: "나는 기꺼이 당신께서 지금까지 내게 주신 재능을 증식하겠습니다. 나는 기꺼이 내 이해를 바탕으로 말하며 계속해서 말하겠습니다."

마스터 나다, 고귀한 향기여,
당신의 사랑은 진정 천상에서 옵니다.

마스터 나다, 온화하고 부드러운 사랑의 날개를 타고
우리는 하늘 높이 상승합니다.

오 성령이시여, 나를 통해 흐르소서.
나는 당신을 위해 열린 문입니다.
세차게 흘러오는 전능한 빛의 강이여,
초월은 나의 신성한 권리입니다.

4. 나는 현재의 인식과 이해의 수준에서 말하고 그것에서 배울 권리가 있음을 의식적으로 인정합니다. 그것은 여정에서 더 빠르게 나아가는 방법이기 때문입니다.

마스터 나다, 어머니 빛이여,
내 가슴은 연처럼 떠오릅니다.
마스터 나다, 당신의 눈에는,
모든 생명이 아침 이슬처럼 순수합니다.

오 성령이시여, 나를 통해 흐르소서.
나는 당신을 위해 열린 문입니다.
세차게 흘러오는 전능한 빛의 강이여,
초월은 나의 신성한 권리입니다.

5. 나는 기꺼이 내 그물을 버리고 예수님을 따르겠습니다. 내가 저지를 수 있는 유일한 실수는 완벽하게 될 때까지 실험을 거부하는 것이기 때문에, 나는 기꺼이 내 현재의 수준에서 그리스도 신성을 표현하겠습니다. 그러므로 나는 현재 상태에서 그리스도를 따르고, 이후 그 상태를 초월하겠습니다.

마스터 나다, 당신은 진리를 가져오고,

아침의 새들은 사랑 안에서 노래합니다.
마스터 나다, 이제 나는 느낍니다.
네 하위체 모두를 치유하는 당신의 사랑을.

오 성령이시여, 나를 통해 흐르소서.
나는 당신을 위해 열린 문입니다.
세차게 흘러오는 전능한 빛의 강이여,
초월은 나의 신성한 권리입니다.

6. 나는 예수님께서 나의 상위 존재, 무한히 창조적인 존재가 나를 통해 자신을 표현하는 지점으로 나를 데려가게 하겠습니다. 나는 봉사의 본질은 줌으로써 다른 사람들을 돕는 일이라고 깨닫습니다. 그렇게 줌으로써, 나는 받습니다.

마스터 나다, 평화 안에서 봉사하며,
나는 모든 감정을 놓아 버립니다.
마스터 나다, 삶은 즐겁고,
내 태양신경총은 태양이 됩니다.

오 성령이시여, 나를 통해 흐르소서.
나는 당신을 위해 열린 문입니다.
세차게 흘러오는 전능한 빛의 강이여,
초월은 나의 신성한 권리입니다.

7. 나는 기꺼이 인류를 높이려는 사랑과 진리의 무궁무진한 힘을 위한 열린 문이 되겠습니다. 나는 내 자신을 열어 빛과 사랑과 지혜와 진리가 나를 통해 흐르도록 내 자유의지를 사용하겠습니다.

마스터 나다, 사랑은 자유롭고,

어떤 조건도 나를 묶지 못합니다.
마스터 나다, 높이 상승하여,
인간적 형태의 작은 사랑을 초월합니다.

오 성령이시여, 나를 통해 흐르소서.
나는 당신을 위해 열린 문입니다.
세차게 흘러오는 전능한 빛의 강이여,
초월은 나의 신성한 권리입니다.

8. 나는 과감하게 자신을 열린 문으로 만들어, 빛이 나를 가득 채워서 불안하지 않도록 하겠습니다. 나는 진정한 봉사의 비운 상태에 머무르겠습니다. 나는 가슴에 중심을 두고 나의 아이엠 현존과 상승한 형제자매가 나를 통해 말하게 하겠습니다.

마스터 나다, 당신은 내 요청으로,
일곱 광선을 모두 균형 잡습니다.
마스터 나다, 떠오르며 비추소서.
당신의 찬란한 아름다움은 무엇보다 신성합니다.

오 성령이시여, 나를 통해 흐르소서.
나는 당신을 위해 열린 문입니다.
세차게 흘러오는 전능한 빛의 강이여,
초월은 나의 신성한 권리입니다.

9. 나는 어떤 문제의 해결책을 가진 더 큰 존재의 확장임을 인식합니다. 나는 내 아이엠 현존이 어떤 사람이든 그들의 신념과 한계에 도전하고 더 높이 오를 희망을 줌으로써 영감을 준다고 받아들입니다. 나는 그 영원한 약속을 받아들입니다: "너는 몇 가지 일에 충실했으므로, 나는 너를 많은 것들의 통치자로 만들겠다."

사랑하는 나다, 당신의 현존이 여기에 있고,
나의 내면 구체를 가득 채웁니다.
삶은 이제 신성한 흐름이며,
신의 평화가 나에게 모두 부어집니다.

오 성령이시여, 나를 통해 <u>흐르소서</u>.
나는 당신을 위해 열린 문입니다.
세차게 흘러오는 전능한 빛의 강이여,
초월은 나의 신성한 권리입니다.

봉인하기
신성한 어머니의 이름으로, 나는 이 요청의 힘이 마-터 빛을 자유롭게 하는데 사용되어, 나 자신의 삶과 모든 사람과 행성을 위한 그리스도의 완전한 비전을 구현할 수 있음을 전적으로 받아들입니다. I AM THAT I AM의 이름으로, 그것이 이루어졌습니다! 아멘.

14
여러분의 드라마를 극복하세요

자유의 일곱 번째 광선을 대표하는 성 저메인의 구술문.

나는 성 저메인이고, 자유롭습니다! 왜 여러분은 자유롭지 못합니까? 여러분은 내가 아니기 때문입니다!

자유롭게 되는 열쇠가 무엇입니까? 지금쯤 여러분은 모든 것이 창조주의 표현이며 사랑, 지혜, 권능, 진리, 평화 또는 자유 중의 어떤 특성을 가질 수 있음을 알아야 합니다. 여러분은 또한 창조주의 존재에서 나왔습니다.

자유와 같은 특별한 특성의 표현을 경험하고 열린 문이 되는 열쇠가 무엇일까요? 그것은 내가 자유의 신적인 특성과 하나이듯이, 여러분 자신이, 의식하는 자아가 신적인 특성의 불꽃과 하나가 되도록 허용해야 합니다. 그러면 신의 특성은 이 지구상에 표현되고 사람들이 기꺼이 자유롭게 되려고 할 때, 사람들의 가슴에 표현이 되는 열린 문이 됩니다.

여러분의 드라마는 자유를 빼앗아 갑니다

그러면 자유로워지는 열쇠가 무엇입니까? 물론, 여러분이 드라마와 개인적인 이야기를 만들었지만 무한히 계속 그려내야 한다고 생각하면, 자신을 자유롭게 하지 못하게 막는다는 현실을 깨달아야 합니다. 어떻든 여러분은 드라마에 갇혀서, 그것과 동일시하게 되었습니다. 여러분은 드라마가 필요한 무언가를 주거나, 드라마 없이는 살 수 없는 뭔가를 준다고 생각합니다.

그 무언가는 다른 마스터들이 표현했듯이, 여러분에게 필요하다고 생각하고 자신을 완성해 준다고 생각하는 물질세계의 것입니다. 전에도 말했고 결국 이해할 때까지 계속 말하겠지만, 여러분은 물질세계의 무엇으로도 결코 충족되지 못합니다. 여러분은 오직 영적인 세계에서 오는 것, 즉 오직 신의 불꽃에 의해서 충족됩니다. 여러분은 단지 그것을 물질계에 흐르게 하고 모든 생명을 높이는 열린 문이 됨으로써 영적인 세계에서 뭔가를 경험하게 됩니다.

나는 셰익스피어 연극의 상당 부분을 내놓은 사람으로 육화했었고, 따라서 누구보다 드라마를 즐겼습니다. 다른 사람들이 그려내는 드라마를 볼 때조차, 여러분은 드라마를 어떻게 이해하고 그것을 어떻게 바라보고 중심인물을 어떻게 보는가에 따라 자신의 마음속에 어떤 역할을 그려내고 있습니다. 자신이 드라마를 보는 방식과, 경험하는 방식에 정직하다면, 여러분은 자신의 드라마를 볼 수 있습니다.

여러분은 어떤 일로 인해서 당황하게 됩니까? 그러면 여러분은 어떤 드라마를 그려내고 있습니다. 여러분은 뭔가를 말하기가 두려운가요? 만약 그렇다면 여러분의 드라마가 대화에서 말을 제한하거나, 두려움을 주고 있습니다. 말을 제한해야 하는 드라마가 있으면, 흐름을 제한해야 하기 때문에, 분명히 가슴으로 자유롭게 소통하지 못합니다.

자유로운 의사소통은 기준이 없습니다

때때로 여러분은 가슴으로 하는 소통이 "진심 어린" 또는 "영적인" 또는 "사랑스러운" 의사소통이라고 믿는 어떤 기준에 따라야 한다고 생각할 수 있습니다. 이전에 설명했듯이, 때때로 가슴은 그 사람의 기본적인 세계관에 따라 물듭니다. 그 사람이 여전히 공개적으로 말하려 한다면, 다른 사람들 앞에서 공개적으로 드러내서, 사람들이 그것을 이전과는 다른 관점으로 볼 기회를 가지게 됩니다. 따라서 사람들은 마침내 그것이 무엇인지 분명히 보는 출구에 더 가까이 다가갑니다. 그들은 그것이 단지 의식하는 자아가 취한 무엇이며, 자신들이 그보다 훨씬 더 크다고 봅니다. 그들은 마침내 "내게 필요한 것은 자신 안에서 얻을 수 있기 때문에, 더 이상 드라마가 필요 없습니다"라고 결정하게 됩니다.

여러분의 개인적인 드라마는 미로와 같습니다. 여러분은 미로에 갇혀 있고 출구를 찾을 수 없습니다. 여러분은 드라마와 자신을 동일시하기 때문에, 외부 세력이나 다른 사람도 거기 갇혀서 탈출하지 못한다고 믿게 되었습니다. 여러분은 드라마가 신이나, 다른 사람들이나, 운명이나, 우연으로 창조되지 않았다고 깨달을 때까지, 결코 드라마나 미로, 미궁을 탈출하지 못합니다. 그것은 여러분이 창조한 미로입니다!

여러분이 미로의 출구를 찾을 유일한 사람입니다. 여러분은 자신을 더 이상 미로에 갇힌 사람으로 보지 않기로 결정할 유일한 사람이기 때문입니다. 여러분은 초점을 바꾸어서 자신이 사람 이상이고, 미로 이상이며, 자신이 미로를 빠져나오지 못하게 막는 잠재의식 데이터베이스보다 더 크다고 깨닫게 됩니다.

성령에 열려 있으세요

이것이 가슴으로 하는 소통과 어떤 관계가 있을까요? 우리는 다른 광선의 입문을 통해서 어떻게 영적인 여정에 오르는지 얘기했습니다. 예수님은 여러분이 전체의 일부이고 사람들의 반응이 어떠하든 누구에게도 위협받지 않는다고 인정하는 평화에 머무름으로써, 모두에게 봉사하기를 바라는 지점으로 어떻게 올지 말했습니다.

이제 이것으로 다음 단계인 자유의 일곱 번째 광선의 입문으로 진행합니다. 일곱 번째 광선의 입문을 통과하는 사람들은 진실로 그들을 통해 성령의 흐름이 스스로를 표현하기 위한 대변자가 될 수 있습니다. 영(Spirit)은 특정한 순간에 어떤 사람이 최소한 자신의 드라마 일부를 볼 최상의 기회를 얻도록 정확히 그 사람에게 필요한 것을 줄 수 있습니다. 그들은 드라마를 지지하기로 선택하거나 그 이상이 있음을 깨우칠 기회를 가질 수 있습니다.

어떤 사람을 얼마나 잘 알고, 인간 심리를 얼마나 잘 아는지 상관없이, 외면의 마음으로는 이것을 알 수 없습니다. 사람이 주어진 순간에 무엇이 필요한지 지적으로 알지는 못합니다. 여러분은 사람을 더 많이 연구할수록 더 많이 알게 된다고 생각합니다. 심리를 더 많이 연구할수록 심리를 더 많이 알게 된다고 생각하지만, 실제로 여러분은 잠재의식 데이터베이스를 강화하고 있습니다. 어떤 주어진 상황에서, 여러분은 그 사람을 자신의 데이터베이스에 맞추려고 합니다. 여러분은 과거에 데이터베이스에 들어간 미리 정해진 응답을 기반으로 반응합니다.

어떤 경우에는 여러분이 옳으며 사람들에게 필요한 무언가를 줍니다. 하지만 이런 방식으로는 항상 옳을 수 없습니다. 특히 전혀 모르는 사람이나 잘 안다고 생각하지만 잘 알지 못하는 사람을 대할 때 그렇습니다. 최소한 사람들의 과거 행동과 선택을 보고 데이터베이스에 기반을 둔 지식으로 더 많이 안다고 생각할수록 실제로는 더 적게 알고 있습니다.

흑마술의 미묘한 형태

비록 어떤 사람이 과거에 백 번을 했던 동일한 결정을 다시 할 확률이 있더라도, 자유의지의 법칙은 동일한 결정이 계속 반복된다는 확실성이 없다고 분명하게 말합니다. 이것은 실험하기 전에는 아무것도 확실히 예측하지 못한다는 양자물리학의 발견에서 과학과 인류가 배워야 하는 교훈입니다. 여러분의 마음속에 "아, 이 사람은 이러이러하고, 이 드라마를 이겨내서 이런 저런 일을 할 것이다"라는 이미지를 가지면, 그 사람에게 이미지를 투사하는 것이어서, 사실상 그 사람이 다른 선택을 하기 더욱 어렵습니다.

아주 솔직히 말하면, 이것은 그들이 어떤 패턴에 얼마나 갇혀 있는지 상관없이, 어떤 생명흐름(lifestream)이 한 순간에 다른 선택을 할 잠재력이 있다는 현실을 인정하지 않는 흑마술의 한 형태입니다. 무결한 관념은 어떤 사람이 "항상 하던" 뭔가를 계속 한다는 이미지를 보유하는 게 아닙니다. 무결한 관념은 어떤 순간이든 그 상황에서 가능한 최상의 선택을 한다는 이미지를 보유하는 것입니다.

여러분의 의사소통은 완전히 그 사람이 더 높은 선택을 하도록 돕는데 맞춰집니다. 여러분은 무엇을 말해야 할지, 말하면 안되는지 판단하지 않아야 합니다. 성령이 바라는 곳으로 흐르면서 여러분을 통해 흐르고, 생각조차 못했고 절대로 생각하지 않았던 말을 하도록 허용해야 합니다. 그러면 여러분은 자신에게서 나오는 말에 다른 사람만큼이나 놀라게 됩니다.

이것은 일곱 광선을 통해서 상승했고 예수님의 평화와 함께 일곱 번째 광선에 이르게 되어 성 저메인의 자유, I AM인 자유의 불꽃을 진정으로 지지하는 사람들에게 일어나는 일입니다. 그들은 자신을 안전하게 해 준다는 어떤 패턴이나 매트릭스에 스스로를 강제로 맞추지 않고 성령이 바라는 곳으로 흐르게 허용할 수 있습니다.

여러분은 일곱 광선의 입문을 통과했나요?

이 입문을 통과하지 못한 사람에게 무슨 일이 일어날까요? 다른 사람에게 무엇을 해야 하고, 어떻게 그들의 삶을 살아야 하며, 그들의 여정을 어떻게 가야하고, 이런저런 문제를 어떻게 극복해야 하는지 말할 자격이 있는 어떤 수준에 올랐다고 생각하는 실로 많은 사람이 있습니다. 여러분이 자격이 없다는 말이 아닙니다. 공개적으로 말하기 전에 완벽해져야 한다는 말도 아닙니다. 어떤 단계에서든 당당하게 말해야 합니다. 내가 여기에서 여러분이 일곱 광선의 입문을 실제로 통과했는지 우리와 동일한 감각을 가지게 하려고 노력합니다.

사실 문제는 이렇습니다: 여러분이 공개적으로 말하고 기대한 반응을 얻지 못하면, 일곱 광선의 입문을 완전히 통과하지 못했으며 가슴으로 완전히 말할 수 없습니다. 여러분이 얻은 반응이 어떤 부정적인 마음의 상태에 빠지게 한다면, 그것은 결과에 집착을 가지고 있음을 보여 줍니다. 그러면 여러분은 자유롭지 않습니다; 다른 사람들에게 자유롭게 말하는 게 아닙니다.

이것이 여러분이 한 경험이라면, 이제 공개적으로 말하기를 멈춰야만 한다는 의미가 아닙니다. 이미 말했듯이, 여러분이 재능을 기꺼이 연습하고 증식하지 않으면, 결코 더 높이 오르지 못합니다. 나는 단순히 여러분에게 결과에 집착하면 자유롭지 못하고, 자유롭게 될 수 없다는 동일한 감각을 주려고 합니다.

자신의 성장을 가속하기 위해서는, 자신을 살펴보고 전형적으로 어떤 유형의 반응을 하는지 볼 수 있어야 합니다. 다른 사람에게 공개적으로 말할 때 그들의 반응에 다시 반응하는 방식으로 대응하는지 보세요. 여러분은 어떻게 반응하나요? 그것을 쫓아가 보세요, 느낌이 어떤가요? 그 느낌에 접촉하세요. 그 느낌을 넘어서 바라보세요, 그 느낌 이면의 생각은 무엇일까요? 그 생각이 여러분 자신과 다른 사람들과 여러분 삶의 관점에서 사실상 무엇을 말하는지 분석하고, 분류하고, 직관해 보세요.

그 생각을 넘어서 여러분 데이터베이스의 기반을 형성하는 근본적인 패턴과 기본적인 가정이 무엇인지에 연결해 보세요. 그것이 여러분의 정체감에 관해 무엇을 말하는지, 자신을 어떻게 보는지, 세상에 관련하여 자신을 어떻게 보는지, 그리고 신과 연관해서 자신을 어떻게 보는지 숙고해 보세요. 자신을 외부의 신과 연관해서 보는지 아니면 내면의 신과 더욱 잘 조율하는지 보세요. 이것은 여러분의 자유를 달성하는 아주 중요한 열쇠입니다.

고통의 손익 분석

지구에서 상승한 모든 마스터는 바로 이런 객관적이고, 감정을 넘어서, 판단하지 않고, 비난하지 않는 자기-성찰과 자기 드러냄을 이루었습니다. 이것은 순수하거나 불순하며, 무언가 온전하지 않고 어떤 반응 패턴에 갇히게 하는 뭔가를 기꺼이 드러냈다는 의미입니다. 모든 상승 마스터는 상승할 때까지 이렇게 했습니다. 영적인 성숙함에 이른 모든 사람은 이것을 지속적으로 하고 있습니다. 자신의 드라마에 완전히 갇힌 사람들은 이것을 지속적으로 하지 못합니다. 그들은 자신의 어떤 기준에 맞지 않는 뭔가를 보면, 고통이나 자책을 일으킨다고 생각합니다.

여러분이 아직도 너무 상처 입어서 두려움이나 자책에 빠지지 않고는 자신을 바라보기 어렵다고 할 때, 솔직히 이것이 여러분에게 해당된다고 깨닫는다면 어떻게 하겠습니까? 사랑하는 이들이여, 어떻게 하겠습니까? 단 하나의 대답만 있지 않습니다. 하지만 고통이 강할수록 여러분은 마치 비즈니스의 세계에서 말하는 손익 분석 같은 아주 냉정하고 객관적인 계산을 더 많이 고려할 수도 있습니다. 여러분은 자신에게 이렇게 질문할 수 있습니다: "바로 지금 경험하는 고통과 불편함을 앞으로도 계속 경험하고 싶은가?" 만약 답이 "예"라면, 자유의지 법칙의 완전한 자유가 있으므로, 어떻게 해서라도 그것을 추구하세요. 나는 여러분을 전혀 비판하지 않습니다. 그러면 나는 자유의 신으로서 여러분을 돕지 못한다고 단순히 선언합니다.

만약 여러분의 남은 생애를 고통 속에 살지 않겠다는 결론에 이르면, 고통이 어떤 상처에서 비롯되었는지 깨달아야 합니다. 상처를 살펴보면 지금보다 더 심한 고통을 일으킵니다. 여러분이 그려내는 개인 드라마는 사실 어느 정도 고통에 대처하도록 허용됩니다. 심지어 드라마가 익숙하고, 참을 만하며, 아마도 삶이 이래야 한다는 만족감도 줍니다. 고통이 지속적으로 존재해도, 여러분은 대부분 일상적인 고통을 다룰 수 있습니다.

하지만 상처와 그 이면의 메커니즘을 살펴보면 그것은 여러분에게 더 심한 고통을 일으키게 됩니다. 그럼에도 불구하고, 만약 여러분이 그 상처를 봉합하고 치유하면, 심한 고통이 사라질 뿐만 아니라 계속해서 마비시키는 고통도 사라집니다. 사랑하는 이들이여, 이것은 지금까지 모든 사람들이 발견한 절대적으로 유일하게 치유하는 방법입니다.

지름길은 없습니다

상승한 존재로서 확신하지만, 지름길은 없습니다! 여러분이 자신의 결점을 보지 않고는 신의 왕국에 들어갈 수 없습니다. 그리스도께서 2000년 전에 그것을 말했습니다. 그것은 영원한 진리이며, 붓다께서도 그것을 표현했습니다. 자유의지의 법칙이 변하지 않기 때문에 그것은 변하지 않습니다. 자아상이 여러분을 고통스러운 상태에 갇혀 있게 하며, 자신의 창조물은 오직 자신의 선택으로 바꿔야 합니다.

예를 들면 전쟁에서 부상당한 군인이 실려 와서, 다리 한쪽을 절단하지 않으면 죽을 수밖에 없는 선택권을 가진 의사가 직면하는 어떤 선택과 거의 같습니다. 그 상황에서 여러분은 어떻게 하겠습니까? 여러분은 그 사람의 생존을 위해 최선을 다해야 합니다. 마찬가지로 여러분 자신을 위해서도, 여러분이 계속 고통을 가지고 살겠습니까? 아니면 그 속에 들어가 그런 과정에서 진보를 이룬 많은 사람이 했듯이, 심리학 분야의 전문가 도움을 구하고 필요한 무엇이든 하겠습니까? 여러분도 그렇게 해서 큰 도약을 이루겠습니까?

고통이 여러분에게 무엇을 말하든지, 모든 상처는 치유될 수 있다고 확신합니다. 탈출하지 못하는 어떤 감옥에 들어가는 일은 절대적으로 불가능합니다. 여러분은 언제나 자유롭게 될 수 있습니다. 사실 여러분이 어떤 조건에서 자유로워지기 위해서, 단지 몇 개의 선택이 남아 있습니다. 여러분이 선택만 한다면, 현재 상태에서 즉시 탈출할 수 있습니다. 여러분은 마침내 드라마를 방어하지 않고, 기꺼이 영적인 죽음의 감각을 통과하는 극적인 과정을 겪게 됩니다. 자신이 누구인지 알지 못하는 과정을 겪은 후, 자신이 인간이 아니고 상처가 아니며 드라마가 아니라고 깨달으면, 여러분이 더 크다는 직접적인 내면의 경험에 스스로 열립니다.

그러면, 선택은 여러분의 몫입니다. 여러분은 누군가 또는 무언가의 희생자가 아니라 자신이 과거에 한 선택의 희생자입니다. 미래가 아니라 현재에 더 나은 선택을 함으로써 과거의 어떤 선택도 초월합니다. 사랑하는 이들이여, 왜냐하면 미래는 절대로 오지 않기 때문입니다. 선택을 하는 순간은 항상 지금입니다. 이것은 여러분이 실제로 고통과 드라마를 방어하거나 그것과 함께 살려 하지 않고, 마침내 고통과 상처에 뭔가를 하기로 결정하는 현재가 여러분의 삶에서 연속된 "현재들" 중 어느 "현재"를 말하는지에 관한 문제입니다.

다른 사람들이 드라마를 탈출하도록 돕기

이것은 우리를 의사소통으로 다시 데려다 줍니다. 부상당한 병사를 마주한 의사를 상상해 보세요. 의사는 그 사람 다리를 절단하거나, 수술을 하고 싶은 바람이 전혀 없지만, 그럼에도 불구하고 가능하면 그 사람의 생명을 구하기 위해 거기에 있습니다. 여러분이 어떤 사람을 만나고 있다고 상상해 보세요, 그런데 여러분 중 다수는 자신의 드라마와 큰 고통과 심지어 자살이나 정신 분열증이나 불균형에 완전히 갇힌 사람을 일상적으로 대하고 있기 때문에 상상할 필요조차 없습니다. 여러분은 비슷한 선택에 직면해 있습니다. 여러분은 그 사람이 자신의 개인 드라마라는 덫을 탈출하도록 돕기 위해 무엇을 합니까?

한 사람이 그들의 드라마와 동일시하고 드라마를 연기할 때, 그 사람은 계속해서 다른 모든 사람을 자신의 드라마로 끌어들이려고 합니다. 그 드라마는 오직 자신만을 배우로 쓰지 않습니다. 그 사람은 전 세계를 포함할 수도 있는 드라마를 창조합니다. 시나리오 작가가 배역을 정하듯이, 여러분을 포함해 만나는 모든 사람에게 여러 가지 배역을 정해 줍니다. 그 사람은 정말로 드라마의 현실을 재확인하기 위해서 모든 사람이 자신이 미리 정한 역할들에 따라서 살기를 원합니다. 그 사람은 왜 드라마에 붙잡혀 있을까요? 우리가 말했듯이, 자신의 데이터베이스에 있는 이원성 믿음에게 궁극의 현실을 부여했기 때문입니다. 그 사람이 진정으로 자유로워지게 도우려면, 그들이 원하는 여러분의 역할을 할 수가 없습니다. 여러분이 그 역할을 하면 그것은 단지 그들이 감옥, 드라마에 갇혀 있다는 감각과, 드라마의 현실감만 다시 확인해 주게 됩니다. 여러분은 그 역할을 반드시 거부해야 합니다.

여러분이 그 역할을 거부할 때, 그 사람에게 어떤 일이 일어나며, 그들이 무엇을 느낄까요? 그들은 분노를 느낄 수도 있고, 상처받거나, 두려워할 수도 있습니다. 내 요점은 그들이 정한 역할을 여러분이 거부할 때, 의사가 환자를 구하기 위해 신체적인 고통을 초래하듯이, 여러분은 그들에게 더 많은 고통을 주고, 그들의 고통을 심화하게 됩니다.

사랑하는 이들이여, 요점은 이것입니다: "여러분은 기꺼이 이것을 하겠습니까?" 여러분은 기꺼이 그 역할로 봉사하겠습니까? 실제로 여러분 자신이 아주 자유로워져서 다른 사람의 드라마에 들어가기를 거부할 수도 있습니다. 따라서 여러분 앞에서 다른 사람의 드라마가 심화되어 그 사람이 너무 불안해져 마침내 이렇게 말하는 한계점에 이르게 할 수 있습니다: "나는 더 이상 이것을 할 수 없다. 나는 포기한다."

나는 우리 상승 마스터가 여러분 모두와 모든 인류를 향해 가진 강렬한 사랑을 여러분도 동일한 감각으로 느끼게 해 주고 싶습니다. 사랑하는 이들이여, 특히 영적인 여정에 있고, 따라서 이번 생에 그리스도 신성을 실현할 잠재력이 있는 단계에 올랐지만 그들이 놓지 못한 마지막 하나의 드라마를 가진 사람들이 있습니다.

드라마를 드러내기 위해서 보다 극단적인 수단을 사용할 수도 있는 학생이 있습니다. 내면의 수준에서 그리스도 신성을 달성하는데 헌신한다고 알지만, 에고의 마지막 요소가 있는 학생을 만날 때 우리가 어떻게 느낄까요? 여전히 드라마와 환영을 방어하는 그들을 우리가 어떻게 포기할 수 있겠습니까? 우리는 그 사람이 드라마를 넘어서도록 돕기 위해 가능한 무엇이든 하기를 바랍니다.

많은 경우에 그들은 우리 마스터의 말을 듣지 않기에 그들에게 접근하지 못합니다. 이것이 우리가 여러분을 필요로 하는 이유입니다. 여러분은 "그들의 눈앞에" 설 수 있기 때문입니다. 여러분은 그들을 물질적으로 마주할 수 있기 때문에 무시하거나 배제하지 못합니다. 여러분은 기꺼이 그 역할로 봉사하겠습니까? 만약 그렇다면, 여러분은 진정으로 자유롭습니다. 이것은 여러분이 다른 사람의 환영에 동의하지 않고, 다양한 방법으로 계속 그것에 도전하며, 정말 드라마 속에 들어가기를 거부하는 최고의 교사로 봉사할 수 있는 자유입니다. 동시에, 그 사람은 나를 잊거나 무시할 수 없도록 떠나기를 거부합니다.

언제 다른 사람들을 내버려두어야 합니까

사랑하는 이들이여, "아, 그 사람은 열려 있지 않아, 그녀는 변화하기를 꺼려하고 있어"라는 이유를 찾고 말하기는 항상 어렵습니다. 때로는 어떤 사람을 내버려두는 것이 좋습니다. 여러분 다수는 이번 생애 내내, 그리고 실제로 많은 생애 동안 갈등을 가진 사람과 가족으로 마주하고 있습니다. 어떤 경우 여러분은 자신의 안에서 갈등의 근원을 해결하려고 노력하는 지점에 이를 수 있습니다. 여러분이 자신 안에서 그것을 해결했는데, 다른 사람이 여전히 그런 노력을 할 의향이 없거나 심지어 아무것도 노력할 게 없다고 생각하면, 여러분이 "나는 당분간 이 사람을 떠나야겠다"라고 말하며 떠나는 것이 충분히 타당합니다.

이것은 여러분이 다른 사람을 영원히 떠나서 그들에게 말하지 않겠다는 의미가 아닙니다. 그들이 언제든 여러분에게 돌아와 문제를 해결하기를 바라면, 그들을 위해 여러분이 거기에 있게 됩니다. 그것은 여러분이 "당신은 내 관심을 충분히 가졌고, 나는 자신이 기꺼이 변화하려고 하며 내가 실제로 도울 수 있는 다른 사람에게 가야 합니다"라고 말하는 것입니다.

여러분은 또한 내가 방금 설명한 기준에 맞는 누군가가 있다는 가능성에 열려 있어야 합니다. 즉 그들은 이번 생에 그리스도 신성을 실현할 잠재력이 있지만 그들이 보지 못한 마지막 환영이 있습니다. 그것이 무엇인지 마침내 보기 위해서, 그들은 말하자면 "극단적인 현실 요법"에 매우 심하게 노출될 필요가 있을지도 모릅니다. 그러므로 그들은 환영을 방어하는데 너무 갇혀 있었지만, 자신에게 허락되지 않았던 진정한 선택을 실제로 할 수도 있습니다.

때때로 처음에 완전한 자유를 얻기 전에는 이것이 여러분에게 고통스러울 수 있습니다. 여러분은 어떤 사람이 반응할 것을 알았기에 정말로 말하고 싶지 않았지만, 그것을 사람들이나 심지어 일반적인 공동체에서 말했습니다. 그들은 그것을 기꺼이 말하려 했으며, 그 경험으로 엄청나게 성장했습니다. 물론, 여러분은 우리가 여러분을 사용하기 위한 능력에서 성장하며, 여러분이 무집착으로 시험받을 때처럼, 직접적이거나 대립해서는 안 됩니다. 여러분은 그것에서 배울 수도 있고, 다른 사람에게 말하는데 자유롭고, 열려 있으며, 직접적이 되기를 두려워하거나 꺼리는지 스스로 다시 고려해야 합니다.

여러분은 인류를 치유하기 위해서 여기에 있습니다

 의사의 비유로 돌아가서 말하자면, 여러분은 지구에 온 의사이고 아픈 환자는 인류입니다. 여러분은 그 역할을 기꺼이 하겠습니까? 여러분은 기꺼이 직접적으로 열려 있으면서 자유롭게 되겠습니까?

 나는 여러분에게 고통을 일으키는 역할을 하라고 강요하지 않습니다. 나는 여러분이 그 역할을 하지 않도록 고통을 해결하라고 말합니다. 여러분은 위에서 자유롭게 받아 자유롭게 표현해야 합니다. 성령이 여러분을 통해 바라는 곳으로 불면서, 다른 사람이 필요로 하는 심리적-영적 수술을 수행할 수 있습니다.

 여러분이 자유로운 시점에 이르면, 비록 다른 사람들이 고통 속에 있을 때에도, 고통이 없다고 장담할 수 있습니다. 오직 사랑과 기쁨만이 있습니다. 여러분이 처음에는 어떤 사람에게 도전하려고 봉사할 수 있고, 그 다음 그들이 봐야 하는 것을 알면, 그들에게 조건 없는 사랑을 줄 수 있습니다. 여러분은 심지어 그것을 보는 과정에서 조건 없는 사랑을 줄 수도 있습니다. 그들은 여러분을 아주 불쾌하게 여기고 이런저런 이유로 비난하며 드라마에 어떻게든 여러분을 끌어들이려 합니다. 어떤 사람은 그들의 상처 입은 자아가 맹렬하게 여러분을 비난하기도 합니다.

 그 반응에 초연하게 머무르며 자유로워지면, 반응이 여러분을 건드릴 수 없습니다. 반응은 여러분을 그냥 통과해 지나가게 됩니다. 그 사람이 포기하는 지점에 이를 때, 혹은 그 사람이 이제 반응에 열려 있을 때, 여러분은 조건 없는 사랑과 지혜로 거기에 있을 수 있습니다. 그럴 의향과 능력이 있기 때문에 그 사람은 진보할 수 있고 따라서 더 큰 명확성을 얻게 됩니다. 아니면 만약 그 사람이 너무 상처 입어서 정말 잠시 동안 여러분을 보고 견딜 수 없다면, 여러분은 그것에 집착하지 않을 수 있습니다. 비록 그 사람이 10년 후에 돌아오더라도, 여러분은 기꺼이 다시 말하기 전에 그 사람을 향해 행동을 취해야 하는 상처가 없기 때문에, 조건 없는 사랑으로 거기에 있게 됩니다.

사랑하는 이들이여, 알다시피, 나는 자유롭습니다. 나는 여러분이 자유로워지기를 바랍니다. 나는 여러분을 강요하지 않습니다. 사실, 여러분에게 뭔가를 하게 강요할 수 있는 유일한 힘은 여러분 자신의 드라마입니다. 나는 단지 여러분이 자유가 진정한 선택권이고, 그 선택은 한 사람만이 할 수 있다는 사실을 알기 바랍니다. 그 사람은 누구입니까? [청중들이 답합니다. "나입니다!"] 바로 그렇습니다!

여러분의 관심과 참여에 감사하며, 조건 없는, 무한한 자유로써 나를 통해 자유롭게 흐르는 그 무조건적인 사랑에 여러분을 봉인합니다.

15
나는 조건 없는 자유를 기원합니다

I AM THAT I AM, 예수 그리스도의 이름으로 나의 아이앰 현존이, 무한히 초월해 가는 내 미래의 현존을 통해 흐르며, 완전한 권능으로 이 기원문을 해 주시기를 요청합니다. 나는 사랑하는 악튜러스와 빅토리아, 대천사 자드키엘과 애머시스트, 성 저메인과 폴셔께 요청합니다. 완전한 자유에서 의사소통하는 내 능력을 막는 모든 장애물을 극복하도록 나를 도와주세요. 내가 가슴으로 소통하며 나의 아이앰 현존과 하나 되지 못하게 반대하는, 내면이나 외부의 모든 패턴과 세력으로부터 나를 자유롭게 해 주세요...
(여기에 개인적인 요청을 추가하세요)

1. 나는 기꺼이 내 드라마를 초월하겠습니다

1. 나는 성 저메인과 하나 되어, 내 의식하는 자아가 자유의 신의 특성인 불꽃과 하나가 되도록 허용합니다. 나는 지구에서 표현되는 신의 특성을 위한 열린 문입니다. 사람들은 기꺼이 자유롭게 되려고 함으로써 모두의 가슴에 표현됩니다.

사랑하는 악튜러스, 모든 생명이 성장하도록,

지금 보라색 화염의 흐름을 방출하소서.
끝없이 팽창하는 빛의 바퀴들은,
모든 원자 안에서 너무나 밝게 고동칩니다.

**사랑하는 악튜러스, 그대 자유의 엘로힘이여,
당신의 실재에 내 가슴을 엽니다.
무한 속으로 내 가슴을 확장합니다.
당신의 불꽃은 승리하시는 신의 열쇠입니다.**

2. 사랑하는 아이앰 현존과 성 저메인이여, 나는 자유로워지고 싶습니다. 내가 무한히 계속 펼쳐야만 한다고 생각하는 개인적인 이야기, 드라마를 보게 도와주세요. 드라마는 내게 필요한 무언가나 삶에 필요한 뭔가를 주지 않기 때문에, 드라마에 갇혀서 머무를 필요가 없음을 알게 도와주세요.

사랑하는 악튜러스, 항상 내 곁에 머무소서.
새로 태어난 나는 새 날을 맞을 준비가 되었습니다.
나는 여기 지구의 삶에 아무런 집착이 없으며,
당신 재생의 화염 속에서 새로운 삶을 선포합니다.

**사랑하는 악튜러스, 당신의 순수한 보라색 화염은,
모든 질병에 대한 궁극적인 치료제이고,
그것을 견딜 수 있는 어떤 어둠도 없으며,
나의 자유는 영원히 보장됩니다.**

3. 사랑하는 아이앰 현존과 성 저메인이여, 내가 이 물질세계의 무엇으로도 결코 충족될 수 없음을 알게 도와주세요. 나는 오직 신의 불꽃을 경험해서 충족될 수 있습니다. 나는 오직 모든 생명을 높이고 물질계 안으로 흐르게 하려는 현존을 위한 열린 문이 되어서 신

의 불꽃을 경험할 수 있습니다.

사랑하는 악튜러스, 당신의 빛나는 보라색 불꽃은,
이제 모든 원자를 채우며 더 높이 들어올립니다.
각 원자의 공간이 모두 당신의 빛으로 채워지고,
질료 그 자체가 너무나 밝게 빛납니다.

**사랑하는 악튜러스, 당신의 변형하는 은총은,
이제 모든 도전에 맞서도록 나에게 권능을 부여하고,
당신의 보라색 광선이 나의 내면에 흘러넘치니,
나는 상승을 향해서 기꺼이 달려갑니다.**

4. 사랑하는 아이앰 현존과 성 저메인이여, 나는 내가 어떻게 삶을 경험하며 반응하는지 살펴보고 기꺼이 내 드라마를 보겠습니다. 어떻게 내 드라마로 인해 말을 제한해야 하는지 보게 도와주세요. 내 드라마가 흐름을 제한하도록 하지 않고, 가슴으로 소통하는 흐름을 자유롭게 허용하도록 도와주세요.

사랑하는 악튜러스, 새로운 시대를 가져오소서.
지구와 인류가 새로운 역사의 장으로 가게 하소서.
당신의 변형하는 빛은 나에게 확신을 주며,
성 저메인의 황금시대는 현실이 됩니다.

**사랑하는 악튜러스, 나는 모든 두려움을 굴복시키고,
I AM은 당신의 현존을 만져질 듯 가깝게 느끼며,
당신의 자유의 노래로 내 귀를 충만케하며,
나는 신께 I AM이 영원하게 소중함을 압니다.**

5. 사랑하는 아이앰 현존과 성 저메인이여, 내 드라마가 무엇인지

보는 돌파구를 경험하도록 도와주세요. 나는 그것이 내 의식하는 자아가 취한 드라마임을 보고 이렇게 결정합니다: "나는 내 안에서 빛을 얻을 수 있기에, 내가 필요한 것을 얻기 위한 드라마가 더 이상 필요하지 않다."

사랑하는 악튜러스, 모든 생명이 성장하도록,
지금 보라색 화염의 흐름을 방출하소서.
끝없이 팽창하는 빛의 바퀴들은,
모든 원자 안에서 너무나 밝게 고동칩니다.

사랑하는 악튜러스, 그대 자유의 엘로힘이여,
당신의 실재에 내 가슴을 엽니다.
무한 속으로 내 가슴을 확장합니다.
당신의 불꽃은 승리하시는 신의 열쇠입니다.

6. 사랑하는 아이앰 현존과 성 저메인이여, 내가 드라마와 자신을 동일시하기 때문에, 내 개인 드라마가 미로와 같다는 사실을 알게 도와주세요. 드라마가 신이나 사람들이나 운명이나 우연으로 창조되지 않았음을 내가 깨닫게 도와주세요. 미로는 내가 창조했습니다!

사랑하는 악튜러스, 항상 내 곁에 머무소서.
새로 태어난 나는 새 날을 맞을 준비가 되었습니다.
나는 여기 지구의 삶에 아무런 집착이 없으며,
당신 재생의 화염 속에서 새로운 삶을 선포합니다.

사랑하는 악튜러스, 당신의 순수한 보라색 화염은,
모든 질병에 대한 궁극적인 치료제이고,
그것을 견딜 수 있는 어떤 어둠도 없으며,
나의 자유는 영원히 보장됩니다.

7. 사랑하는 아이앰 현존과 성 저메인이여, 내가 미로의 출구를 찾을 유일한 사람임을 알게 도와주세요. 나는 사람 이상이고, 미로 이상이며 나를 빠져나오지 못하게 막는 잠재의식 데이터베이스 이상임을 깨닫고 초점을 전환하기로 결정할 유일한 사람입니다.

사랑하는 악튜러스, 당신의 빛나는 보라색 불꽃은,
이제 모든 원자를 채우며 더 높이 들어올립니다.
각 원자의 공간이 모두 당신의 빛으로 채워지고,
질료 그 자체가 너무나 밝게 빛납니다.

사랑하는 악튜러스, 당신의 변형하는 은총은,
이제 모든 도전에 맞서도록 나에게 권능을 부여하고,
당신의 보라색 광선이 나의 내면에 흘러넘치니,
나는 상승을 향해서 기꺼이 달려갑니다.

8. 사랑하는 아이앰 현존과 성 저메인이여, 일곱 번째 광선의 입문을 통과하고 나를 통해 성령의 흐름이 스스로를 표현하는 대변자가 되게 도와주세요. 나는 사람들이 자신의 드라마를 볼 최상의 기회를 얻기 위해 정확히 필요한 것을 영이 그들에게 주도록 허용하겠습니다.

사랑하는 악튜러스, 새로운 시대를 가져오소서.
지구와 인류가 새로운 역사의 장으로 가게 하소서.
당신의 변형하는 빛은 나에게 확신을 주며,
성 저메인의 황금시대는 현실이 됩니다.

사랑하는 악튜러스, 나는 모든 두려움을 굴복시키고,
I AM은 당신의 현존을 만져질 듯 가깝게 느끼며,
당신의 자유의 노래로 내 귀를 충만케하며,

나는 신께 I AM이 영원하게 소중함을 압니다.

9. 사랑하는 아이앰 현존과 성 저메인이여, 나는 과거를 기반으로 다른 사람이 무엇을 하거나 해야 한다는 내가 가진 모든 이미지를 조건 없이 버립니다. 나는 더 이상 다른 사람에게 어떤 이미지를 투사하지 않겠으며, 나 또는 내 드라마에 상관없이 그들이 자유의지를 행하도록 자유롭게 해 주겠습니다.

자유로 가속하소서. I AM은 실재하며,
자유로 가속하소서. 모든 생명은 치유됩니다.
자유로 가속하소서. I AM은 무한한 초월이며,
자유로 가속하소서. 모든 의지는 비상합니다.

자유로 가속하소서! (3회)
사랑하는 악튜러스와 빅토리아.
자유로 가속하소서! (3회)
사랑하는 자드키엘과 애머시스트.
자유로 가속하소서! (3회)
사랑하는 성 저메인.
자유로 가속하소서! (3회)
사랑하는 I AM.

2. 나는 기꺼이 내 상처를 치유하겠습니다

1. 사랑하는 아이앰 현존과 성 저메인이여, 내가 다른 사람에게 흑마술을 사용하려는 모든 경향을 극복하게 도와주세요. 나는 모든 생명흐름이 어느 순간이든 다른 선택을 할 잠재력이 있음을 인정합니다. 나는 어떤 사람이 가능한 최고의 선택을 한다는 무결한 관념을 가집니다.

대천사 자드키엘, 당신의 흐름은 매우 빨라,
나는 당신의 보라색 광선 안에서,
단숨에 하위 존재의 제한을 모두 벗어나,
나를 자유롭게 하는 진동으로 이동합니다.

대천사 자드키엘, 당신의 보라색 띠로,
대천사 자드키엘, 지구를 둘러싸소서.
대천사 자드키엘, 멈추지 않는 지복 안에서,
대천사 자드키엘, 우리의 행성은 다시 태어납니다.

2. 나는 일곱 광선을 통과해서 상승한 예수님의 평화와 함께 일곱 번째 광선에 이르렀습니다. 나는 진정으로 성 저메인의 자유의 불꽃을 지지합니다. 나는 나를 안전하게 해 준다고 생각하는 어떤 패턴이나 매트릭스에 성령을 강제로 맞추려 하지 않고 성령이 바라는 곳으로 바람이 불게 허용합니다.

대천사 자드키엘, 나는 진정 열망합니다.
당신의 보라색 불꽃의 마스터가 되기를.
당신의 연금술의 권능을 행사하면서,
신성한 말씀으로 나는 모든 생명을 자유롭게 합니다.

대천사 자드키엘, 당신의 보라색 띠로,
대천사 자드키엘, 지구를 둘러싸소서.
대천사 자드키엘, 멈추지 않는 지복 안에서,
대천사 자드키엘, 우리의 행성은 다시 태어납니다.

3. 사랑하는 아이앰 현존과 성 저메인이여, 나에게 일곱 광선의 입문을 통과했는지 당신과 동일한 감각을 주세요. 나는 내가 말할 때 기꺼이 내 반응을 살펴보겠습니다. 나는 내가 어떤 부정적인 마음

의 상태에 빠지면, 그것은 결과에 집착하고 있음을 보여 준다고 인식합니다.

대천사 자드키엘, 당신의 보라색 광선은,
멈출 수 없는 위력으로 지구를 변형합니다.
우리의 행성은 즉시 회전을 시작하고,
수십억 천사들과 함께 우리는 승리합니다.

**대천사 자드키엘, 당신의 보라색 띠로,
대천사 자드키엘, 지구를 둘러싸소서.
대천사 자드키엘, 멈추지 않는 지복 안에서,
대천사 자드키엘, 우리의 행성은 다시 태어납니다.**

4. 사랑하는 아이앰 현존과 성 저메인이여, 내가 공개적으로 말하고 다른 사람들이 내게 반응을 일으키는 방식으로 반응할 때 내가 전형적으로 어떤 종류의 반응을 하는지 보게 도와주세요. 내가 그 느낌을 따라가서 접촉하게 도와주세요.

대천사 자드키엘, 당신의 보라색 화염이 타오르니,
지구와 인류는 결코 이전과 같지 않습니다.
성 저메인의 황금시대는 현실이 되고,
나는 기뻐하며 영광스러운 경이를 바라봅니다.

**대천사 자드키엘, 당신의 보라색 띠로,
대천사 자드키엘, 지구를 둘러싸소서.
대천사 자드키엘, 멈추지 않는 지복 안에서,
대천사 자드키엘, 우리의 행성은 다시 태어납니다.**

5. 사랑하는 아이앰 현존과 성 저메인이여, 내가 그 느낌을 넘어서

그 느낌 이면의 생각이 무엇인지 보게 도와주세요. 내가 그 생각과 내 자신과, 다른 사람들과 그들의 삶에 대한 내 관점이 무엇을 말하는지 분석하고 직관하게 도와주세요.

대천사 자드키엘, 당신의 흐름은 매우 빨라,
나는 당신의 보라색 광선 안에서,
단숨에 하위 존재의 제한을 모두 벗어나,
나를 자유롭게 하는 진동으로 이동합니다.

**대천사 자드키엘, 당신의 보라색 띠로,
대천사 자드키엘, 지구를 둘러싸소서.
대천사 자드키엘, 멈추지 않는 지복 안에서,
대천사 자드키엘, 우리의 행성은 다시 태어납니다.**

6. 사랑하는 아이앰 현존과 성 저메인이여, 내가 그 생각을 넘어서 내 데이터베이스의 기반을 형성하는 근본적인 패턴과 기본적인 가정에 접촉하게 도와주세요. 그것이 내 정체감에 무엇을 말하는지 알게 도와주세요. 내가 외부의 신과 연결하지 않고 내면의 신에게 조율하게 도와주세요.

대천사 자드키엘, 나는 진정 열망합니다.
당신의 보라색 불꽃의 마스터가 되기를.
당신의 연금술의 권능을 행사하면서,
신성한 말씀으로 나는 모든 생명을 자유롭게 합니다.

**대천사 자드키엘, 당신의 보라색 띠로,
대천사 자드키엘, 지구를 둘러싸소서.
대천사 자드키엘, 멈추지 않는 지복 안에서,
대천사 자드키엘, 우리의 행성은 다시 태어납니다.**

7. 사랑하는 아이앰 현존과 성 저메인이여, 내가 객관적이고 비감정적이며, 비판단적이고, 비난하지 않는 자기-성찰과 자기 드러냄의 과정을 통과하게 도와주세요. 나는 순수하거나 불순하며, 어떤 반응 패턴에 빠지게 하는 뭔가를 기꺼이 보겠습니다.

대천사 자드키엘, 당신의 보라색 광선은,
멈출 수 없는 위력으로 지구를 변형합니다.
우리의 행성은 즉시 회전을 시작하고,
수십억 천사들과 함께 우리는 승리합니다.

대천사 자드키엘, 당신의 보라색 띠로,
대천사 자드키엘, 지구를 둘러싸소서.
대천사 자드키엘, 멈추지 않는 지복 안에서,
대천사 자드키엘, 우리의 행성은 다시 태어납니다.

8. 사랑하는 아이앰 현존과 성 저메인이여, 내가 객관적인 손익 분석을 하게 도와주세요. 진정으로, 나는 이 남은 생애를 바로 지금 경험하는 고통과 불편함을 경험하며 살고 싶지 않습니다. 내게 고통을 일으키는 상처를 보도록 도와주세요.

대천사 자드키엘, 당신의 보라색 화염이 타오르니,
지구와 인류는 결코 이전과 같지 않습니다.
성 저메인의 황금시대는 현실이 되고,
나는 기뻐하며 영광스러운 경이를 바라봅니다.

대천사 자드키엘, 당신의 보라색 띠로,
대천사 자드키엘, 지구를 둘러싸소서.
대천사 자드키엘, 멈추지 않는 지복 안에서,
대천사 자드키엘, 우리의 행성은 다시 태어납니다.

9. 사랑하는 아이앰 현존과 성 저메인이여, 비록 상처가 일시적인 고통을 일으키더라도 내가 상처를 살펴보게 도와주세요. 내가 그 상처를 봉합하고 치유하게 도와주세요. 그 상처를 만든 선택을 보게 도와주시면 나는 그 선택을 의식적으로 바꾸겠습니다. 나는 기꺼이 큰 도약을 이루겠습니다.

천사들과 함께 날아올라,
나는 그 이상의 현존이 됩니다.
천사들은 진실로 존재하니,
그들의 사랑은 모든 것을 치유합니다.
천사는 평화를 가져오며,
모든 갈등은 그칩니다.
빛의 천사들과 함께,
우리는 새로운 높이로 비상합니다.

천사 날개의 바스락거리는 소리,
물질조차 노래하는 기쁨이여,
모든 원자를 울리는 기쁨이여,
천사들의 날갯짓과 조화 속에서.

3. 나는 다른 사람들이 드라마를 초월하게 돕겠습니다

1. 사랑하는 아이앰 현존과 성 저메인이여, 내가 어떤 고통을 느끼든, 치유될 수 없는 상처는 없음을 경험하게 도와주세요. 내가 어떤 조건에서 자유로워지려면 단지 몇 가지 선택이 남아 있음을 알게 도와주세요. 내가 현재의 상태에서 즉시 탈출하게 도와줄 하나의 선택을 보게 도와주세요.

사랑하는 악튜러스, 모든 생명이 성장하도록,

지금 보라색 화염의 흐름을 방출하소서.
끝없이 팽창하는 빛의 바퀴들은,
모든 원자 안에서 너무나 밝게 고동칩니다.

**사랑하는 악튜러스, 그대 자유의 엘로힘이여,
당신의 실재에 내 가슴을 엽니다.
무한 속으로 내 가슴을 확장합니다.
당신의 불꽃은 승리하시는 신의 열쇠입니다.**

2. 사랑하는 아이앰 현존과 성 저메인이여, 내가 드라마를 방어하지 않고 영적인 죽음의 감각을 통과하게 도와주세요. 나는 내가 누구인지 알지 못하며, 이후 내가 인간이 아니고, 상처가 아니며 드라마가 아님을 깨닫는 과정을 기꺼이 통과하겠습니다. 나는 내가 더 크다는 직접적인 경험에 열려 있습니다.

사랑하는 악튜러스, 항상 내 곁에 머무소서.
새로 태어난 나는 새 날을 맞을 준비가 되었습니다.
나는 여기 지구의 삶에 아무런 집착이 없으며,
당신 재생의 화염 속에서 새로운 삶을 선포합니다.

**사랑하는 악튜러스, 당신의 순수한 보라색 화염은,
모든 질병에 대한 궁극적인 치료제이고,
그것을 견딜 수 있는 어떤 어둠도 없으며,
나의 자유는 영원히 보장됩니다.**

3. 사랑하는 아이앰 현존과 성 저메인이여, 내가 어떤 사람 또는 무언가의 희생자가 아니라 자신이 과거에 한 선택의 희생자임을 알게 도와주세요. 과거의 어떤 선택도 현재에 더 나은 선택을 함으로써 초월할 수 있습니다. 왜냐하면 선택을 하는 순간은 항상 지금이기

때문입니다. 나는 상처와 함께 살면서 실제로 내 고통을 방어하고 내 드라마를 방어하지 않고, 지금 기꺼이 상처와 고통의 해결을 위해 노력하겠습니다.

사랑하는 악튜러스, 당신의 빛나는 보라색 불꽃은,
이제 모든 원자를 채우며 더 높이 들어올립니다.
각 원자의 공간이 모두 당신의 빛으로 채워지고,
질료 그 자체가 너무나 밝게 빛납니다.

사랑하는 악튜러스, 당신의 변형하는 은총은,
이제 모든 도전에 맞서도록 나에게 권능을 부여하고,
당신의 보라색 광선이 나의 내면에 흘러넘치니,
나는 상승을 향해서 기꺼이 달려갑니다.

4. 사랑하는 아이앰 현존과 성 저메인이여, 내가 드라마에서 자유로워지게 도와주세요, 그러면 다른 사람들이 그들의 드라마를 탈출하도록 도울 수 있습니다. 사람들이 나를 그들의 드라마 속으로 끌어들이려 할 때 내가 알도록 도와주세요. 그들의 드라마 속으로 끌려들어 가거나, 그들이 나에게 원하는 역할을 해서는 다른 사람들을 도울 수 없음을 알게 도와주세요.

사랑하는 악튜러스, 새로운 시대를 가져오소서.
지구와 인류가 새로운 역사의 장으로 가게 하소서.
당신의 변형하는 빛은 나에게 확신을 주며,
성 저메인의 황금시대는 현실이 됩니다.

사랑하는 악튜러스, 나는 모든 두려움을 굴복시키고,
I AM은 당신의 현존을 만져질 듯 가깝게 느끼며,
당신의 자유의 노래로 내 귀를 충만케하며,

나는 신께 I AM이 영원하게 소중함을 압니다.

5. 다른 사람들이 내게 정한 역할을 하기 거부할 때, 그들의 고통을 강화한다고 인식합니다. 나는 기꺼이 이렇게 하겠으며, 기꺼이 그 역할로 봉사하겠습니다. 나는 내 자신 안에서 아주 자유로워져서 다른 사람들의 드라마에 들어가기를 거부하므로, 그들이 이렇게 말하는 한계점에 이르도록 돕겠습니다: "나는 더 이상 이것을 할 수 없다. 나는 포기한다."

사랑하는 악튜러스, 모든 생명이 성장하도록,
지금 보라색 화염의 흐름을 방출하소서.
끝없이 팽창하는 빛의 바퀴들은,
모든 원자 안에서 너무나 밝게 고동칩니다.

**사랑하는 악튜러스, 그대 자유의 엘로힘이여,
당신의 실재에 내 가슴을 엽니다.
무한 속으로 내 가슴을 확장합니다.
당신의 불꽃은 승리하시는 신의 열쇠입니다.**

6. 성 저메인이여, 상승 마스터께서 우리와 모든 인류를 위해 가진 강렬한 사랑과 동일한 감각을 주세요. 영적인 여정에 있으며, 그리스도 신성을 실현할 잠재력이 있지만, 마지막 드라마를 포기하지 않은 사람들에게 당신이 가진 사랑을 내가 느끼게 도와주세요.

사랑하는 악튜러스, 항상 내 곁에 머무소서.
새로 태어난 나는 새 날을 맞을 준비가 되었습니다.
나는 여기 지구의 삶에 아무런 집착이 없으며,
당신 재생의 화염 속에서 새로운 삶을 선포합니다.

사랑하는 악튜러스, 당신의 순수한 보라색 화염은,
모든 질병에 대한 궁극적인 치료제이고,
그것을 견딜 수 있는 어떤 어둠도 없으며,
나의 자유는 영원히 보장됩니다.

7. 성 저메인이여, 한 영적인 학생이 드라마를 넘어서 보도록 돕기 위해 가능한 무엇이든 하려는 당신의 사랑과 바람에 내가 조율하게 도와주세요. 나는 그들이 나를 무시하지 못하며 나를 배제할 수 없도록 "그들의 눈앞에서" 마주함으로써 기꺼이 당신을 돕겠습니다.

사랑하는 악튜러스, 당신의 빛나는 보라색 불꽃은,
이제 모든 원자를 채우며 더 높이 들어올립니다.
각 원자의 공간이 모두 당신의 빛으로 채워지고,
질료 그 자체가 너무나 밝게 빛납니다.

**사랑하는 악튜러스, 당신의 변형하는 은총은,
이제 모든 도전에 맞서도록 나에게 권능을 부여하고,
당신의 보라색 광선이 나의 내면에 흘러넘치니,
나는 상승을 향해서 기꺼이 달려갑니다.**

8. 성 저메인이여, 내가 다른 사람들의 환영에 동의하지 않고, 계속 환영에 도전하며, 드라마 속에 들어가기를 거부하는 최고의 교사로서 봉사하는 자유를 가지게 도와주세요. 동시에 나는 그 사람이 잊거나 무시할 수 없도록 떠나기를 거부합니다.

사랑하는 악튜러스, 새로운 시대를 가져오소서.
지구와 인류가 새로운 역사의 장으로 가게 하소서.
당신의 변형하는 빛은 나에게 확신을 주며,
성 저메인의 황금시대는 현실이 됩니다.

사랑하는 악튜러스, 나는 모든 두려움을 굴복시키고,
I AM은 당신의 현존을 만져질 듯 가깝게 느끼며,
당신의 자유의 노래로 내 귀를 충만케 하며,
나는 신께 I AM이 영원하게 소중함을 압니다.

9. 성 저메인이여, 내가 어떤 사람을 내버려두는 상황이 타당한지 아는 분별력을 가지게 도와주세요. 내가 자신 안에서 갈등의 근원을 해결하게 도와주세요. 내가 "나는 당분간 이 사람을 떠나야겠다"라고 말하는 타당한 때를 알게 도와주세요. 그 사람은 내 관심을 충분히 가졌고, 나는 자신을 기꺼이 바꾸려 하며 내가 실제로 도울 수 있는 다른 사람에게 가겠습니다.

자유로 가속하소서. I AM은 실재하며,
자유로 가속하소서. 모든 생명은 치유됩니다.
자유로 가속하소서. I AM은 무한한 초월이며,
자유로 가속하소서. 모든 의지는 비상합니다.

자유로 가속하소서! (3회)
사랑하는 악튜러스와 빅토리아.
자유로 가속하소서! (3회)
사랑하는 자드키엘과 애머시스트.
자유로 가속하소서! (3회)
사랑하는 성 저메인.
자유로 가속하소서! (3회)
사랑하는 I AM.

4. 나는 성 저메인의 도구입니다

1. 성 저메인이여, 내 드라마를 초월하기 위해 나는 기꺼이 "극단적

인 현실 요법"을 통과하겠습니다. 나는 또한 기꺼이 다른 사람들이 극단적인 현실 요법을 경험하도록 돕는 당신의 도구가 되겠습니다.

성 저메인이여, 보라색 화염의 연금술로,
당신은 나를 자유롭게 해방합니다.
성 저메인이여, 자유의 거침없는 흐름 안에서,
나는 영원히 성장해 갑니다.

오 성령이시여, 나를 통해 흐르소서.
나는 당신을 위해 열린 문입니다.
세차게 흘러오는 전능한 빛의 강이여,
초월은 나의 신성한 권리입니다.

2. 성 저메인이여, 나는 기꺼이 다른 사람들에게 그들이 듣고 싶지 않은 것을 말하는 당신의 도구가 되겠습니다. 비록 내가 불쾌한 반응을 얻더라도, 나는 기꺼이 상승 마스터가 나를 사용하는 내 능력을 키우겠습니다. 나는 기꺼이 다른 사람들에게 말하는 상황에서 자유롭게 되겠습니다.

성 저메인, 보라색 화염의 기하학을,
통달한 존재시여.
성 저메인이여, 나는 당신 안에서,
나를 자유롭게 해 주는 공식을 봅니다.

오 성령이시여, 나를 통해 흐르소서.
나는 당신을 위해 열린 문입니다.
세차게 흘러오는 전능한 빛의 강이여,
초월은 나의 신성한 권리입니다.

3. 성 저메인이여, 내가 다른 사람들을 마주하면서 일어나는 어떤 고통이든 해결하게 도와주세요. 내가 위에서 자유롭게 받고 경험으로 배운 모든 것을 자유롭게 표현하도록 도와주세요.

성 저메인이여, 나는 자유 안에서,
나를 위한 당신의 사랑을 느낍니다.
성 저메인이여, 나는 경배합니다.
모두를 초월하게 만드는 보라색 화염을.

오 성령이시여, 나를 통해 흐르소서.
나는 당신을 위해 열린 문입니다.
세차게 흘러오는 전능한 빛의 강이여,
초월은 나의 신성한 권리입니다.

4. 성 저메인이여, 성령의 바람이 바라는 곳으로 나를 통해 불며 다른 사람이 필요로 하는 심리적-영적 수술을 행하도록 나를 도와주세요.

성 저메인이여, 나는 화합 안에서,
이원성을 초월할 것입니다.
성 저메인, 내 자아는 너무나 순수해지고,
당신의 보라색 연금술은 명확합니다.

오 성령이시여, 나를 통해 흐르소서.
나는 당신을 위해 열린 문입니다.
세차게 흘러오는 전능한 빛의 강이여,
초월은 나의 신성한 권리입니다.

5. 성 저메인이여, 내가 처음에는 어떤 사람에게 도전하도록 봉사하

게 도와주시고, 그들이 봐야 하는 것을 볼 때, 내가 그들에게 조건 없는 사랑을 주게 도와주세요.

성 저메인, 진실한 존재시여,
보라색 광선 안에서 모든 근심은 사라집니다.
성 저메인이여, 내 오라는 봉인되고,
당신의 보라색 화염은 내 차크라를 치유합니다.

**오 성령이시여, 나를 통해 흐르소서.
나는 당신을 위해 열린 문입니다.
세차게 흘러오는 전능한 빛의 강이여,
초월은 나의 신성한 권리입니다.**

6. 성 저메인이여, 비록 사람들이 불쾌해 하거나, 이런저런 이유로 나를 비난하며, 그들의 드라마에 나를 끌어들이려 해도, 내가 무집착으로 머물게 도와주세요. 내가 그들의 반응에 초연하게 머물고, 그것이 나를 그냥 통과해 지나가게 도와주세요.

성 저메인이여, 보라색 화염의 연금술로,
당신은 모든 원자를 자유롭게 합니다.
성 저메인이여, 나는 바라봅니다.
납을 황금으로 변형하는 비전을.

**오 성령이시여, 나를 통해 흐르소서.
나는 당신을 위해 열린 문입니다.
세차게 흘러오는 전능한 빛의 강이여,
초월은 나의 신성한 권리입니다.**

7. 성 저메인이여, 어떤 사람의 마음이 열렸을 때 내가 조건 없는

사랑과 지혜로 거기에 있게 도와주세요. 내가 다른 사람들에게 다시 말하기 전에 그들에게 반응할 상처가 없기 때문에, 조건 없는 사랑으로 거기에 있게 도와주세요.

성 저메인, 무한한 초월성이시여,
나는 언제나 당신과 하나입니다.
성 저메인이여, 나는 영혼(soul)에서 해방 되어,
진정한 나로 존재하는 환희를 느낍니다.

오 성령이시여, 나를 통해 흐르소서.
나는 당신을 위해 열린 문입니다.
세차게 흘러오는 전능한 빛의 강이여,
초월은 나의 신성한 권리입니다.

8. 성 저메인이여, 자유가 진정한 선택권이고 자유는 선택이며, 그 선택은 오직 한 사람, 즉 나 자신이 할 수 있음을 진정으로 알게 도와주세요.

성 저메인이여, 고결함은,
신성한 연금술로 가는 열쇠입니다.
성 저메인이여, 당신은 내 요청에 의해,
일곱 광선을 모두 균형 잡습니다.

오 성령이시여, 나를 통해 흐르소서.
나는 당신을 위해 열린 문입니다.
세차게 흘러오는 전능한 빛의 강이여,
초월은 나의 신성한 권리입니다.

9. 성 저메인이여, 나는 조건 없는 무한한 자유로써 당신과 나를 통

해서 자유롭게 흐르는 무조건적인 사랑에 봉인되었습니다!

성 저메인, 당신의 현존이 여기에 있고,
나의 내면 구체를 가득 채웁니다.
삶은 이제 신성한 흐름이며,
모두에게 신의 자유를 부여합니다.

오 성령이시여, 나를 통해 흐르소서.
나는 당신을 위해 열린 문입니다.
세차게 흘러오는 전능한 빛의 강이여,
초월은 나의 신성한 권리입니다.

봉인하기
신성한 어머니의 이름으로, 나는 이 요청의 힘이 마-터 빛을 자유롭게 하는데 사용되어, 나 자신의 삶과 모든 사람과 행성을 위한 그리스도의 완전한 비전을 구현할 수 있음을 전적으로 받아들입니다. I AM THAT I AM의 이름으로, 그것이 이루어졌습니다! 아멘.

16
새로운 유형의 영성 공동체

성모 마리아의 구술문.

    이 행성의 영적이고 종교적인 운동들을 살펴보면, 대부분이 내부의 분열로 무너졌음을 알 수 있습니다. 내부 분열로 무너지지 않은 운동은 대부분 아주 강한 에고와 의견을 가진 그룹 사람에게 장악되었습니다. 감히 누구도 의문을 제기하지 못하는 엄격한 교리와 의례 절차와 엄격한 문화를 형성했기 때문에 파괴되지 않았습니다.

    이 행성의 대부분 영적이고 종교적인 운동의 운명은 죽음 아니면 엄격함입니다. 어느 정도 기간 동안 이것을 벗어난 영성 운동의 예가 아주 드물게 있습니다. 확실히, 그들은 지구를 뒤덮은 어둠 속에서 빛나는 밝은 빛으로 거기 있습니다. 어둠은 오직 인간들의 마음과 에너지 장 안에 존재합니다.

새로운 유형의 영성 운동

    예수님께서는 완전히 새로운 영성 운동의 출현을 위한 기초를 닦기 위해 오셨습니다. 그것은 엄격한 종교의 대표자가 예수님에게 도전해서 결국 죽였던 종교와는 전혀 달랐습니다. 사람들을 통해서 흐르는 성령이 그것이 무엇인지 밝혀내기 때문에, 이것은 인간 에고가 지배할 수 없고, 게임을 할 수 없으며, 드라마가 이겨내지 못하는 운동입니다.

이것은 붓다께서도 심은 씨앗입니다. 그는 붓다의 대리자 혹은 붓다의 학생이 되기로 선언한 구성원의 에고를 통해서 일하는, 마라(Mara)의 데몬이 맹공격을 할 때 견딜 수 있는 공동체(Sangha)를 만들고자 했습니다. 불교 역시도 파워 엘리트가 출현할 때 종종 일어나듯이, 여러 파로 분열되었습니다. 이후 반대 엘리트가 출현하고, 그들 사이의 투쟁은 그들을 분리된 길로 가게 합니다. 일부는 낡은 운동의 새로운 분파를 만들고 이제 이것이 유일하게 옳다고 주장하지만, 오래된 쪽도 여전히 자신이 유일하게 옳다고 주장합니다.

여기에는 해결되지 않은 무언가가 있기 때문에, 이것은 물론 부처님의 진정한 공동체가 되지 못합니다. 아주 많은 크리스천이 그리스도 가르침에 분명히 집착하듯이, 사람들이 붓다 가르침의 특정 표현에도 집착을 합니다. 많은 무슬림은 시아파나 수니파 또는 무슨 파든, 모하메드를 통해 가져온 가르침의 특정한 해석에 집착합니다.

우리가 이 시대의 영성 구도자에게서 우리의 탐구를 결실 맺을 잠재력을 보고 싶습니다. 여러분은 자신이 에고에게 자유롭다거나 다른 사람보다 더 낫다고 생각하며, 단지 엄격한 다른 영성 운동과 스스로를 다르게 보는 에고가 만연한 영성 운동을 일으켜서는 안 됩니다. 우리는 여러분이 자신을 외부의 다른 사람과 반대하는 존재로 느끼며, 여러분의 운동과 문화를 분명히 정의하는 상태에 들어가지 않고, 영성에 완전히 새로운 접근법을 창안하고 표현하는 잠재력을 가지기를 기대합니다.

여러분은 에고가 분리와 우월성 게임을 하도록 허용해서는 안 됩니다. 성령이 누구든 그를 통해 불 수 있도록, 여러분은 위의 흐름에 언제나 자신이 열려 있도록 허용해야 합니다. 여러분은 물론 반드시 무엇이 성령이고, 누군가 관심이나 통제력을 얻기 위해 상승 마스터의 권한이나 성령의 권한을 가지고 있다고 주장하며 단순히 드라마를 행하는지 볼 수 있는 분별력을 가져야 합니다.

소통 없이는 공동체도 없습니다

만약 여러분이 성공적으로 그런 운동, 그런 문화를 실현하고 유지하려는 의향이 있다면, 우리가 이 책에서 준 가르침을 고려해야 합니다. 성 저메인께서 말했듯이, 여러분이 무언가 옳지 않다고 알았다면, 그것을 자유롭게 드러내고 말할 때 에고가 숨지 못하게 됩니다. 환영을 어둠 속에 두면서, 아무도 그것이 무엇인지 알지 못하게 해서는 안 됩니다.

이것은 여러분 모두가 완벽해져야 한다는 의미가 아닙니다. 그와 반대로, 모두가 자신의 현재 의식 수준에서 자유롭게 자신을 표현하고, 그런 다음 그들이 사물을 보는 방식이 가장 높은 진리, 가장 높은 현실, 가장 높은 관점이 아닌 개인적인 데이터베이스에 있는 어떤 믿음의 색채를 약간 가질 수 있음을 애정 있게 드러내야 한다는 의미입니다.

바로 붓다께서 육화 중에 이런 유형의 공동체를 지구상에 설립했습니다. 그는 마라의 데몬이 만연할 수 없는 독립된 장소로 공동체를 만들었습니다. 신성한 장소인 그 구체에 들어간 사람은 세상의 의식, 즉 윤회의 바다, 고통의 바다에 대안이 있음을 볼 기회를 가졌습니다. 마찬가지로, 예수님도 그의 학생과 그와 긴밀한 관계에 있던 사람과 함께 공동체를 설립했습니다. 하지만 학생 일부는 그것을 지속하지 못했고, 단지 잠깐 동안 유지하다가 다시 낡은 패턴으로 돌아갔습니다. 확실히, 오늘날 여러분 중 일부가 깨달음에 이르러 실제로 자신의 드라마를 보게 됩니다. 그런 후 돌아가서 결정을 미루다가 이제 아무 일도 없었다는 듯 그 드라마로 다시 돌아가는 동일한 상황을 보게 됩니다.

나는 여러분 모두가 자유로운 곳으로 오면 이것이 문제가 되지 않음을 알기 바랍니다. 비록 사람들이 그들의 드라마를 표출하더라도, 여러분은 단지 그것에 동조하기를 거부하게 됩니다. 만약 여러분이 계속 이렇게 드라마를 피하면, 그들이 바뀌거나 아니면 다른 곳에서 그들의 드라마를 더 잘 받아들이는 사람들을 찾게 됩니다. 결국, 그들이 바라는 바를 여러분에게 얻지 못하면, 왜 계속 시도하겠습니까?

그들은 매우 부정적으로 여러분이 불친절하고, 다정하지 않으며, 영적이지 않고, 이렇지 않고 저렇지 않다고 여러분에게 투사하며 떠날 수 있습니다. 다시 말해, 만약 여러분이 자유롭다면, 자신이 행위자가 아니며, 신의 조건 없는 사랑의 표현으로써 사람들을 깨우치기 위해서 더 큰 힘이 여러분을 통해 흐르도록 허락했기 때문에, 그것으로 여러분은 당황하지 않습니다. 여러분은 그들이 바라는 어떤 방식으로든 그들이 반응할 권리가 있다고 말하는 자유의지의 법칙을 존중합니다.

물질주의 함정

영성 공동체를 설립하기 위해서, 여러분은 대중의식의 에너지를 다룰 필요가 있습니다. 그 에너지는 물질주의와 쾌락주의와 아주 많은 사람이 가진 물질주의 생활방식에 대한 만족함을 사실상 넘어서기 꺼리는 전체 문화의 표현입니다. 이것은 아마도 여러 시대에 걸쳐 사람들을 영적인 여정에서 멀어지게 했던 가장 큰 함정이었습니다. 아주 많은 경우에 사람들은 오직 그들의 물질적인 삶이 무너졌을 때에만 영적인 여정으로 돌아왔습니다. 물론, 이것은 외부의 영적인 스승을 구하기 위한 순수한 동기가 아닙니다. 스승이 정말로 붓다나 그리스도 같은 어떤 수준에 올랐다 하더라도, 그들이 스승의 말을 들을 준비가 되지 않았기 때문입니다.

이 책을 읽는 모든 사람에게 나의 감사와 기쁜 사랑을 전합니다. 여러분이 이 책의 가르침과 도구를 사용할 때, 물론 완벽히 여러분 각자와 개인적으로 작업을 하게 됩니다. 여러분은 성모 마리아가 어떻게 와서 어떤 중재의 행위나 어떤 종류의 기적 같은 치유로 여러분을 마법적으로 변형시키리라 생각하는 자동적인 구원의 꿈에서 벗어나야만 합니다. 오직 여러분이 봐야 하는 내면의 문제를 기꺼이 보려고 할 때에만 우리가 여러분을 도울 수 있습니다.

성 저메인께서 여러 번 설명했듯이, 여러분이 자신의 드라마로 인한 고통에 너무 갇혀 있으면 우리가 영적인 세계에서 의사소통하려 할 때, 볼 수 없고, 들을 수 없습니다. 우리는 여러분을 도울 수 있는 치유 전문가나 다른 사람들에게 가도록 여러분을 돕고 안내합니다. 우리는 여러분이 그들을 불완전하다고 생각하거나, 심리학이 불완전하다고 생각하더라도 그렇게 합니다. 여러분이 어떤 치유사나 상담가를 만나도록 내면의 인도를 받는다면, 그것을 신뢰하고 마음을 여세요, 그러면 내가 그들의 세속적인 교육과 상관없이 그 사람과 함께 일하고 활용하기 때문에, 여러분을 그 사람에게 인도한 상황을 신뢰하게 됩니다. 나는 여러분이 스스로 볼 수 없거나 내가 여러분의 가슴에서 직접 말할 때 들을 수 없는 뭔가를 보게 돕도록 그 사람을 활용할 수 있습니다.

만약 내가 여러분에게 약간 냉정한 사랑을 보여 준다면, 치유사와 심리학자를 찾기 위해 내면의 자극을 따랐던 사람의 본보기를 따르세요. 다른 사람이 그렇게 했다면, 여러분도 예외가 아니라고 이해하는 게 그렇게 어렵나요? 사랑하는 이들이여, 그것을 보는 게 그렇게 어렵나요? 그것이 정말 그렇게 냉정한가요? 만약 다른 사람이 도움을 받고 더 큰 자유를 얻었다면, 여러분도 정말 도움을 받고 더 큰 자유를 얻을 수 있습니다. 가능한 모든 방법을 기꺼이 사용하고, 누군가 여러분의 문을 두드릴 때 열도록 하세요, 비록 그 사람이 개미 같더라도, 개미로 위장한 스승일 수 있습니다. 여러분이 그것을 거절하고 사실상 여러분을 자유롭게 하려는 나의 시도를 거부하지 않도록 스승의 말에 귀 기울이며 제안에 기꺼이 참여하세요.

 사랑하는 이들이여, 그것으로 나는 여러분을 나인 어머니의 가슴의 감사 안에 봉인하며, 내 자신을 붓다의 현존에 융합합니다.

17
현 시대의 다르마(Dharma)를 아세요

고타마 붓다의 구술문

붓다, 공동체(Sangha), 다르마(Dharma). 붓다는 중심입니다. 공동체는 여러분이 세상에서 떨어져 붓다에게 연결되는 영역입니다. 다르마는 공동체에 머물지 않고, 세상에 나가서 마라(Mara)의 데몬에 갇힌 사람들을 자유롭게 하는 것입니다. 많은 경우에 이것들은 외부의 데몬이 아니라, 사람들의 환영과 드라마에 대한 내면의 데몬입니다.

몇 세기의 차이가 있을지 모르지만, 2,500년 전에 지구상에 출현했을 때 나는 오늘날 우리 상승 마스터가 가진 기회가 없었습니다. 나는 행성 수준의 의식뿐만 아니라 사람들이 영적인 가르침을 표현하고 다룰 수 있는 방법에 맞게 가르침을 주어야 했습니다. 단지 언어만이 아니라, 사람들에게 개념, 세계관, 자신과 인간 심리에 이르는 내용까지 모두 주어야 했습니다.

여러분이 내 가르침을 읽으면, 그런 한계를 볼 수 있습니다. 비록 여러분이 분명히 외형적인 말들을 넘어서 영의 안내를 따라 말에 표현된 깊은 의미를 볼 수 있다 하더라도, 여러분이 정직하다면, 오늘날 일상적으로 말하는 많은 내용이 내 가르침에 언급되지 않았음을 알게 됩니다. 그런 인식과 개념이 집단의식 속에 없었습니다.

나는 주로 상승 마스터의 가르침인 알파와, 심리와 치유와 세상의 과학과 사례를 통해 내놓은 가르침인 오메가와 함께, 오늘날 여러분이 가진 기회와 동일한 느낌을 주려고 합니다. 나는 몇 백 만 년의 차이가 있지만 아주 오랜 시간으로 간주하는 지구의 최근 역사 동안, 붓다와 조율하고, 붓다인 성 저메인이 자세히 설명한 자유를 성취하는 더 큰 기회를 가진 사람들의 공동체, 즉 영적인 사람들이 없었다고 감히 말합니다. 그러므로 여러분은 나가서 베일이 걷혔음을 시범 보여 주고, 마야의 베일 뒤에 갇힌 사람들을 일으키는 다르마를 성취할 수 있습니다. 여러분은 자신의 존재 안에서 베일이 어떤 현실을 갖지 못하게 산산이 찢어버렸습니다.

다르마를 잊지 마세요

한 사람이 온 세상을 얻고 다르마를 잃으면 무슨 이익이 있을까요? 영적인 가르침과 개념을 이해하는 어떤 감각을 얻어도, 사람들을 자유롭게 하려는 유일한 목적으로 나가서, 다른 사람들과 공유하는 오메가 측면인 다르마를 잃으면, 무슨 이익이 있을까요? 여러분은 자신을 높이거나, 주목 받거나 힘이나 통제를 얻기 위해서가 아니라, 사람들을 자유롭게 하려고 갑니다. 여러분은 자유롭기 때문에, 비록 모두가 불성이지만 여전히 붓다에게 분리될 수 있다는 환영과 비실재와 마야의 베일 뒤에서 그들을 저지하는 모든 것에서 사람들을 자유로워지게 하는 일 외에는 다른 바람이 없습니다. 그 환영이 얼마나 어리석은가요? 정말 얼마나 어리석은가요?

기꺼이 자유로워지고 내가 되세요, 나 역시 자유롭기 때문입니다. 왜 내가 자유롭나요? 나는 깨어 있기 때문입니다! 나는 내 자신의 드라마에서 스스로 깨어났습니다. 붓다가 완벽하게 태어났다고 생각하지 마세요, 예수에게도 그랬듯이, 사람들은 내가 비현실적인 출생 배경이 있다고 묘사하려 했습니다. 어느 정도의 차이가 있지만, 나는 이 행성에서 거의 여러분이 내려갈 수 있는 만큼 내려갔던 많은 전생도 있습니다.

나 또한 내 자신의 드라마를 창조했습니다. 하지만 무언가가 지구에서 사나트 쿠마라의 현존에 내가 응답하게 했고, 나는 거기에 그 이상이 있음을 깨달았습니다. [이전 시대에서, 지구의 집단의식이 아주 낮게 내려갔기 때문에 우주 위원회는 지구가 자멸하게 놔두려고 했습니다. 누군가 지구를 위한 영적인 균형을 유지하기 전까지, 사나트 쿠마라라는 우주적인 존재가 지구에서 그 역할을 하려고 자원했습니다. 그의 첫 번째 두 학생이 고타마 붓다와 주 마이트레야였습니다. 고타마 붓다는 세계의 주님이라는 지위로 오른 후 이제 지구상의 모든 생명을 위한 영적인 균형을 유지하고 있습니다.]

나는 내 드라마를 만든 환영의 베일을 걷어버리고 여정을 시작했습니다. 나는 보리수나무 아래 앉아 마라의 데몬을 대면하게 되었는데, 적어도 첫 입문에서는 세상의 데몬이 아니라, 나를 세상으로 돌아가게 하려는 자신의 과거 드라마라는 데몬이었습니다. 나는 깨어났고 그것들을 창조한 드라마와 환영 모두를 꿰뚫어 보았기 때문에, 이리 저리 끌려다니지 않았습니다. 나는 깨어 있었고, 나 자신인 깨어 있음의 불꽃에 머물렀습니다.

진정한 분리는 없습니다

불성은 모든 것이며 그것 외에는 아무것도 없다는 사실에 깨어 있으며 자각하는 의식 상태입니다. 그러므로 그것이 얼마나 일시적이고 비실재이든 형태의 세계 모든 현상에서 불성을 봅니다. 마라의 베일이라는 개념조차 마야와 붓다의 공동체 사이에 어떤 진정한 분리가 있다고 생각하게 할 위험이 있습니다. 심지어 여정의 개념도 여러분이 실제로 분리되어 있다고 생각하게 만듭니다. 여러분은 공동체 또는 신의 왕국이나 갈망하는 무엇이든 거기에 들어가기 위해 이 길고 고된 과정을 통과해야 합니다.

실제적인 분리란 없습니다. 자신의 드라마가 신의 왕국과 붓다의 공동체에서 유일하게 여러분을 분리합니다. 여러분을 분리하는 객관적인 힘은 없습니다. 여러분의 외부에 다른 자각하는 존재나 실제로 더 이상 자기 인식하지 못하는 데몬이 없다는 말이 아닙니다. 하지만 그들은 오직 그들에게 힘을 주는 여러분의 주관적인 현실을 통해서만 영향을 줄 수 있습니다. 지난해에 설명했듯이, 산꼭대기의 사원에 앉아 있는 악의 우두머리는 정말 거기 없으며 예전에도 결코 없었습니다. 그 존재의 환영은 오직 궁극적인 악을 필요로 하는 어떤 드라마를 만들고, 따라서 그것에 에너지를 공급하기로 선택한 사람들로 인해 계속 살아 있게 되었습니다. [악인들의 계층 구조를 통제하는 궁극적인 악의 존재를 가둔 상상의 사원을 가상으로 묘사한 고타마 붓다의 구술문을 참조하세요. 그 사원에 들어갔던 사람은 아무도 없으며, 실제로 그것은 비어 있습니다. 이것은 하나됨에 반대하는 자들이 환영에 이끌린다는 의미입니다.]

사상누각처럼 그것이 모두 무너지게 하세요. 그것이 모두 무너지게 하세요. 사랑하는 이들이여, 그냥 그것을 놓아 버리고 공동체에 들어가세요. 어떻게 여러분이 공동체에 들어가나요? 물론, 문을 통해서입니다. 그 문은 어디 있나요? 사랑하는 이들이여, 그것이 어디에 있나요? [청중들이 답합니다. "우리 안에"] 여러분의 가슴 안에, 여러분의 가슴 안에 있습니다.

일반적인 의사소통을 넘어서 보세요

가슴으로 소통하며 더 많이 배우는 과정에서, 여러분은 또한 가슴과 의사소통함으로써 가슴으로 들어가는 숨겨진 비결을 배웠습니다. 지구상에서 의사소통의 일반적인 개념은 여러분과 다른 사람 사이에 거리가 있기 때문에 의사소통이 필요하다고 합니다. 의사소통은 어느 정도 그 거리를 넘어서 일어납니다. 더 높은 수준의 이해가 있는데, 의사소통의 최고 형태는 실질적으로 통합과 하나됨으로 이끄는 교감입니다.

여러분은 내가 외부에 있는 메신저를 통해 여러분과 의사소통하는 멀리 있는 존재라고 생각할 수 있습니다. 그것은 여러분의 현재 드라마가 나와 분리되어 있기 때문에 의사소통을 위한 어떤 외적인 수단이 필요하다고 환영을 만들었기 때문에 그렇습니다. 나는 자신을 여러분과 분리되었다고 보지 않습니다. 여러분은 완전하게 자신의 가슴 안에서 나와 의사소통할 수 있습니다.

어떻게 여러분이 나와 의사소통하나요? 나와 교감의 상태가 됨으로써, 기꺼이 붓다와 하나됨을 향해 나아감으로써 의사소통합니다. 어떻게 붓다가 그를 통해 말하게 하고, 여러분이 붓다를 위해 말할 수 있는 메신저가 될까요? 여러분은 반-붓다(anti-buddha)의 모든 것을 드러내는데 두려워하지 않고 기꺼이 하나가 됨으로써 그렇게 합니다. 이로써 그 비실재를 보고, 포기하며 단지 사라져 버리게 합니다. 여러분 각자 모두는 나와 하나됨으로써, 신성한 계획에서 개별적으로 어느 정도 위임 받았듯이, 그리스도와 붓다와 다른 모든 영적인 스승의 진정한 가르침을 가져오는데 봉사하는 열린 문이 될 능력이 있습니다.

어떤 전통에 입각한 사람들에게 접근하기

성모 마리아께서 말한 문화와 운동은 분명히 모든 외적인 장벽과 경계를 초월합니다. 그것은 가슴의 보편적인 언어로 말함으로써 어떤 영적인 전통을 가진 사람들이나 영적인 전통이 없는 사람들에게 다가갈 잠재력이 있습니다. 여러분이 어떤 사람을 만날 때, 아주 자유로워서 영(Spirit)이 그들에게 이해할 수 있고 그들의 가슴을 열기 위해 최대의 기회를 가지는 언어로 자유롭게 말하게 허용합니다.

그들은 자신들이 지금까지 진짜라고 생각한 드라마를 넘어서고, 마야의 베일을 넘어서는 것이 있음을 어렴풋이 볼 수 있습니다. 그들은 여러분이 자유롭고, 평화로우며, 행복하고, 기뻐하며 그들의 드라마 안에 있지 않음을 봅니다. 그들은 대안이 있음을 봅니다. 여러분은 정말로 드라마 없이 성취감을 느낄 수 있습니다. 하지만 여러분이 내면의 존재를 잊게 만든 역할을 다시 하지 않고, 단순히 존재하고, 존재하고, 존재함으로써 그렇게 됩니다.

움직이지 않는 내 평화의 강렬함을 느껴 보세요. 사랑하는 이들이여, 여러분은 그것을 느끼나요? 내가 여러분의 개인 드라마에 빠지지 않는다고 느끼나요? 여러분이 세상에 나가서 다시 한번, 드라마에 빠지도록 유혹되거나 아마 거기에 다시 빠질 때, 즉시 깨어나서 미끄러졌음을 깨닫고 나서, 붓다는 여러분의 드라마 안에 있지 않다는 이 의미를 다시 생각해 보세요. 나는 모든 곳에 있습니다! 만약 여러분의 의식을 오직 나에게 맞춘다면, 정말로 여러분 드라마의 외부에 실재가 있다는 감각에 다시 연결될 수 있습니다.

정말로 이것이 학생의 개인 드라마 외부에 있는 실재에 봉사하는 영적인 스승의 역할과 영적인 여정을 설명하는 가장 간단한 방법입니다. 그 사람은 점차 드라마에서 자신을 분리하여 스승들이 자유롭듯이 자유로워질 수 있습니다. 그러므로 I AM인 평화에 봉인되세요. 여러분이 깨어 있는데, 어떻게 평화롭지 않을 수 있나요?

주요 용어집

감정체(Emotional Body)
우리의 감정적인 에너지를 저장하고 있는 우리의 오라/마음의 한 측면.

그리스도(Christ)
넓은 의미에서, 그리스도라는 기본 의식으로부터 형상 세계의 모든 것이 창조되었다고 말할 수 있습니다. 그리스도의 목적은 창조주와 창조물 사이의 하나됨을 유지하는 것입니다. 그리스도는 특별히, 자유의지를 가지고 분리의 환영 안으로 자발적으로 하강하기를 선택하는 존재들과 관련이 있습니다. 이 분리의 환영으로 인해, 사람들은 자신들이 근원으로부터 분리되었다고 믿게 됩니다. 그리스도 의식은, 분리 안으로 아무리 깊이 내려가더라도 언제든 창조주와의 하나됨으로 돌아갈 수 있는 선택권을 보장해줍니다. 창조된 모든 것 안에 그리스도 의식이 있기 때문에, 우리가 그리스도 의식으로 도달할 수 없는 곳이란 없습니다.

보다 구체적인 의미에서, 그리스도란 분리의 환영을 극복하고 그리스도 의식을 성취한 존재를 의미합니다. 그리스도 의식의 성취에 있어서는 여러 수준이 존재합니다.

그리스도 자아(Christ Self)

분리와 이원성에 갇힌 존재들을 돕기 위해 상승 마스터들이 보내주는 중개자. 대부분의 사람들은 직관으로서, 혹은 내면의 고요하고 작은 목소리를 가진 그리스도 자아를 알고 있습니다. 그리스도 자아가 실제로 우리에게 어떤 선택을 해야 한다고 말해주는 것은 아닙니다. 단지 우리에게 더 나은 선택들을 위한 기준틀을 제시해줍니다. 그리스도 자아가 우리에게 반드시 궁극적이고 절대적인 진리를 가져다주지는 않습니다. 대신 현재 우리의 의식 상태보다 조금 더 높은 통찰력을 제공할 것입니다.

그리스도 분별력(Christ Discernment)

그리스도 분별력은 분리와 이원성의 의식을 통해 형성된 수많은 환영을 꿰뚫어 볼 수 있는 능력입니다. 또한 모든 눈에 보이는 현상 배후에 있는 근본적인 하나됨을 볼 수 있는 능력이기도 합니다.

그리스도 신성(Christhood)

한 존재가 그리스도 의식을 성취하면, 그 존재는 그리스도 신성에 이르렀다고 말합니다.

네 하위체들, 마음의 네 층들(Four Lower Bodies, Four Levels Of The Mind)

마스터들은, 우리 인간들이 물질우주의 네 층에 대응하여 정체성체, 멘탈체, 감정체, 육체란 네 하위체들을 가지고 있다고 말합니다.

마스터들은 또한 마음의 네 층들에 대해서 설명합니다. 정체성 마음에는 우리의 가장 깊은 정체감이 저장되어 있습니다(우리는 누구인가, 우리는 무엇을 할 수 있는가), 멘탈 마음에는 우리의 사념들이 저장되어 있습니다(우리는 어떤 방식으로 일하는가), 감정적 마음에는 우리의 감정들이 저장되어 있습니다(왜 우리가 그것을 하길 원하고 해야만 하는가), 그리고 물리적 마음은 육체의 요구와 연관되어 있습니다.

다르마(Dharma)

불교 전통에서 다르마란, 우리가 여기에 와서 수행해야 하는 신성한 일을 의미합니다. 또한 다르마는 우리의 신성한 계획을 의미하며, 우리가 지구에 육화하기 전에 여기 가져오고자 결정했던 긍정적인 자질들입니다.

대천사(Archangel), 여성 대천사(Archeia)

천사들은 집단으로 구성되며, 각 집단은 대천사에 의해 주도됩니다. 각 대천사는 여성 대천사로 불리는 여성성의 짝을 가지고 있습니다. 각각의 일곱 광선마다 한 쌍의 대천사들이 존재하지만, 다른 집단의 천사들에도 역시 존재합니다.

디크리(Decree)

영적인 영역으로부터 높은 진동수의 에너지를 불러내어 개인 또는 행성적 수준의 특정한 조건 속으로 향하도록 만드는 영적인 기법. 디크리는 일반적으로 운율이 실린 문구들로 구성되어 있으며, 큰 권능과 권한을 가지고 소리 내어 낭송합니다.

마-터 빛(Ma-ter Light)

형상을 가진 만물이 창조되어 나오는, 우주의 바탕 에너지. 마-터 빛 자체는 어떤 형상도 띠고 있지 않지만, 어떤 형태든지 취할 수 있는 능력이 있습니다. 또한 그것은 어떤 기본적 형태의 의식을 가지고 있으며, 이 의식은 다른 특성들 가운데서 자신의 근원인 창조주를 향한 고유한 추동력을 가지고 있습니다.

마-터 빛은 단계적으로 진동수를 낮추면서, 연속적으로 구체(spheres)들을 창조하고 있습니다. 우리는 창조된 구체들 중에서 일곱 번째의 구체에 살고 있으며, 이전의 여섯 구체들은 모두 상승하여 영적인 영역의 일부가 되었습니다.

물병자리 시대(Aquarian Age)

물병자리 시대는 점성학적 주기 상의 세차 운동으로, 약 2150년간 지속됩니다. 이전 시대는 물고기자리 시대였으며, 예수님이 그 영적인 마스터였습니다. 물병자리 시대의 마스터는 상승 마스터 성 저메인입니다. 성 저메인에 따르면, 물병자리 시대는 공식적으로 2010년 3월 22일에 시작되었습니다.

물질 영역의 네 층들(Four Levels Of The Material Realm)
모든 것은 에너지로 만들어지며, 따라서 전체 형상 세계는 다양한 진동수의 에너지들로 이루어졌습니다. 창조주의 수준인 최상층부터 최하층에까지 이르는 진동들의 연속체가 있습니다. 연속체는 몇 개의 구획으로 나누거나, 진동수의 수준으로 구분하여 정의할 수 있습니다. 예를 들어, 하나의 주요한 구분은 영적인 영역과 물질 영역 사이에 있습니다.
영적 영역 안에도 여러 구분이 있고, 물질 영역은 네 층으로 구분합니다. 높은 진동에서 낮은 진동에 이르기까지 존재합니다.
에테르층 또는 정체성층 / 멘탈층 / 감정층 / 물질층

멘탈체(Mental Body)
우리의 사념과 정신적 에너지들을 저장하고 있는 우리 오라/마음의 한 측면.

보라색 화염(Violet Flame)
카르마 또는 오용된 에너지를 변형하는데 특별히 효과적인 영적 에너지입니다. 성 저메인은 1930년대에 보라색 화염을 드러내라는 우주적인 시혜를 받았습니다. 그 이후로 상승 마스터 학생들은 디크리와 기원문과 확언들을 통해 보라색 화염을 기원하고 있습니다.
그러나 이 보라색 화염이 오용될 수 있다는 것을 깨닫는 것이 중요합니다. 제한된 신념은 에너지를 부적합하게 변질시킵니다. 이 에너지는 점차적으로 우리의 오라에 축적되어 부담을 느끼게 만듭니다. 우리는 제한된 신념을 바꾸지 않은 채로 보라색 불꽃을 기원할 수 있는데, 이것이 단기적으로는 더 기분 좋게 느껴질 수도 있습니다. 그러나 우리가 신념을 바꾸지 않는다면, 계속해서 에너지는 오용되고 변질될 것입니다. 그리고 우리가 그 에너지를 변형하기 위해 보라색 불꽃을 계속 사용한다면 장기적으로 영적 성장을 이루지 못하게 되며, 이는 성 저메인의 시혜를 오용하는 것입니다.

붓다의 8정도(正道)(Eightfold path of the Buddha)
불교 전통에서는 모든 고(苦)를 극복한 고타마 붓다에 의해 규정된, 8가지 올바른 수행의 방법을 전하고 있습니다. 그러나 더 깊은 신비주의적 이해에서 8정도란, 처음의 일곱 영적인 광선들과 통합의 제8광선을 통달하는 방법을 나타냅니다.

사나트 쿠마라(Sanat Kumara)
고도의 성취를 이룬 상승 마스터 (불교 전통에서는 과거불로, 석가모니의 전생에 수기를 주신 붓다이신 연등불로도 알려져 있습니다). 이전 시대에, 지구에서는 수많은 사람들이 이원성 의식 속으로 깊이 추락해버렸습니다. 그러자 카르마 위원회와 우주 영단은, 더 이상 성장을 위한 무대로서 존속할 수 없게 된 지구가 자멸의 길을 가도록 허용하기로 결정했습니다. 그때 지구의 영적 균형을 잡기 위해 금성에서 사나트 쿠마라가 144,000 생명흐름과 함께 지구로 왔습니다. 지구에서 충분한 수의 사람들의 의식을 높여서 그들이 행성을 위한 균형을 유지할 수 있도록 해주기 위함이었습니다. 사나트 쿠마라와 함께 온 144,000 생명흐름들의 다수가 여전히 육화 중이며, 그들은 흔히, 세상을 개선하고 다른 사람을 도우려는 큰 열망을 가진, 대단히 영적인 사람들입니다. 그러나 그러한 사람들이 다른 사람들을 변화시키거나 도우려는 욕구를 놓아버리지 않는 한, 자신의 상승이 저지되는 그러한 시점이 올 것입니다.

상승 마스터(Ascended Master)
일반적으로 인간으로서 지구상에 육화하여, 종종 많은 육화 후에 상승의 과정에 대한 자격을 갖추게 되었던 존재를 가리킵니다. 또한 이 단어는 (네 층의 물질계를 초월한) 영적 영역에 있는 모든 존재를 가리키는 것으로 더 광범위하게 사용될 수 있으며, 여기에는 물리적 세상에 육화하지 않은 존재도 포함됩니다.

상승(Ascension)
한 존재가 그리스도 의식으로 충만한 자기의식(self-awareness)에 도달하는 과정을 말합니다. 이 의식 상태에서는, 분리와 이원성의 환영에 의해 만들어진 모든 거짓을 꿰뚫어 볼 수 있습니다. 따라서 그는 아무 것도 창조주로부터 분리될 수 없으며, 모든 자기-의식하는 존재는 창조주의 확장체라는 배후의 현실을 봅니다. 그런 까닭에 그는 분리된 존재로서의 자신을 높이려고 하는 대신, 모든 생명을 높이고자 추구합니다. 상승하고 난 후에 그 존재는 영적 영역에서 영구적으로 거주하게 되며, 다시 육화할 필요가 없습니다.

생명흐름(Lifestream)

자기-인식을 가진 개별 존재를 지칭하는 용어. 종종 "영혼(soul)"으로 표현됩니다. 그러나 생명흐름은 영혼을 넘어서는 우리 존재의 부분들을 가리키며, 여기에는 아이엠 현존과, 또 창조주에 이르는 모든 영적 존재들의 계보가 포함되어 있습니다.

성 저메인(Saint Germain)

물병자리 시대의 지도자인 상승 마스터입니다. 또한 성 저메인은 일곱 번째 영적 광선인 자유의 광선을 대표합니다. 따라서 그는 때때로 "지구를 위한 자유의 신"이라 불립니다. 성 저메인은 지구에서 황금시대를 구현하기 위한 계획을 가지고 있으며, 오는 2,000년 동안 중요한 역할을 담당할 것입니다.

성모 마리아(Mother Mary)

예수의 어머니로 육화했던 상승 마스터입니다. 그녀는 지구를 위한 신성한 어머니란 영적인 사무국을 유지하고 있습니다.

쉬바(Shiva)

전통적으로 힌두교의 삼위 일체 신성 중의 하나. 그러나 더 깊은 의미에서 쉬바는 우리를 어둠의 세력과 아스트랄계로부터 단절하여 자유롭게 해주는데 특별히 도움이 되는 우주적 존재입니다. 우리는 쉬바란 이름을 9번, 33번, 144번 반복해서 낭송함으로써 대단히 효과적인 요청을 할 수 있습니다.

신비 학교(Mystery School)
자기-의식하는 존재들에게 의식을 높이기 위한 목적을 가진 입문을 제공해주기 위해 설계된 환경을 의미합니다. 일반적으로 신비학교는 높은 성취를 이룬 상승 마스터에 의해 감독됩니다.

신성한 계획(Divine Plan)
이번 육화 중에 우리가 수행하고자 세웠던 계획을 말합니다. 이것은, 우리가 지구에 가져오려는 영적인 선물과, 하고자 원하는 경험과, 우리배우고자 하는 교훈과 균형 잡아야 할 카르마를 포함합니다. 흔히 이것은, 우리가 만나고 싶은 어떤 사람이 있고, 그들과 다양한 유형의 관계 속으로 들어가기를 원한다는 의미입니다.

신성한 안내(Divine Direction)
더 높은 근원으로부터 오는 안내이며, 우리는 그리스도 자아를 통해 신성한 인도를 받게 됩니다. 그 인도는 당신의 아이앰 현존이나, 우주적 존재이자 상승 마스터인 대 신성 안내자(Great Divine Director)로부터 올 수 있습니다. 그는 신성한 안내를 대표하는 존재입니다.

신성한 어머니(Divine Mother)
지구 행성에서 신의 여성적인 측면을 대표하는 영적인 사무국을 의미합니다. 현재 이 사무국은 상승 마스터 성모 마리아께서 맡고 계십니다.

아스트랄계(Astral Plane)
모든 것은 에너지로 이루어졌고, 에너지는 진동의 연속체입니다. 이 에너지 연속체에는 어떤 구획들이 있는데, 예를 들면 물질우주는 일정한 스펙트럼 안에서의 진동수로 만들어졌습니다. 물질우주는 네 구획으로 나눠집니다: 정체성(에테르)층, 멘탈층, 감정층, 물리층.
감정층 안에는 더 많은 구획들이 있으며, 가장 낮은 곳은 사람들의 부정적 감정으로 창조되었는데, 말하자면 두려움, 분노와 증오와 같은 것들입니다. 아스트랄계는 감정층 안의 한 부분이며, 여러 시대에 걸쳐 사람들이 가졌던 지옥의 비전과 유사한 곳입니다.

아이앰 현존

우리의 더 높은 상위 자아 또는 영적 자아, 진아(眞我). 의식적 자아는 아이앰 현존의 확장체며, 우리의 가장 높은 잠재력은 그 현존과 완벽한 하나됨을 성취하는 것입니다. 그럼으로써 우리는 물질계 안에서 진아인 현존을 표현하는 열린 문으로 봉사할 수 있습니다. 우리의 영적인 정체성과 영적인 개성은, 아이앰 현존에 뿌리내리고 있으며, 따라서 지상에서 일어나는 그 어떤 일에 의해서도 결코 파괴되지 않습니다.

마야의 베일(The Veil Of Maya)

불교 전통에서 마야의 베일이란 육화 중인 존재들이 실재를 있는 그대로 보지 못하게 가리고 있는 어떤 것입니다. 모든 것이 불성이며, 모든 생명의 하나됨이 바로 실재입니다. 이 베일은, 물질우주가 특정한 밀도를 가진 에너지로부터 만들어졌기 때문에 형성된 것입니다. 이 베일로 인해, 우리의 감각은 물질조차도 다 영적인 빛으로 만들어져 있다는 것을 인지하지 못하게 됩니다.

어둠의 세력들(Dark Forces)

분리와 이원성의 환영에 갇혀 있는 존재들로서, 아스트랄계에는 이러한 존재들이 많이 있습니다. 물질우주의 모든 것은 더 높은 영역에서 흘러오는 에너지에 의해 유지됩니다. 그러나 어떤 존재가 의도적으로 다른 자기-의식하는 존재들을 해치기 시작한다면, 그 존재는 상위 영역에서 오는 에너지를 받지 못하도록 차단됩니다. 따라서 그는 물질계의 존재들로부터 에너지를 훔쳐야만 존재를 유지할 수 있습니다. 이것은, 어둠의 세력들이 인간으로부터 에너지를 훔쳐야만 계속 존재할 수 있다는 의미입니다. 그들은, 인간들이 저열한 감정과 이기적인 행동을 통해 부적절한 에너지를 방출하게 만든 후 이 에너지를 취합니다.

어둠의 세력들은 (인간들이 허락한다면) 인간의 마음을 지배할 수 있으며, 지구에서 보는 전쟁과 범죄의 대부분은 어둠의 세력들에 의해 발생합니다. 그들은 사람들을 선동하여 다른 사람에게 폭력을 가하도록 만들며, 고통으로 인해 에너지가 방출되면 어둠의 세력들은 이 에너지를 자신들을 유지하는데 사용합니다.

어머니 신(God The Mother)
신성한 어머니를 의미하는 또 다른 용어입니다. 그러나 신의 여성적 측면, 즉 전체 형상 세계를 지칭할 수도 있습니다. 우리는 어머니 신의 일부입니다.

영적인 광선들(Spiritual Rays)
모든 것은 에너지로 만들어집니다. 심지어 아인슈타인의 유명한 방정식인, $E = mc^2$도 물질이 매우 높은 형태의 에너지에서 창조되었으며 그것이 빛의 속도의 제곱이라는 인자에 의해 진동이 감소된다는 의미입니다. 마스터들은 아인슈타인의 이론이 기본적으로 옳지만, 거기에는 일곱 가지의 감소 인자들이 있다고 가르칩니다. 다시 말해서, 물질우주는 7가지의 영적인 에너지로 만들어지며, 이 에너지들은 물질계의 모든 현상을 만들기 위해 결합됩니다. 이러한 유형의 에너지를 광선 또는 영적인 광선이라고 부릅니다. 전체 형상 세계를 창조하는데 모두 15 광선들이 사용되었습니다.

에테르체(Etheric Body)
우리의 정체성을 저장하고 있는 우리 오라/마음의 한 측면.

엘로힘(Elohim)
대단히 높은 의식 수준을 가지고 있고 물질의 창조에 대해 완전한 통달의 경지에 올라 있는, 상승한 존재들입니다. 일곱 광선 각각에 남성/여성 극성을 지닌 엘로힘이 존재합니다.

엘리멘탈, 자연의 정령(Elementals)
형상 세계는 창조주로부터 확장되어 나온 존재들의 위계구조를 통해서 창조되었습니다. 예를 들어, 지구 행성은 엘로힘이라 불리는 영적 영역의 일곱 존재들에 의해 창조되었습니다. 그들은 지구에 대한 원설계(blueprint)의 비전을 형성한 후, 물질계의 네 층으로 그 비전을 투사했습니다.
그리고 네 그룹의 엘리멘탈들이 그 원설계를 담은 비전을 물리적으로 구현해 내었습니다. 그들은 인간보다 낮은 정도의 자기의식을 가진 존재이지만, 물질세계를 구축하는 것을 돕는 봉사를 통해 성장할 수 있습니다. 네

영역의 엘리멘탈들의 명칭은 다음과 같습니다:
에테르 영역: 불의 엘리멘탈 또는 살라맨더(salamanders)
멘탈 영역: 공기의 엘리멘탈 또는 실프(sylphs)
감정 영역: 물의 엘리멘탈 또는 언딘(undines)
물질 영역: 땅의 엘리멘탈 또는 노움(gnomes)

예수(Jesus)

상승 마스터 예수님은 물고기자리 시대를 담당한 지도자였습니다. 그는 행성적 그리스도라는 영적인 사무국과 권한(the office of planetary Christ)을 유지하고 있으며, 우리는 그리스도 의식을 통하지 않고서는 상승할 수 없습니다. 이것은, 사람들이 상승하기 위해서는 반드시 지상에 형성되어 있는 왜곡된 그리스도 이미지를 초월하고 진정한 예수님과 평화를 이루어야 한다는 것을 의미합니다.

오라(Aura)

인체를 둘러싸고 있는 에너지 장. 오라는 물질 영역의 각 수준에 대응하는 수준들을 가지고 있습니다. 우리는 육체 위로 감정체와 멘탈체 그리고 정체성체를 가지고 있습니다.

우주적 존재(Cosmic Being)

특정한 영적인 사무국을 담당하는 영적인 존재로, 일반적으로 특정한 신성 자질에 대한 초점이 됩니다. 우주적 존재들은 상위 구체에서 상승한 존재들이므로 지상에는 육화한 적이 없습니다.

은거처들(Retreats)

많은 상승 마스터들은 에테르 영역 또는 정체성층에 존재하는 영적인 은거처를 가지고 있습니다. 우리 육체가 밤에 자는 동안, 우리는 정묘체(finer bodies)로 그러한 은거처를 방문하게 해달라고 요청을 할 수 있습니다. 은거처는 보통 지상의 물리적인 장소 위에 위치하고 있으나 에테르 영역에 있기 때문에, 물리적인 수단으로는 감지될 수 없습니다. 각 은거처는 지구로 내보내는 특정 영적 에너지에 초점을 맞추고 있습니다. 또 준비가 된 사람들에게 특정한 가르침을 주는 집중점이 될 수 있습니다.

이원성(Duality), 이원성 의식(Duality Consciousness)

의식적 자아가 순수한 인식 능력을 가지고 볼 때면, 모든 생명이 하나이고 동일한 근원에서 왔다는 근원적인 실상을 인식할 수 있습니다. 이원적 의식은 이러한 하나됨을 보지 못하게 가립니다. 이원성 의식은 물질과 영이 분리되어 있고, 인간과 신이 분리되어 있으며, 사람들이 서로 분리되어 있는 것처럼 보이도록 만듭니다.

또한 이원성은 서로 상반되게 작용하는 부정적인 양극성을 포함하며, 한쪽이 다른 한쪽을 소멸하려고 합니다. 따라서 이원성은 언제나 대립하는 양 측면을 수반하면서, 통상적으로 한 쪽은 선이고 다른 쪽은 악이라는 가치 판단을 부여합니다.

이원성은 항상 환영입니다. 왜냐하면 그 어느 것도 모든 생명의 하나됨을 파괴하거나 변화시킬 수 없기 때문입니다. 따라서 이원성은 단지 자기의식적인 존재들의 마음 안에서 환영으로만 존재할 수 있습니다. 이원성으로 눈이 멀어 있는 한 우리는 그리스도 의식을 성취할 수 없고, 따라서 상승할 수도 없습니다.

인간 에고(Human Ego)

의식적 자아가 분리와 이원성의 환영 속으로 하강했을 때 인간 정신 안에서 형성된 요소입니다. 의식적 자아는 순수인식이므로, 원래적으로는 분리된 존재로서 활동할 수 없습니다. 그럼에도 불구하고 의식적 자아는 분리된 자아의 감각 안으로 들어갈 수 있으며, 그 자아의 지각 필터를 통해 세상을 인식할 때에는 자신이 정말 분리된 존재라고 믿을 수 있습니다. 이 왜곡된 인식을 실제처럼 여겨지게 만드는 것은 바로 에고입니다.

입문(Initiation)

그리스도 의식을 향해서 우리의 의식을 높여가는 점진적인 과정. 이것은 각 개인이 자신의 내면에서 안내를 받는 개별적인 과정이 될 수 있지만, 일반적으로는 외적인 가르침이나 구루, 혹은 조직을 따르는 것을 포함합니다.

의식적 자아

의식적 자아는 우리의 하위 존재의 핵심입니다. 의식적 자아는 바로 아이앰 현존의 확장체로서, 영적 영역에서 하강한 것입니다. 우리의 자유의지가 자리한 곳은 바로 의식적 자아입니다. 그러나 우리는 자신의 인식에 근거해서 선택을 합니다. 만일 의식적 자아가 순수한 인지능력을 가지고 있다면 아이앰 현존을 위한 열린 문으로 활동할 수 있습니다. 그러나 어떤 존재가 분리 의식으로 들어가면 그의 의식적 자아는 자신을 외적인 자아나 역할로 투사하게 되고, 그 분리된 자아의 필터를 통해서 모든 것을 인식합니다. 이로 인해 마치 자신이 실제로 분리된 존재인 것처럼 종종 선택을 하게 됩니다.

중요한 점은 의식적 자아가 언제나 그리고 영원히 순수 의식으로 남는다는 것입니다. 이것은, 의식적 자아가 스스로 선택하는 어떤 역할로도 자신을 투사할 수 있지만, 그 역할로부터 자신을 다시 유리시키는 능력을 결코 잃어버리지 않는다는 의미입니다. 또한 그리스도 의식에 도달하여 그 안에서 예수님과 함께 "나와 나의 아버지(아이앰 현존)는 하나입니다"라고 말할 수 있는 것이 의식적 자아입니다.

자유의지(Free Will)

마스터들은 특히 이원성 의식과 관련해서 자유의지를 이해하는 것이 대단히 중요하다고 가르칩니다. 자유의지는 물질 영역이 어떻게 작동하는지에 대해 안내하는 기본 법칙입니다. 예를 들어, 지구는 엘로힘에 의해서 오늘날 우리가 볼 수 있는 것보다 훨씬 높은 상태로 창조되었습니다. 원래는 자원의 부족도 없었고, 자연의 불균형도 없었으며 질병도 없었습니다.

대다수 인간들이 자유의지를 사용해서 이원성 안으로 하강했기 때문에 이러한 제한적인 조건들이 생겨났습니다. 자연의 정령들, 즉 엘리멘탈들은 대다수 사람들의 의식 안에 있었던 것을 물질적 조건으로 구현해낼 수밖에 없었습니다. 인간들은 지구에 지배권을 가지도록 창조되었고, 엘리멘탈들은 오직 인간들이 정체성, 멘탈, 감정적, 물리적 마음 안에 품고 있는 이미지를 취할 수 있을 뿐입니다.

그러나 자유의지에서 중요한 점은, 우리가 언제든 이전에 했던 선택을 초월할 권리를 가지고 있다는 것입니다. 신과 상승 마스터들은 우리가 이전의 선택들을 초월하는 것을 결코 저지하지 않습니다. 우리가 과거의 선택에 속박되어 있다고 믿게 만드는 것은 단지 에고와 어둠의 세력들입니다.

정체성체(Identity Body)
우리의 정체성을 저장하고 있는 우리 오라/마음의 한 측면.

차크라(Chakra)
오라의 집중점. 일곱 영적 광선들 각각에 대응하는 일곱 개의 주요한 차크라들이 있습니다. 차크라들이 순수한 경우, 우리의 아이앰 현존으로부터 나오는 높은 진동수의 에너지가 차크라를 통해 흐르고, 이것은 우리에게 최대한의 창조적인 능력을 줍니다. 차크라가 오염된 경우 높은 에너지의 흐름은 감소되고, 그 대신 차크라는 우리의 오라로 들어오는 저급한 에너지를 받아들이는 통로가 될 수 있습니다. 심하게 오염된 차크라는 아스트랄계의 저급한 에너지에 개방될 수 있습니다.

초한(Chohan)
각 일곱 영적 광선마다 지도자 또는 주된 교사로 봉사하고 있는 상승 마스터들이 존재합니다. 이 영적인 사무국(spiritual office)을 초한이라고 부릅니다.

카르마(Karma)
모든 것은 에너지이고, 따라서 우리가 무엇을 하든지, 심지어 생각하고 느끼는 것도 에너지를 사용해서 이루어집니다. 우리는 이 에너지를 아이앰 현존으로부터 선물로 받습니다. 우리가 받는 에너지는 순수하지만, 우리 마음의 네 층에 담겨 있는 내용에 따라서 에너지의 질이 변화됩니다. 우리는 자신의 에너지의 사용에 대한 책임이 있으며, 부적합해진 에너지는 우리의 오라와 아카식 기록 양쪽에 카르마로서 저장됩니다. 우리가 상승하기 위해서는 모든 에너지를 원래의 진동수로 높임으로써 균형을 잡아야 합니다.

또한 마스터들은 카르마에 대해 더 깊은 이해를 제공하는데, 카르마는 우리 마음의 네 층들에 보유하고 있는 이미지입니다. 우리는 모든 것을 이 에너지들의 필터를 통해서 보고 있기 때문에, 끊임없이 에너지의 질을 변화시키고 있습니다. 그러나 우리는 자신이 가진 정신적 이미지를 관찰하면서 언제든지 제한된 이미지를 초월할 수 있는 선택권이 있습니다. 그리고 이것이야말로 진정 그리스도 신성으로 가는 길이며, 우리의 신성한 정체성을 수용하는 것입니다.

여기에는 카르마의 균형을 잡는 두 가지 방법이 있습니다. 우리는 디크리와 기원문들을 통해서 영적인 에너지를 불러일으키고 에너지를 다시 조정하여, 우리의 현재 의식 수준을 벗어날 수 있습니다. 이것은 가능하지만, 느린 과정입니다. 왜냐하면 우리는 계속 더 많은 카르마를 만들어 가고 있기 때문입니다. 더 빠른 방법은 정신적 이미지를 초월하는 작업을 하는 것이고, 그럼으로써 우리는 새로운 카르마의 생성을 멈추게 됩니다. 우리가 여기에 이르면, 남아 있는 모든 카르마의 균형을 훨씬 더 빨리 잡을 수 있는데, 높은 의식 상태에서는 더 많은 에너지를 불러일으킬 수 있기 때문입니다.

타락(Fall)

가장 넓은 의미에 있어서, 자기의식적인 존재가 분리 의식 속으로 내려오는 과정을 가리킵니다. 타락 이전에 우리는 자신을 고립된 존재가 아니라 자신보다 더 큰 어떤 존재에 연결되어 있는 존재로 봅니다. 타락 이후에 우리는 자신이 신에 의해 버림받고 처벌 받은, 분리된 존재라고 확신하게 됩니다.

중요한 차이점은, 타락 이후부터는 우리가 자신의 성장에 대한 책임감을 가지기가 어렵다는 것입니다. 타락은 우리 자신의 선택에 의해 일어난 것이므로, 오직 자신의 선택에 의해서만 되돌릴 수 있습니다. 우리가 자신을 분리된 존재로 여길 때, 다른 사람에 미칠 영향을 고려하지 않고 자신이 원하는 무엇이든 할 수 있다고 생각하게 됩니다. 이로 인해 우리는 지속적으로 타인과의 투쟁에 빠져들게 되며, 더 나아가 우리가 타인과 물질우주와 심지어는 신과 맞서서 싸워야 한다고 생각하는 마음의 상태로 이어질 수 있습니다.

이런 마음의 상태는 딜레마에 봉착하는데, 자신의 상황이 자기 자신의 선택에 의해 창조된 것임을 인정하지 않는 한, 그 선택을 바꿀 수 없기 때문입니다. 그 대신 우리는 다른 사람들과 물질세계를 강압적으로 통제하고 심지어 신까지도 통제하여 자신의 상황을 변화시키고자 합니다. 자기 결점은 무시하면서 타인의 작은 결점을 변화시키려고 합니다.

타락한 존재들(Fallen Beings) 또는 타락한 천사들(Fallen Angels)

넓은 의미에서, 이원적 의식에 의해 눈이 멀어 있는 모든 존재들을 의미합니다. 그러나 흔히 마스터들은 좀 더 구체적으로, 이전의 구체(sphere)에서 타락했던 존재들의 그룹을 지칭할 때 이 용어를 사용합니다. 이들의 중요한 특징은, 그들이 타락 이전에 이미 상당한 수준의 성취에 이르러 있었다는 것입니다. 따라서 그들은 대개, 이 행성에서 삶을 시작한 존재들보다 더 월등한 능력을 가지고 있습니다.

역사를 통해 타락한 존재들은 종종 강력하지만 잔학한 지도자들이 되었는데, 분명한 예들은 히틀러, 스탈린, 마오쩌둥입니다. 그러나 많은 타락한 존재들은 눈에 띄는 권력의 남용 없이 중요한 위치를 차지하고 있으면서 사회에 지대한 영향을 미치고 있습니다. 그들의 주된 특성은, 대부분의 지구 사람들에 대해 우월감을 느끼면서 따라서 자신들이 옳다고 절대적으로 확신하는 것입니다. 또한 물리적으로 육화하지 않고, 아스트랄계나 멘탈계에 머물고 있는 타락한 존재들도 있습니다.

황금시대(Golden Age)

현재, 지구는 원래 엘로힘들이 의도했던 것보다 더 낮은 상태로 존재합니다. 이런 상태는 대부분의 사람들이 이원적 의식에 의해 현혹됨으로 인해 생겨난 것이며, 필연적으로 다양한 갈등들과 한계로 봉착하게 됩니다. 그러나 상승 마스터들, 특히 다가오는 2,000년 주기의 지도자인 성 저메인의 목표는, 임계 수치의 사람들이 개별적인 그리스도 신성에 이를 수 있도록 영감을 주는 것입니다. 충분한 수의 사람들의 의식이 높아지게 되면 오늘날보다 훨씬 높은 상태의 사회가 구현될 수 있으며, 이것을 일반적으로 황금시대라 부릅니다.

▶ 아이앰 출판사 연락처
· 이 책의 오류 및 아래 내용과 관련된 문의 사항은 메일로 해 주세요.
· biosoft@naver.com (리얼셀프)

▶전체 용어집
   cafe.naver.com/christhood/2411 (그리스도 의식을 추구하며 카페)
  이 책에 나오지 않는 용어는 카페의 용어집을 참조하거나 카페에서 검색 및 질문을 할 수 있습니다.

▶온라인, 오프라인 모임 및 행사 안내
· **공부 모임**: 서울, 대전, 대구, 부산 지역별 매달 1~2회 주말 모임
  (공부를 하기 위한 진지한 목적으로는 누구나 참여 가능함)
· **온라인 기원문 낭송**: 카페에서 매주 1~2회 저녁에 공동 기원문 낭송
· **성모 마리아 500 세계 기원**: 매월 마지막 일요일 개최
  (오후 3시~7시 또는 8시~12시. 전 세계적으로 같은 시간에 진행)
· **상승 마스터 국제 컨퍼런스**: 한국에서 매년 또는 정기적으로 개최
  (한국, 유럽, 러시아, 미국 등에서 개최함)
· 더 상세한 내용은 네이버 카페 공지사항을 참조하시기 바랍니다.
  (cafe.naver.com/christhood)

▶번역/교정 봉사자 모집
  킴 마이클즈가 출판한 많은 책을 한국어로 번역하고 교정을 봐줄 사람이 필요합니다. 전문적인 출판 지식이 없더라도 같이 일을 할 수 있습니다. 편집팀에서 다음과 같은 분야에서 봉사하실 분은 아이앰 출판사로 연락 바랍니다.

· 상승 마스터 가르침이 나온 영어책을 한국어로 번역하는 작업
· 번역된 내용에 대해서 영-한 대조를 하면서 교정하는 작업
· 번역된 한글 문장을 읽으면서 다듬는 작업 (교정/교열)

▶ 자아 통달 과정 모집 (일곱 광선의 여정)

상승 마스터들은 2012년부터 매년 한 광선에 해당하는 자아 통달 시리즈의 책을 킴 마이클즈를 통해서 전해 주고 있습니다. 이 과정은 책만 구매하면 별도의 비용이 들지 않고 개인적으로 누구나 수행할 수 있습니다. 처음 수행하는 분은 비영리 단체인 '그리스도 의식을 추구하며' 카페에서 진행과 관련하여 도움을 받을 수 있습니다.

- 단계별로 아래의 책을 구매 후 개인적으로 수행을 해도 됩니다.
  (카페에서 번역서 구매 가능. 일부 책은 www.yes24.com에서 구매 가능)
- 초기에는 오프라인 모임, '자아 통달' 메뉴에서 도움을 받을 수 있습니다.
- 책을 읽고 기원문을 낭송하는 방식으로 진행됩니다.
- 수행 시간은 매일 약 20분~40분 내외입니다.

자아 통달 시리즈 책 (킴 마이클즈 저)
(카페에서 한글판 서적 구입 가능)

한글 서적 명	시리즈
'영원한 나'를 찾아가는 여정	1
내면의 창조적인 힘 (1광선)	3
신성한 지혜를 찾아가는 여정 (2광선)	4
조건 없는 사랑을 찾아가는 여정 (3광선)	5
영적인 순수함을 찾아가는 여정 (4광선)	6
초월적인 비전을 찾아가는 여정 (5광선)	7
내면의 평화를 찾아가는 여정 (6광선)	8
영원한 자유를 찾아가는 여정 (7광선)	9
생명의 강과 함께 흐르기 (8광선) 생명의 강과 함께 흐르기-실습교재	2

주의 사항: 상승 마스터 가르침을 처음 접하면, 몇 권의 책을 읽고, 기원문을 일정 기간 낭송하면서 자신에게 적합한지 살펴본 후에 이 과정을 시작하세요. 전체 과정은 약 1년 반 소요됩니다.

▶그리스도 신성의 마스터 키 과정 모집

　이 과정은 그리스도 신성의 마스터 키(Master Keys to Personal Christhood)책으로 진행하며, 2008년도에 킴 마이클즈가 예수님께서 준 메시지를 책으로 출판했습니다. (카페에서 구입 가능)
　이 과정은 예수님과 스승-제자 관계가 되어 그리스도 의식으로 올라가는 과정입니다. 2,000년 전에 예수님께서 제자들에게 모든 것을 말해 주셨다는 얘기들 읽었으리라 봅니다. 이 시대에 다시 예수님께서 직접 그리스도가 되는 길을 갈 제자를 모집하고 있습니다.
　예수님께서도 육화 중에 이 과정을 동일하게 밟았다고 합니다. 특히 다른 메시지에 언급되듯이, 예수님께서 이 과정을 시작할 당시에 이미 높은 의식 수준을 달성해 있었지만, 처음부터 단계를 밟아서 올라갔다고 합니다. 마찬가지로, 여기 온 모든 분들도 자신의 의식 수준을 내세우지 말고 바닥부터 차근차근 올라가시기 바랍니다.

　모두 17개의 열쇠가 있으며 열쇠마다 기원문을 낭송하고 메시지의 일부를 읽는 과정을 33일간 실천하라고 제안하고 있습니다. 각 열쇠에 메시지가 있습니다. 메시지를 전체 읽고 나서 기원문을 하시면 됩니다. 그리고 33일간 기원문을 하기 전에 메시지 중 일부를 읽고 생활하면서 숙고하는 과정으로 진행됩니다. 예수님께서 마음속으로 어떤 아이디어와 가르침을 주십니다.

· 책을 보면서 카페의 '그리스도 과정' 메뉴 또는 오프라인 모임에서 도움을 받을 수 있습니다.
· 단계별로 책의 내용을 일부 읽고, 로자리 또는 기원문을 매일 약 40분 내외 낭송합니다. 단계별 33일간 매일 계속합니다.
· 총 17단계이며, 책에 나오는 예수님의 가르침에 따라서 진행합니다.

주의 사항: 상승 마스터 가르침을 처음 접하면, 몇 권의 책을 읽고, 기원문을 일정 기간 낭송하면서 자신에게 적합한지 살펴본 후에 이 과정을 시작하세요. 전체 과정은 약 1년 반 소요됩니다.

▶ 힐링 과정 모집 (아바타 시리즈)

'예수와 함께했던 나의 생애들' 책은 지구에 육화한 어느 존재의 수많은 전생 이야기를 통해 지구 문명과 예수 그리스도의 사명과 악의 기원에 대해 깊은 통찰을 제시하는 자서전적 소설입니다.

'힐링 트라우마' 책은 소설 '예수와 함께했던 나의 생애들'과 짝을 이루는 실습용 책(workbook)입니다. 그 소설은 많은 영적인 사람이 자원자나 "아바타"로 지구에 오게 되었다는 개념을 소개합니다. 우리는 그때 지구에서 겪은 경험의 결과로 깊은 영적인 트라우마를 받았습니다.

아래의 책들은 이러한 개념에 대한 더 많은 가르침을 포함하고 있습니다, 또한, 여러분이 그 트라우마들을 치유하고, 이 행성에서의 삶의 태도에서 모든 부정성을 극복할 수 있도록 도울 수 있는, 실제적인 도구들을 포함하고 있습니다. 이 책을 활용하기 전에 우선 '예수와 함께했던 나의 생애들' 소설을 읽어볼 것을 권합니다. 그 소설이 여러분이 치유 과정을 시작하도록 도울 수 있는 중요한 가르침을 많이 포함하고 있기 때문입니다.

· 단계별로 아래의 책을 구매 후 개인적으로 수행을 해도 됩니다.
  (카페에서 번역서 구매 가능. 일부 책은 www.yes24.com에서 구매 가능)
· 초기에는 오프라인 모임, '힐링 과정' 메뉴에서 도움을 받을 수 있습니다.
· 책을 읽고 기원문을 낭송하는 방식으로 진행됩니다.

아바타 시리즈 책 (킴 마이클즈 저)
(카페에서 한글판 서적 구입 가능)

한글 서적 명	시리즈
예수와 함께했던 나의 생애들	1
힐링 트라우마	2
신성한 계획 완성하기	3
최상의 영적인 잠재력 구현하기	4
지구에서 평화롭게 존재하기	5